건강한
비영리경영

Non-Profit Management

건강한 비영리경영

1판 1쇄 발행   2024년 7월 30일

지 은 이 | 이재현
펴 낸 이 | 김진수
펴 낸 곳 | 한국문화사
등   록 | 제1994-9호
주   소 | 서울시 성동구 아차산로49, 404호(성수동1가, 서울숲코오롱디지털타워3차)
전   화 | 02-464-7708
팩   스 | 02-499-0846
이 메 일 | hkm7708@daum.net
홈페이지 | http://hph.co.kr

ISBN   979-11-6919-229-3   03320

오류를 발견하셨다면 이메일이나 홈페이지를 통해 제보해주세요.
소중한 의견을 모아 더 좋은 책을 만들겠습니다.

HEALTHY ORGANIZATION

비영리경영을 알아야 하는 시대

건강한 비영리경영

이재현 지음

NON PROFIT MANAGEMENT

인문학의 창으로 바라본 공익경영 MBA

표와 그림으로 이해하는 실용 조직론

한국문화사

국가와 시장은 사회공동체의 주요 영역입니다. 시민사회 영역은 고도
화된 민주사회의 산물입니다. 현대사회에서 발생하는 복잡다단한 문제는
정부와 기업의 힘만으로 전부 해결할 수 없어 시민사회의 성장을 재촉합
니다. 공통의 문제를 해결하기 위한 사람들의 자발적 행동은 역사라는 무
대의 하이라이트입니다.

이 뿌리는 기원전 500년 고대 그리스의 philanthropia(인간애)로부터
시작해 로마의 humanitas(인문)와 humanism(인본)으로 해석되어 유럽
과 주변부로 퍼져나갑니다. 이 장대한 역사적 줄기는 현대 필란트로피
(philanthropy)로 잉태되어 지금에 이르고 있습니다. 구약시대의 유대인
들은 성경말씀인 의로움을 체다카(righteousness, 개인적 정의)와 미쉬파트
(judgement, 사회적 정의)로 분류했고, 구원의 삶을 위해 체다카를 자선행
위로 실천했습니다. 유사한 시기 동양의 공자의 서(恕, 공감하는 능력), 맹
자의 측은지심(惻隱之心, 궁휼히 여기는 마음), 묵자의 겸애(兼愛, 만민을
평등하게 사랑함)는 '내가 싫은 것은 남에게도 강요하지 말라'는 인간애에
기초한 사상이었습니다. 인류의 보편적 가치인 사람에 대한 사랑과 사회
를 향한 의로움은 동서양을 아우르는 넓은 품이었습니다.

서구문명의 성장배경에는 헬라의 차가운 이성만이 아닌 히브리의 따
뜻한 인간애와 뜨거운 정의가 있었습니다. 필란트로피는 근대에서 현대
사회로 이어지는 과도기의 영국, 독일, 프랑스, 스위스, 인도 등에 영향
을 미치며 사회의 보편적 가치로 정착합니다. 1601년 영국에서 자선법

(Charitable Uses Act)이 제정됩니다. 수십 년간 응축된 시민의 힘은 청교도 혁명과 시민혁명으로 이어졌습니다. 1801년에는 노동자들의 자발적 공제조합이 수천 개 결성되었고 유럽 전역으로 사회연대경제의 아이디어가 퍼져나갑니다. 1854년 민간 복지관의 효시가 되는 인보관운동(settlement movement)이, 1869년에는 자선단체의 효시라 볼 수 있는 자선조직협회(charity organization society, COS)가 발족합니다. 이러한 흐름은 사회복지활동, 지역운동, 자원봉사활동, 자선활동, 시민운동 등 하나의 언어로만 설명할 수 없는 복합적 성격의 사회적 행동으로, 현대 시민사회의 실천현장에 지대한 영향을 주었습니다.

한편 프랑스에서는 Jean-Jacques Rousseau의 사상이 초석이 되어 당시 급진정당 코들리에(Cordelie)클럽의 표어 자유(liberté), 평등(egalité), 박애(fraternité)에 영향을 주었고 1789년 프랑스 혁명의 표어로 채택되었습니다. 이후 1875년 프랑스는 헌법에 이를 명시함으로써, 자유는 시장경제, 평등은 국가체계, 박애는 시민사회라는 현대 민주주의 사회구조의 근간을 형성합니다. 프랑스의 사상가 Alexis de Tocqueville은 1831년 미국을 여행하며 「de la démocratie en Amérique」(미국의 민주주의)를 출간했습니다. 당시 계급갈등으로 어수선하던 프랑스를 떠나, 미국에서 어떻게 민주주의가 확장되는지 궁금했던 것입니다. 그는 미국의 지방자치제도, 참여배심원 제도, 자발적 결사체와 시민사회 등을 보며 강한 인상을 받았고, 민주주의가 선거제도만으로 작동하지 않음을 깨달았습니다. 1620년 프로테스탄트들이 신대륙에 상륙한 후 디아스포라를 조성하고 township 문화를 형성하며 자유와 평등의 민주주의 공동체를 운영해왔던 결과였습니다. 뒤이어 상륙한 유대인들의 독특한 자선문화가 어우러져 미국 시민사회의 원형이 형성되었습니다.

Martin Luther(1483~1546)의 직업소명설, Jean Calvin(1509~1564)의 구원예정설 등은 신대륙의 프로테스탄트 공동체를 지탱하는 주된 이념들이었습니다. Luther는 세속적 직업에 소명의식을 부여했고, Calvin은 노동과 근면으로 모아진 재물을 신이 주신 선물로 생각하라 했습니다. 이러한 사상은 미국식 필란트로피로 발전해 시민사회를 이끌어 가는 정신이 되었습니다. 자선문화가 자양분이 된 새로운 형태의 대학이 설립된 해는 1636년이었습니다. New College라는 이름으로 출발한 이 대학은 이후 John Harvard 목사의 유산이 토대(foundation)가 되어 최초의 근대적 재단이 되었고 최초의 유산기부로 기록됩니다. 그의 이름 Harvard는 재창립된 현대식 사립학교의 시초입니다. 1776년 영국에서 독립한 미국의 시민사회는 여기서 그치지 않습니다. 1830년대 노예폐지운동이 사회 전체로 확산하며 운동자금을 모집하기 위한 최초의 현대적 모금(fundraising)이 시도되었습니다. 강연회, 도서판매, 회비징수, 후원금 요청 등 다양한 방법론이 개발된 시기는 이미 200년 전이었습니다. 1861년 발발한 미국 남북전쟁이 끝나며 북부의 산업이 전국적으로 퍼져나갈 때 도시는 빈부격차로 인한 사회문제로 골치를 앓게 됩니다. 그 시기 영국으로부터 영향을 받은 미국은 인보관운동(settlement movement)을 받아들이며 사회구조 개혁이 추진되고, 자선조직협회(charity organization society, COS)를 받아들이며 자선활동이 촉진되는 두 개의 흐름으로 나타납니다.

1867년 은행가 Peabody가 설립한 Peabody Education Fund는 최초의 기업(인)재단입니다. 당시 뉴욕시는 공공병원인 뉴욕병원을 개선하기 위해 The New York Hospital Charity Ball(자선무도회)을 개최하여 오늘날 후원행사 및 자선행사의 모태가 되었습니다. 철강왕 Andrew Carnegie는 기록적인 자선행위(부의 복음, 1889)를 실천했고, Max Weber의 노동윤리 사상(프로테스탄트 윤리와 자본주의 정신, 1905)은 미국의 시민사회 발달과 비영리조직의 번성에 영향을 주었습니다. 1913년 석유왕 Rockefeller는 그의 이름을 내건 재단을 만들고 3500만 불의 기부금으로 시카고대학을 설립했습니다. 같은 해 미국 클리브랜드에서는 공동모금운동(community chest movement)이 본격적으로시작되었습니다. 20년도 되지 않아 미국의 전국캠페인으로 확산된 공동모금운동은 1873년 영국 리버풀에 비치되었던 자그마한 모금함(chest)에서 비롯되었습니다.

오늘날 우리가 '비영리조직'을 지칭할 때 흔히 NGO(Non-Governmental Organization)라는 용어를 사용하기도 합니다. NGO는 정부와 대비되는 측면을 강조할 때 사용하나 엄밀히 말해 국제사회에 등록된 조직에 해당하는 용어입니다. UNDGC(United Nations Department of Global Communications, UN홍보국) 등 복수의 국제기구에서는 '비영리 원칙, 국제적 활동, 투명한 의사결정'과 같은 일단의 조건을 전제하여 NGO로 분류하고 있습니다. UN이 창설된 1945년 처음 사용된 NGO라는 용어(Thomas Davies)는 UN헌장(United Nations Charter) 71조에서 경제사회이사회에 협의자 지위를 수여받은 기관으로 정의할 수 있으며 현재 6천 개 내외로 추산됩니다. 이곳에 해당하지 않는 넓은 의미의 '비영리조직'을 NPO(Non-Profit Organization)로 정의할 수 있을 것입니다. NPO는 시장(기업)에 대비되는 측면을 강조하여 탄생한 용어였습니다.

필란트로피의 마음으로 세상을 보는 비영리조직은 공통의 유익(public benefit)이라는 공익(共益)과 공공의 이익(public interest)이라는 공익(公益)을 성취하기 위해 존재하며 모두 공공선(common good, 公共善)을 지향합니다. 성경 로마서 '합력하여 선을 이루라(work together for good)'라는 구절은 선(good, 善)의 본질적 특성을 규정합니다. 선(善)을 혼자 추구할 때 독선(獨善, self-righteousness)으로 흐를 수 있으므로 선(good, 善)을 이루기 위해 합력으로 공공선(common good, 公共善)을 경주하라는 말씀입니다. '선'이라는 개념이 공공선으로 수렴될 때 온당한 뜻이 되듯이 '합력'이란 연대와 협력, 이해관계자의 참여와 거버넌스를 통한 의사결정 등 호혜성을 강조하는 시민사회의 기본적 운영원리로 이해할 수 있습니다.

공익활동을 수행하는 조직의 무대는 시민사회(civil society)입니다. 시민사회를 특정한 경계선으로 구분하기에는 문화적 속성이 개입해 간단치 않습니다. 가시적인 경계선이 아닌 품이 넓은 관점으로 바라봐야 개선된 삶을 살고자 하는 보통사람들의 터전이 시민사회라는 개념을 이해할 수 있습니다. 비영리경영(non-profit management) 역시 특정한 비영리조직만의 경영을 의미하지 않습니다. 사회적 경영, 공익적 비즈니스가 요구되는 모든 현장과 조직에 필요한 관점입니다. 경영학의 대가 Peter Drucker는 그의 저서 「Managing the Non-Profit Organization(1999, 한국 번역명: 비영리단체의 경영)」을 통해 비영리조직에 대한 경영을 집대성해 냈습니다. 그의 관심은 비영리 '조직' 자체에 대한 경영이었지만 후대는 이를 '비영리경영(non-profit management)'으로 발전시켰습니다. '비영리경영'은 현재 영미권을 중심으로 주요 대학의 학위 및 비학위과정으로 다뤄지고 있음이 주지의 사실입니다. 특히 영국을 위시한 유럽사회는 비영리와 사회적경제(사회연대경제)를 결부시켜 통합적 접근을 시도함으로써 비영리경영의 의미를 공익경영과 사회적 경영으로 확장하고 있습니다.

최근 사회 분위기는 정부와 기업 모두 사회적 가치를 떠나 경영을 말할 수 없을 정도로 공익성과 공공성이 강조되고 있습니다. '비영리(non-profit)'라는 개념을 단순히 소유권이 있는가, 없는가의 기준으로 독해할 때 편협한 시각에 동참하게 됩니다. '비영리(non-profit)'라는 개념을 '비영리성(not-for-profit)'으로 이해한다면 더 넓은 세상을 볼 수 있습니다. '비영리성(not-for-profit)'은 공공선을 지향하는 필란트로피의 요건입니다. 따라서 비영리조직이란 영리를 단념한 조직이 아니라 이윤창출을 목적으로 하지 않고 공익과 공공선을 표방하는 모든 조직과 기관을 포함합니다. 비영리경영은 비영리조직의 전유물이 더이상 아닙니다. 비영리경영이란 공익과 공공선을 열망하는 모든 조직의 언어입니다.

경영을 뜻하는 manage라는 말은 본래 '말을 훈련하고 다루다'는 뜻에서 유래했습니다. 무엇이든 야생의 것을 다루는 일은 고도의 전문성과 경험이 요구되는 일이며 동시에 시간과 인내가 많이 소요되는 일입니다. 비영리경영은 경영의 본질적 성격에 가장 흡사한 환경 위에 놓여 있습니다. 신념 중심의 자발적 결사체를 다루는 일은 쉽게 복종되지 않는 야생성을 훈련한다는 의미와 같습니다. 이를 성공적으로 운영하기 위해서는 고도의 기술과 올바른 관점이 절대적으로 요구된다고 할 수 있습니다. 그럼에도 우리사회는 비영리경영을 본격적으로 다루는 곳이 희박합니다. 그러다보니 운영전문성보다 회계투명성만 강조하는 목적전치가 일어나기도 합니다. 아마도 경영은 경영자만의 영역이라는 오래된 인식이 작용했음을 추측해 볼 수 있는 대목입니다. 전체를 조망하고 맥락을 이해하는 힘보다 미시적 사안과 기술적 역량에 치중하는 현상은 경영이 경영자의 것이라는 낡은 유산에서 비롯된 결과입니다.

경영(management)은 목적한 바를 이루는 총체적인 역량과정입니다.

경영을 기업경영(corporation management 혹은 business administration)으로 국한해 공익현장에 이식하려 한다면 몸에 맞지 않는 옷을 억지로 입는 경우와 같습니다. 조직은 저마다의 설립 배경이 다르고 존재의 이유가 다르며 고유한 정체성도 다릅니다. 이 책에서 말하고자 하는 비영리경영은 현장에서 발을 딛고 사회적 가치와 공익을 실천하는 모든 조직에 어울리는 옷이 되기를 바라는 관점에서 기술되었습니다. 경영기법에 대한 지식이 이 책의 주된 테마가 아닌 이유입니다. 조직을 바라보는 관점, 조직을 이해하는 지혜, 조직과 함께 하려는 소망을 가진 여러분이 주인공입니다.

현장의 눈높이에서
현장의 열망을 담아
현장의 일꾼들에게 드립니다.

2024. 이재현

목차

I
현대사회와
공익활동

"지금은 좋은 의도만으로는 부족한 세상이다"

피터 드러커

시민사회와 공익활동

비영리조직의 설립

비영리조직의 변화

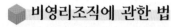

비영리조직에 관한 법

미국	영국	일본
조세개혁법 The Tax Reform Act, 1969	자선법, 자선단체법 Charitable Uses Act, 1601 Charities Act, 2006	특정비영리활동촉진법 特定非營利活動促進法, 1998

비영리경영을 알기 위해 가장 먼저 비영리조직에 대한 법령을 살펴보겠습니다. 2023년 현재 우리나라는 비영리영역을 종합적으로 관리하는 법이 존재하지 않습니다. '시민사회'를 명시한 법령도 찾기 어렵습니다. 비영리조직에 관계된 세법을 거듭 개선하던 미국은 1969년 조세개혁을 통해 모든 종류의 비영리조직을 구체적으로 분류했고 그 지위에 따라 지원과 책임을 설정하고 있습니다. 비영리의 근원지인 영국은 무려 1601년 자선법(Charitable Uses Act)을 통해 비영리영역의 기틀을 확립했고, 이후 2006년 자선단체법(Charities Act)을 제정해 개선을 거듭하고 있습니다. 일본은 1995년 한신·아와지(阪神·淡路) 대지진(고베 대지진) 이후 민간의 자발적 활동이 대두되며 1998년 민법 제34조의 특별법으로 'NPO법'이라 불리는 특정비영리활동촉진법을 제정, 2001년 개정하여 세금혜택을 강화했습니다. 미국은 29개 항목, 일본은 17개 항목으로 비영리조직을 세분화하여 통합적으로 관리하고 있습니다.

우리나라 시민사회의 효시는 1907년 국채보상운동까지 거슬러 올라갑니다. 여느 국가보다 민주화운동, 시민운동이 왕성했던 경험을 가진 괄목할만한 시민사회입니다. 그런데 이를 통합하여 관리하고 지원하는 법은 미흡한 편입니다. 상황과 필요에 따라 관련 법령이 그때그때 제정 및 개정되어 왔습니다.

비영리민간단체지원법에서는 비영리민간단체에 대한 범위를 다루고, 공익법인설립운영에 관한 법에서는 사단법인과 재단법인 등 비영리법인의 범위를 다룹니다. 그 외의 기관과 단체는 부문별 법령이 존재하고 있습니다. 의제별로 환경, 복지, 인권, 성평등, 경제, 정치, 자원봉사, 국제개발, 마을, 종교, 문화, 나눔, 교육, 지역, 계층 등으로 상세히 구별되는 법체계가 아니기에 맞춤형 지원은 상상도 할 수 없는 실정입니다. 게다가 기부금 사항과 세무관계 사안은 각각 별도의 관계법 소관이라 복잡하기 이를 데 없습니다.

「서울특별시 시민사회 활성화와 공익활동 증진」에 관한 조례

제3조(정의) 이 조례에서 사용하는 용어의 뜻은 다음 각 호와 같다.

...

2. "공익활동"이란 사회적 약자 등 시민의 권리 보호와 증진, 사회의 지속가능한 발전 등 사회 일반의 이익을 위한 활동을 말한다.
3. "시민사회"란 시민, 법인 또는 단체 등 공익활동을 하는 주체와 공익활동의 영역을 말한다.

...

서울특별시 해당 조례 발췌

지난 문재인정부에서 대통령훈령(2020.5)으로 '시민사회 활성화와 공익활동 증진에 관한 규정'을 제정했고 그 실행의 일환으로 기본계획을 발표했습니다. 이에 일부 지방자치단체가 관련한 조례를 제정하기도 했습니다. 일부 지자체에서 '시민사회 활성화와 공익활동 증진에 관한 조례'를 제각기 제정하여 최소한의 근거를 두고 있는 사례가 그것입니다. 이후 윤석열정부에서 이 대통령령은 폐지되었습니다.

🔷 국내 공익활동의 종류와 유형

대변형	**옹호주창영역 Advocacy** • 시민사회단체 • 의제운동단체(환경, 인권, 젠더 등) • 감시단체(정치감시, 부패감시 등)

⇧ 관여

해결형	**사회적영역 Social-** • 사회적기업(social enterprise) • 사회혁신조직(social innovation) • 소셜벤처(social venture)

⇦ 변화   보완 ⇨

자조형	**공동체영역 Community** • 마을공동체 • 풀뿌리단체 • 자생단체 • 협동조합

지원형	**자선·복지영역 Charitable·Welfare** • 재단, 모금기관, 구호단체 • 사회복지기관·시설, 국제개발 **자발성영역 Voluntary** • 자원봉사조직, 봉사단체

독립 ⇩

조철민. 2023, 시민사회 유형론: 공익활동 담론과 실천의 갈래. NGO연구, 재구성

　　법률적인 토대가 현장을 앞서가지 못하는 사이, 시대의 요구에 따라 다양한 공익활동이 생겨났습니다. 정치, 환경, 인권, 노동, 복지, 문화 등의 전통적인 아젠다는 물론 사회적경제, 도시재생, 돌봄, 시민자산화, 성평등운동, 지역화폐운동, 사회혁신, 나눔과 기부, 푸드뱅크, 학습공동체, 자활, 풀뿌리공동체, 마을운동, 자원봉사, 주민자치, 참여예산, 평생교육, 민주시민교육, 분쟁갈등조정, 청소년운동 등 상상을 초월할 정도로 주제와 활동방식이 세분화되었습니다. 이를 '비영리'라는 제한된 개념으로 가두어 놓기엔 방대하고 광범위합니다.

이렇게 역동적인 현장을 더 쉽게 이해하는 방법은 없을까요? 그러기 위해선 일정한 기준이 필요합니다. 현장친화적인 지형으로 바라보기 위해 '정부에 관여적인가', '정부에 독립적인가'의 기준과 '변화를 추구하는가', '보완을 추구하는가'의 기준을 설정하여 4분면으로 그려봅니다. 분류된 4분면은 각각 대변형, 해결형, 자조형, 지원형으로 명명할 수 있을 것입니다.

대변형은 이른바 '시민사회단체'가 높은 비중을 차지하는 영역입니다. 이들은 누군가를 대변(champion)하고 옹호(advocate)하므로 뜻에 동조하는 사람들이 주축이 되어 회원제(membership) 형태로 발전하는 것이 일반적입니다. 구조적 변화를 위해 정부에 관여하므로 긴장과 갈등을 빚기도 합니다. 한편 해결형은 정부 정책에 관여하나 대안적 솔루션을 중시하는 집단입니다. 보완적 위치를 취함으로써 사회문제를 해결하고자 합니다. 이들의 '솔루션'은 과학기술이나 적정기술과 잇닿아 있으므로 투자유치를 위해 노력하기도 합니다.

자조형은 '당사자운동'을 떠올리면 이해가 쉽습니다. 이 영역의 조직들은 공통의 문제의식을 가진 주체들이 모여 스스로를 돕는 독립적 운영을 하게 되니 회원제(membership) 기반의 강한 공동체성을 가집니다. 자조형은 지역단위로 활성화되기 좋습니다. 지역이라는 공통요인이 강한 공감대로 작용하는 까닭입니다. 끝으로 지원형은 타인의 의제를 돕기 위해 자원을 제공하는 조직들입니다. 옹호와 대변이 아닌 금전적 지원이나 서비스의 형태를 띈다는 점이 특징입니다. 어떤 면에선 전통적인 비영리조직의 원형을 떠올리는 집단입니다. '남을 돕는 선한 행위'가 이들의 정체성을 설명하는 대표적인 실천인 셈입니다.

·시민사회와 공익활동·

3개의 Universe

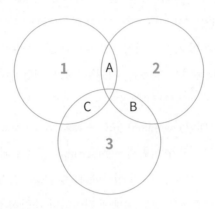

　이러한 공익활동은 어떤 배경을 공통적으로 가지고 있을까요? 아득한 옛날로 돌아가 인류공동체를 상상해 보겠습니다. 원시적인 공동체가 고도화된 사회로 이동할 때 반드시 필요한 것은 정치조직입니다. 사회의 원활한 운영을 위해 탄생하는 정치조직은 인류가 가진 가장 높은 수준의 지능활동이라 할 수 있겠습니다. 정치조직은 크게 말해 국가의 영역이며, 사회공동체가 유지되도록 재분배를 통해 평등을 추구합니다. 사회공동체는 정부만으로 작동하지 않습니다. 사인(私人) 간의 활발한 교류는 교환이라는 경제활동을 통해 최대한의 이익을 추구하는 양태로 나타납니다. 이는 곧 시장의 영역이고 그 결정체는 영리조직(기업)입니다.

　국가의 형태가 구체화 되기도 전에, 그리고 시장이라는 메커니즘이 제도화되기도 전에 사람들은 자신의 땅에서 살아가며 자신의 문제를 해결해 왔습니다. 삶을 개선하기 위한 치열한 노력은 자신이 직면한 문제를 자발적 참여를 통해 스스로 풀어가는 것이 유일하고도 유용한 선택임을 받아들이는 것과 같습니다. 지역사회(local community)에서 모임과 조직이 생기고 때로는 국가단위(civil society)로 협력하고 연대하는 일이 생깁니다. 시민사회란 특정한 영역을 일컫는 개념이라기보다 삶의 방식이자 생존의 역사일 것입니다.

사회공동체가 복잡해지면서 사회문제도 쉬지 않고 발생합니다. 누군가 해결을 해야 하나 정부도 기업도 해결하지 못하는 사안이 산적합니다. 정부가 세금을 통해 해결한다면 비효율이 발생하고 제약이 뒤따릅니다. 영리추구가 본래적 목적인 기업이 이를 전담하기도 어색합니다. 이에 각성한 시민들이 서로 돕고 연대하며 자발적인 활동을 시작합니다. 우리가 말하는 현재 공익활동의 무대가 진용을 갖추기 시작하는 것입니다.

3개 universe

	영역	주체	내용	키워드
1	국가	정부조직	국민을 위한 정책수립, 사회적 약자 지원	재분배, 평등
2	시장	영리조직	개인들 간의 자유로운 거래와 이윤 추구	교환, 경쟁
3	시민사회	비영리조직	공익, 공공선을 위한 자발적 참여와 협동	호혜, 연대

세 개의 원은 각각 국가(정부조직), 시장(영리조직), 시민사회(비영리조직)을 뜻합니다. 사회가 고도화되면서 중간지대도 함께 약진했습니다. 세 개의 원 중간 교집합인, A의 공기업·공공기관, B의 사회적경제조직·사회연대경제조직, C의 민관협력기관·위수탁기관 그것입니다. 이 순간도 새로운 조직이 역사라는 무대에 등장하고 있습니다.

· 시민사회와 공익활동 ·

🧊 시민사회의 부각

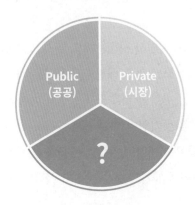

시민사회는 단기간의 트렌드나 반짝 유행이 아닙니다. 유구한 역사의 필연적 소산입니다. 사회공동체의 복잡다단한 문제를 해결하고 더 나은 사회를 만들려는 욕구는 어디에나 있었을 것입니다. 이러한 욕구의 실천을 공익활동이라 표현할 수 있다면 공익활동은 누가 감당하는 것이 맞을지 생각해보겠습니다.

사회공동체에서 가장 먼저 체계화를 시도하는 곳은 공공의 영역입니다. 그런데 정부가 이 일을 전담할 때 말썽이 발생합니다. 정부가 흔히 겪는 문제는 국민의 신뢰 획득에 관한 이슈입니다. 민주주의가 발달한 선진 사회조차 정부의 신뢰문제는 가벼운 이슈가 아닙니다. 만일 특정한 집단에게 정부가 세금을 지원한다면 무임승차자가 발생할 수 있고 때론 저항을 불러와 조세저항에 직면할 수도 있습니다. 반대로 정부가 과하게 밀어붙이기만 한다면 권위주의로 치우칠 우려도 있는 것이 사실입니다.

정부는 비효율적인 조직체계를 가진 집단입니다. 정부조직은 대개 계층제의 위계로 구성됩니다. 계층제는 당위적 업무를 처리할 때 부합하는 제도입니다. 비효율을 상징하는 이 체계는 관료화의 늪에 빠져들 가능성을 잠재적으로 내재합니다. 다양한 정치세력 간의 갈등도 정부의 일관된 정책 추진에 방해가 될 수 있습니다. 이는 사회적 비용상승으로 직결됩니다. 중앙집권적 정부가 강한 경우 지역사회를 홀대하는 차별이 나타나기도 합니다.

신뢰 이슈에서 자유롭지 못한 것은 시장도 다르지 않습니다. 소비자들의 신뢰 획득도 힘든데 대표성조차 없는 기업이 국민을 대신해 공공재를 다룬다면 어떻게 될까요. 공공의 영역을 민영화할 때 발생하는 비용상승도 우려스러운 일입니다. 그렇다고 시장 자체에 맡겨버리자니 난감합니다. 인류가 찾아낸 최선의 시스템이 시장이라지만 완벽한 장치는 아닙니다. 시장의 정보는 항상 비대칭적으로 흐르며 독과점 현상이 멈추지 않아 공공재를 다루기엔 한계가 뚜렷합니다.

정부의 실패(government failure), 시장의 실패(market failure)는 시민사회의 존재 가치가 입증되는 중요한 계기가 되었습니다. 20세기 후반, 세계는 민주주의의 확산과 세계화, 신자유주의의 등장으로 작은 정부를 지향하며 시민사회의 성장을 더욱 부채질했습니다. 우리나라도 1997년 금융위기를 겪으며 정부의 실패와 시장의 실패를 경험한 바 있습니다. 이후 정부와 시장에 대한 감시 역할은 사회적으로 더욱 강조되었고, 보완과 조언을 해줄 여러 영역의 집단도 필요하게 되었습니다. 오늘날 수많은 비영리조직과 공익적인 기관이 사회로 쏟아져나온 배경이기도 합니다.

· 시민사회와 공익활동 ·

명칭의 유래와 흐름

명칭	유래와 내용
시민사회 Civil Society	• 1767년 Adam Ferguson의 「An Essay on the History of Civil Society」에서 유래 • 자발적인 결사체로 가족, 시장, 국가 외 모든 조직(WEF, 2018)
소셜섹터 Social Sector	• 1970년대 사회·경제학자 James Williams 「The Complementary Structure: Corporate Deficiency and the Public Interest」에서 언급, 1970년대 Ashoka 창립자 Bill Drayton이 대중화 • 비영리조직, 사회적경제조직 등
비영리영역 Non-profit Sector	• 1970년대 초 미국 중심의 시민사회 연구에서 제시된 개념적 틀, 1990년대, 정치학자 Salamon Lester에 의해 정립 • 공식조직, 민간조직, 자치조직, 자발적 조직, 공익조직 등
제3섹터 Third Sector	• 1973년 사회학자 Amitai Etzioni의 「The Third Sector and Domestic Missions」에서 유래 • 사회적 목적을 위해 경제활동을 수행하는 조직 포함
자발적 영역 Voluntary Sector	• 1986년 David Billis, Margaret Harris의 「Voluntary Agency: Challenges of Theory and Practice」에서 개념 구체화 • 자선단체 등 비영리조직, 사회적경제조직, 정부위탁기관 포함

이광희 외, 2022, 시민사회 정책과 연구 관련 국제동향 종합조사, 한국행정연구원, 재구성
김성주, 2023, 시민사회와 정부, 시민사회 활성화 전국 네트워크 특별세미나, 재구성

국제사회에서는 이 공익활동의 영역을 뭐라고 부를까요? 시금석과 같은 용어는 '시민사회'라 할 수 있습니다. 시민사회는 1767년 유래된 개념으로 이 분야를 일컫는 효시적 개념입니다. 시민사회란 호혜성, 결사체주의, 시민성 등을 구성요소로 한 가치의 공동체이자 국가, 시장을 제외한 부문을 뜻하는 광범위한 개념입니다. 미국은 NGO, 지역단체, 풀뿌리단체, 노동조합, 전문가집단, 사회적경제조직을 포함하는 개념으로, 유럽은 개인과 사적 모임까지 더한 개념으로 사용합니다.

'소셜섹터'라는 용어가 대중화한 것은 1980년대로 봐야하지만 개념

적 제시는 이보다 훨씬 앞서는 1970년대입니다. James Williams가 그의 저서를 통해 처음으로 '소셜섹터'를 언급한 시기는 1964년입니다. '소셜섹터'의 개념 역시 국가와 시장을 제외한 잔여적 개념으로, 현재 비영리조직과 사회적경제조직을 묶어서 부르는 명칭으로 사용되고 있습니다. '비영리영역'은 미국을 중심으로 형성된 개념적 틀입니다. '비영리영역'은 구조적 실체, 민간성, 이익무분배, 공익성 등 구체적인 요인을 충족해야 성립하는 적극적 개념이 되었습니다. 이 연구의 흐름은 미국의 Salamon Lester에 「Global Civil Society: Dimensions of the Nonprofit Sector」 (1999) 등을 통해 체계화되며 국제적 확산으로 이어졌습니다.

'제3섹터'는 1970년대부터 유럽 등지에서 사용되었고 국가와 경제영역의 중간지대를 뜻합니다. 제3섹터는 사회적 목적을 위해 경제활동을 하는 조직까지 포함함으로써 비영리영역보다 더 포괄적인 범주를 의미합니다. 2차 세계대전 이후 민간부문이 복지국가 모델로 재편될 때 형성된 혼합복지적 면모입니다. 20세기 유럽에서 유행한 '자발적 영역'은 사회적경제조직, 사회연대경제조직, 정부위수탁기관 등의 공공기관까지 아우른 광범위한 개념으로 유럽의 사회구조를 반영합니다. 그 외 시민섹터(civic sector), 독립섹터(independent sector) 등도 있습니다.

국내의 논문에서 voluntary organization을 자원봉사조직이라고 간혹 번역하고 있는데 이는 오역입니다. 말 그대로 자발적(voluntary) 결사체 (organization)를 뜻하니 곧 자발적 단체, 비영리조직입니다.
또한 비영리영역 등의 개념을 설명하며 '국가와 민간을 제외한 영역'이라고 오역하는 경우도 보입니다. 여기서 '민간'은 영어의 private을 번역한 것으로 추정되지만, private이 영역을 가리킬 때 시장(기업)을 의미합니다. 이를 오역하면 '민간을 제외한 영역'이 비영리영역'이 됩니다.

·시민사회와 공익활동·

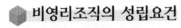# 비영리조직의 성립요건

조직 organization	일정한 체계와 구조적인 실체(institutional reality) 존재
민간 private	정부 통제없는 독립성과 민간의 자발성에 기초
이익무분배 non-profit	영리가 주목적이 아니며 잉여이익을 구성원에게 배분 않음
자치 self-governing	자체적인 의사결정 구조로 협력적 거버넌스 형태 지향
자발 voluntary	다양한 이해관계자의 자발적 참여를 통한 활성화
공익 public benefit	조직의 목적과 활동이 공공성과 공익에 기여

Salamon. 1999, America;s nonprofit sector, The foundation Center, 재편집

앞 장에서 영역에 대한 개념과 흐름에 대해 살펴봤습니다. 이러한 개념을 모두 묶어낼 수 있는 본질적 공통점은 무엇일까요. 미국을 대표하는 이론가 Lester M. Salamon은 「Global Civil Society: Dimensions of the Nonprofit Sector」(1999)와 「American Nonprofit Sector」(1999)를 통해 비영리조직의 구조적 · 운영적 특성(structural and operational characteristics)을 제시했습니다. 그는 기존의 비영리조직을 '재산권(property rights)이 부재한 조직'으로 비유하던 단선적 관습을 거부했고 '이익무분배'라는 구체화된 요건을 추가함으로써 '비영리'라는 소극적 개념을 '공익'이라는 적극적 개념으로 확장했습니다. 비영리조직의 본연의 의미는 수익의 포기가 아니라 이익의 무분배이며 궁극적으로 사회적 가치를 추구하는 조직이라 할 수 있겠습니다.

영국 최대의 영리조직인 NCVO(national council for voluntary organisations, 비영리단체협의회)도 비영리조직(voluntary sector)의 요건을 홈페이지에서 여섯개로 제시하고 있습니다. 사실상 Salamon의 원칙과 동일한 내용을 천명하고 있습니다.

일본NPO센터 역시 홈페이지에서 '신뢰받는 NPO의 7대 조건'이라는 표준을 명확한 사명, 재정적 자립, 의사결정의 자율, 정보의 투명성, 시민의 자발적 참여구조, 최소한의 사무국 체제, 사회적 가치 창출로 선언하고 있습니다.

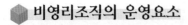 **비영리조직의 운영요소**

운영요소	내용
목적·목표	조직이 성취하고자 하는 명료한 지향점
이해관계자	조직과 관계하는 다양한 이해관계 집단
리더십	성공적 조직운영을 위한 의사결정 그룹
자원·재정	후원금, 보조금 등 핵심활동을 위한 예산 확보방안
활동계획	조직의 목적을 위한 효과적인 실행계획

실제 조직을 운영할 때 필요한 요소는 무엇일까요? 널리 알려진 CIVICUS (세계시민단체연합회)의 Civil Society Index(CSI) 4분면인 조직구조, 지향가치, 자기현장, 임팩트를 다시 조직일반론과 결합하면 다음으로 정리할 수 있습니다.

첫 번째 운영요소는 목적 및 목표입니다. 모든 조직은 성취하고자 하는 지향점이 있습니다. 목적·목표는 조직의 존재이유와 동일한 의미입니다. '어떠한 사회문제를 해결할 것인가'에 대한 대답이기도 합니다. 이를 구조화하여 미션과 비전으로 선언하는 일이 기본 중의 기본입니다. 사회적 목적에 해당하는 공익을 표방하는 모든 조직의 목적·목표는 보통 사회적 가치로 수렴되며 이는 인간의 보편적 가치로 연결됩니다.

두 번째 운영요소는 이해관계자입니다. 비영리조직은 기업처럼 주주를 위해 존재하지 않습니다. 서비스를 이용하는 자, 의사결정에 참여하는 자, 채용되어 노동을 제공하는 자, 후원으로 기여하는 자 등 다채로운 집단이 조직과 관계망을 형성합니다. 이해관계자를 파악하지 않는 조직은 동력 없는 자동차와 같습니다.

세 번째 운영요소는 리더십과 거버넌스입니다. 비영리조직은 복잡다단한 문제에 빈번히 직면합니다. 때로는 누군가와 대립하거나 갈등을 유발하기도 합니다. 이 대립과 갈등은 중층적이고 교차적이라 해결의 난이도가 높습니다. 다중의 사람들이 참여하여 조직의 거버넌스를 이루려는 이유는 이러한 문제적 환경에서 활동하는 조직의 특성에서 비롯된 일입니다. 이에 협력하는 의사결정을 이끌어내는 리더십은 조직의 필수 운영요소가 되기에 적당합니다.

네 번째 운영요소는 자원과 재정입니다. 이익을 분배할 수 없는 조직이라고 해서 수익을 등한시한다면 현실에서 존립할 가능성은 희박합니다. 모든 조직은 수익을 발생시키는 수입구조가 필요합니다. 비영리조직은 수익형 비즈니스모델에 제약이 많으므로 더 확실한 재정대책이 필요한 집단이라 할 수 있습니다. 자체적인 기금을 개발할 수도 있고 보조금 등의 지원책을 고려할 수도 있습니다. 비단 재정적 자원에 국한하지 않고 좋은 인재를 확보하는 일은 열악한 재정을 보완하는 대안 중 하나가 됩니다.

끝으로, 활동계획입니다. 조직의 목적 달성을 위해서 효과적인 실행이 필요합니다. 상황과 맥락에 따라 이를 솔루션, 프로그램, 서비스, 사업, 실천 등으로 지칭하고 있으나 공통점이라면 조직의 목적·목표의 성취를 위한 방법론이자 실천론인 셈입니다. 활동은 조직의 철학이 가시화되는 현장이며 동조자를 만나는 경로입니다. 활동이란 이해관계자가 등장하는 문턱 낮은 채널이자, 사회를 향한 outreach(공헌활동)이고, 궁극적으로 조직의 목적·목표를 함께 성취하기 위한 협력의 장입니다. 이상 다섯 가지 운영요소는 비영리조직의 운영을 위해 필요한 최소한의 공통요인으로 조직의 상황에 따라 다르게 적용될 수 있습니다.

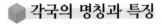 **각국의 명칭과 특징**

	조직 명칭	영역 명칭
미국	• Non-profit organizations(Non-profits) • Non-governmental organizations(NGOs)	• Non-profit sector • Independent sector • Tax-exempt sector
영국	• Charities • Voluntary organizations • Non-governmental organizations(NGOs)	• Voluntary sector • Charity sector • Community sector • The Third sector
프랑스	• Associations	• Secteurnon lucrative • Secteur associatif • Economie sociale
독일	• Gemeinnützige organisationen	• Gemeinnütziger sektor
일본	• NPO法人 • 公益法人	• 第三セクター • 市民社会

비영리조직, 공익조직, NPO, NGO 등 용어의 혼선은 국제사회도 예외가 아닙니다. 모두를 통합하는 용어를 하나로 규정하기란 매우 어려운 일입니다(Cooper). 용어란 시대에 따라 바뀌기도 하고 맥락에 따라 달리 쓰이기도 합니다. 이에 각 나라에서는 이러한 조직들을 어떠한 이름으로 사용하고 있을지 알아봅니다.

세계 최대의 비영리조직 보유국 미국은 non-profit organization(NPO)이라는 명칭이 가장 보편적입니다. 줄여서 non-profits라고도 합니다. 한편 NGO는 주로 국제적 활동범위를 가진 대규모 기관을 일컫는 말로 사용하나 현장에서는 NPO와 혼용하기도 합니다. 해당 영역은 non-profit sector 혹은 independent sector라고 합니다. 세법의 관점으로 지칭할 때는 tax-exempt sector(면세영역)이라 부르기도 합니다. 그러나 세법의 면면을 살펴보면 순전한 의미의 비영리조직뿐 아니라 광범위한 공익적 기관이 많은 비중을 차지하고 있습니다. 영국의 비영리조직은 자선단체(charity)를 필두로 넓은 범위를 포함합니다. 포괄적인 차원에서 공익적인 조직 모두를 말한다면 voluntary organization이 무난하고, 여기에 사회적기업, 마을기업, 조합, 자활조직을 포함하는 경우가 보통입니다. 영역은 voluntary sector, community sector, the third sector 등 복수의 개념이 공존하며 시대변화와 정부정책에 따라 지칭하는 이름도 조금씩 바뀌어 왔습니다.

프랑스는 associations(결사체)라는 용어가 가장 일반적입니다. 관련 영역은 secteurnon lucrative, secteur associatif, economie sociale 등으로, 연대경제, 사회적기업이라는 뜻에 해당합니다. 독일은 gemeinnützige organisationen(자선조직)이 대중적 용어이고, 영역은 gemeinnütziger sektor(공익영역)으로 지칭합니다. 개념 정의에 있어 유럽 국가들의 공통점이 있다면 비영리, 사회적경제, 정부의 경계선이 선명하지 않아 중간지대, 혼합지대로 비유된다는 점입니다. 이와 유사한 일본 역시 조직은 NPO法人(NPO법인) 혹은 公益法人(공익법인), 그 영역은 第三セクター(제3섹터) 혹은 市民社會(시민사회)라 부르고 있습니다.

이외에도 각 나라와 사회, 그리고 지역 등지에서 비영리조직을 지칭하는 용어는 훨씬 많습니다. 누군가를 대변하고 옹호하는 civil society organization(CSO), 지역을 기반으로 활동하는 community based organization(CBO) 등 시대, 환경, 국가마다 각양각색 등장해 왔습니다.

·시민사회와 공익활동·

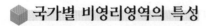 **국가별 비영리영역의 특성**

사회부문 정부 지출 \ 비영리영역 규모	규모 작음	규모 큼
지출 적음	**국가주의** statist (일본, 개발도상국)	**자유주의** liberal (미국, 영국)
지출 많음	**사회민주주의** social democratic (스웨덴, 노르웨이 덴마크, 핀란드)	**협동조합주의** corporatist (독일, 프랑스)

Salamon, WojciechSockolowski, S., Anheier, H. K. 2000. "Social origins of civil society: An overview". Working papers of The Johns Hopkins Comparative Nonprofit Sector Project.

위 표는 '비영리영역의 규모'와 '사회부문 정부 지출'을 기준으로 구성한 4분면에 각 국가를 분류해 놓은 결과입니다. 비영리영역의 규모가 크고 작음에 따라, 사회부문에 대한 정부의 지출이 크고작음에 따라 국가별로 독특한 면모를 보입니다. 1분면부터 차례대로 살펴봅니다.

1분면인 일본과 개발도상국은 비영리영역의 규모가 작고, 사회부문에 정부 지출이 적은 편입니다. 비영리영역이 취약한 이들 나라는 정부가 주도하는 국가주의의 색채를 보입니다. 2분면은 비영리영역이 크고 사회부문의 정부 지출이 적은 국가들입니다. 이는 정부의 관여가 적은 사회로 미국, 영국과 같은 자유주의의 특색을 나타냅니다.

3분면은 비영리영역의 규모는 작지만 사회부문의 정부 지출이 높은 나라로, 주로 북유럽 국가들이 해당합니다. 비영리영역은 작아도 정부가 책임있게 지원하는 특성이 있어 사회민주주의로 설명되기도 합니다. 끝으로 4분면은 비영리영역의 규모도 크면서 사회부문의 정부 지출도 큰 나라들입니다. 유럽을 대표하는 독일과 프랑스가 여기에 해당하며, 이른바 협동조합주의의 면모를 나타냅니다. 정부와 민간의 협력이 혼합적이면서 상당히 역동적이라는 뜻입니다.

유럽과 미국의 비영리조직

	유럽	미국
의미	not-for-profit '비영리성' 조직	non-profit '비영리' 조직
형태	· 이익의 사적 취득 제한 · 협동조합, 상호공제조합 등 수익형 비즈니스 수행조직 포함 · 사회적경제조직 포함	· 이익 분배 제한 · 사회적경제조직 배제

우리나라처럼 국가주도형 모델이 아니라 시민의 자발성과 주도성의 환경 위에 형성된 국가들의 경우 비영리영역과 사회적경제영역의 경계가 형식화되어 있지 않고 혼합된 형태로 나타나는 것이 보통입니다. 이러한 현상은 시민사회의 역사가 유구한 유럽에서 더 도드라집니다. 유럽에서 비영리영역은 흔히 사회적경제영역을 포함하는 개념으로 받아들여집니다. 정부의 정책에 의해서가 아니라 현장의 여건에 맞추어 제도가 정비되어 왔기 때문입니다.

· 시민사회와 공익활동 ·

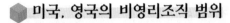

미국, 영국의 비영리조직 범위

	비영리조직의 범위	비고
미국	• Charitable organizations • Trade associations • Foundations • Social welfare organizations • Membership organizations • Educational organizations • Arts & cultural organizations	• 빈곤/교육/건강/종교 지원조직 • 특정 영역의 교류/옹호를 위한 협의체 • 민간/공공재단 등 • 삶의 질과 환경개선을 위한 　사회복지단체 • 종교, 노조 등 특정 영역의 결사체/모임 • 학교, 대학 등의 교육기관 • 박물관, 극장, 오케스트라 등 　문화예술기관
영국	• Charities • Trade associations • Foundations • Community interest 　companies(CICs) • Faith-based organizations • Social enterprises • Mutuals, Co-operatives	• 빈곤/구호/교육/건강/종교 지원조직 • 특정 영역의 교류/옹호를 위한 협의체 • 민간/공공재단 등 • 지역사회 변화에 기여하는 마을기업 • 신앙 전파와 사회에 기여하는 종교기관 • 사회변화를 추구하는 사회적기업 • 사업을 운영하는 상호공제조합/ 　협동조합

　구체적으로 미국과 영국의 비영리조직 사례를 비교해보려 합니다. 비영리조직의 표준처럼 여겨지는 두 국가는 비영리조직이라는 개념이 어떤 범주를 가지고 있을까요. 법률적 근거가 아닌 현장의 눈높이와 사회적 관행으로 그 공통점 및 차이점을 알아보겠습니다.

　먼저 미국입니다. National Council of Nonprofit(미국비영리조직협회)에 의하면 연방국세청 등록 기준 미국의 비영리조직은 130만개 이상으로 추산됩니다. 익숙한 자선단체나 지역재단이 대표적이지만 다수의 기관과 단체를 포함해 특정 부문의 협의체, 지역 곳곳의 기관과 커뮤니티,

교회, 학교, 대학, 박물관 등 종류와 범위가 다방면에 걸쳐 있습니다. 조직의 운영적 특성에 따라 자선기관, 재단, 협의체 등으로 구분할 수도 있고, 조직이 다루는 의제를 따르면 빈곤·건강·종교·문화 등으로 구분할 수도 있어 하나의 일관된 기준이 필요할 것 같지만, 미국의 세법은 이 모든 조직을 일일이 나열하여 그 법적 지위를 차등화하고 있습니다.

그렇다면 영국은 어떨까요? 영국과 미국은 공통점도 많고 차이점도 확연합니다. 17만여개의 자선단체(charities)는 영국의 비영리조직을 대표하는 그룹입니다. 협회, 재단, 종교기관 등을 비영리영역의 범주에 포함하는 상황은 미국과 다르지 않지만, 영국은 마을기업, 사회적기업, 조합, 민간결사체와 같은 여러가지 사회적 조직을 포함하려는 경향이 더 강한 편입니다(Evers & Laville). 영국의 조합은 대규모의 수익사업이나 금융사업을 수행하는 곳이 많습니다. 이 사실은 영국의 스펙트럼이 미국의 그것보다 더 넓고 복잡함을 언급할 때 사례로 사용됩니다.

각종 사회영역마다 분명한 경계가 그어져 있는 우리 현장과 영국의 현장은 사뭇 다른 지형입니다. 만일 'non-profit(비영리)' 조직을 'not-for-profit(비영리성)' 조직으로 확장하여 바라보는 그들의 풍토를 이해할 수 있다면 더 많은 부분이 해석됩니다. 영국의 비영리조직이 왜 non-profit organization으로 국한되지 않고 voluntary organization으로 표현되는지, 그 영역은 왜 voluntary sector라 지칭되는지에 대한 해석입니다.

·시민사회와 공익활동·

미국의 비영리조직과 법제도

조직유형	내용	조직유형	내용
501(c)(1)	연방신용조합 등 특별법인	501(c)(16)	농작물지원기관
501(c)(2)	소유권보유기업(holding title)	501(c)(17)	보충실업급여신탁
501(c)(3)	자선, 종교, 교육, 과학, 문학, 동물, 건강 등	501(c)(18)	종업원연금신탁
501(c)(4)	사회복지단체 등	501(c)(19)	군인조직
501(c)(5)	노동조합, 농업단체, 원예조직 등	501(c)(20)	그룹법무서비스조직
501(c)(6)	상공회의소, 기업인연합, 전문가그룹 등	501(c)(21)	진폐증환자급여신탁
501(c)(7)	동창회, 사교클럽, 레크리에이션클럽	501(c)(22)	인출책임지급기금
501(c)(8)	친목회	501(c)(23)	재향군인조직
501(c)(9)	임의종업원수익조합	501(c)(24)	종업원퇴직소득보장신탁
501(c)(10)	가정형제회 및 협회	501(c)(25)	다중부모자격단체
501(c)(11)	교원퇴직급협회	501(c)(26)	주지원보건기구
501(c)(12)	자선생명보험협회, 배수로·관개회사 등	501(c)(27)	주지원근로보험기구
501(c)(13)	묘지회사	501(c)(28)	철도공사퇴직연금투자신탁
501(c)(14)	국가신용조합/협회	501(c)(29)	자격건강보험
501(c)(15)	상호부조회사		

Internal Revenue Code Section, The Tax Reform Act, US

비영리조직의 천국이라 할 수 있는 미국은 비영리조직을 어떻게 법적으로 분류하고 있을까요? 미국 국세청(IRS)이 소관하는 미국연방세법 501(c)항목은 이를 종합적으로 명시하고 있습니다. 501(c)에 해당하는 법적 용어는 면세조직(tax-exempt organizations)으로 모든 수입과 지출을 국세청에 신고 및 공개해야 하는 의무를 지지만 연방소득세가 면제되고 각 주(州)의 세무당국에 면세지위를 신청할 수도 있어 그 혜택이 다채롭고 실효적입니다.

501(c)에 해당하는 조직이 130여만개일 때 주(州)에만 등록된 비영리조직까지 포함한다면 그 수는 기하급수적으로 증가됩니다. 501(c)에 나열된 30개 내외의 항목별 기관들만 살펴보더라도 우리 정서와는 낯선 조직들이 대거 포진하고 있습니다. 미국에서 501(c)의 전체 명단을 비영리조직으로 지칭하는 경우도 관례적으로 존재하지만 엄격한 시각에서 보자면 면세(혹은 비과세)조직으로 지칭함이 맞을 것입니다. 이중 본래적 의미에 제일 가까운 비영리조직 항목은 501(c)의 (3)과 (4)입니다. 특히 501(c)(3)에 명시된 조직들은 가장 폭넓은 면세 · 감세 혜택의 지위를 누릴 수 있습니다.

501(c)(3)에 명시된 조직은 자선기관(public charity)이나 민간재단(private foundation) 등으로 구성된 지원조직(charitable non-profit)들이라 정통한 성격의 비영리조직으로 소개되곤 합니다. 엄격한 신청절차를 통과하여 해당 지위를 획득한 이 조직들은 주(州)별 판매세(sales tax)나 고용세 등의 감면과 함께 우편발송요금 할인을 포함한 다중적인 혜택이 주어지지만 정치활동(political campaign) 및 입법활동(lobbying)을 할 수 없다는 제약이 뒤따릅니다.

한편 501(c)(4)에 해당하는 조직은 501(c)(3)과 거의 같은 혜택이 보장되면서도 기부금에 관계된 면세 혜택은 배제됩니다. 하지만 501(c)(3)와 달리 정치활동이 허락된다는 점에서 큰 차이점을 보입니다. 501(c)(4)에 명시된 사례 기관이 사회복지기관(social welfare organization)이라 의아할 수 있지만 미국의 사회복지기관은 서비스 제공뿐 아니라 구조적 변화에 대해 행동하고 누군가를 대변(advocacy for common good)하므로 정치활동에 친숙한 그룹입니다. 우리 지형에 비유하면 시민사회단체의 역할에 가깝다고 말할 수 있습니다.

· 시민사회와 공익활동 ·

I

현대사회와
공익활동

시민사회와 공익활동

비영리조직의 설립

비영리조직의 변화

조직의 테크트리

　우리나라의 조직체를 한눈에 펼쳐본다면 어떤 모양이 될까요? 현행 법체계와 정확히 일치하지 않으나 이해를 돕기 위한 현장의 시선으로 간략히 조망해보겠습니다. 먼저 비영리의 테크트리입니다. 공익활동을 위해 가장 쉽게 접근해볼 수 있는 조직형태는 임의단체입니다. 임의단체보다 더 체계적인 조직은 비영리민간단체입니다. 비영리민간단체를 넘어 공공조직의 사회적 정체성을 획득하려면 다음 단계인 법인을 떠올릴 수 있습니다. 사람이 모이면 사단법인, 재물이 모이면 재단법인입니다. 여기까지 모두 비영리조직입니다. 이 외 관계법에 따라 생활협동조합, 사회적협동조합, 부문별 법인 등이 비영리로 구분됩니다.

영리의 테크트리는 사기업과 공기업으로 구분하여 전개됩니다. 사기업은 개인사업자로 대표되는 자연인기업과 주식회사로 대표되는 법인으로 분류됩니다. 사기업의 반대편엔 공기업이 자리잡고 있습니다. 정부의 지분이 영향을 미치는 혼합형 조직체입니다.

조직의 지형 비교

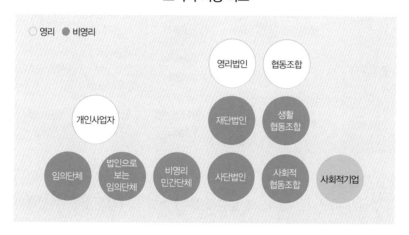

체계적인 테크트리를 이해했다면 위와 같은 지형으로 새롭게 바라볼 수도 있겠습니다. 누구든 공익활동을 조직적으로 시작하려 한다면 임의단체로 시작할 수 있습니다. 업력이 쌓이면 비영리민간단체와 비영리법인으로 개진할 수 있을 것입니다. 다만 이 경로는 절대적인 마일스톤이 아닙니다. 처음부터 비영리법인을 신청할 수도 있고 혹은 이중 법인격을 보유할 수도 있다는 견해가 일반적이지만 각 법률의 소관부처가 제각기 다르기에 사전 확인이 필수적입니다.

· 비영리조직의 설립 ·

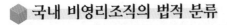

국내 비영리조직의 법적 분류

	임의단체	비영리 민간단체	사단법인 재단법인	사회적 협동조합	협동조합
설립목적	–	공익	공익, 사교, 권익 보호	공익	조합원 권익, 복리증진
등록·허가	고유번호	등록	등기(허가)	인가	신고
수익분배	수익분배 금지	수익분배 금지	수익분배 금지	수익배당 금지	수익배당
주요혜택	–	정부지원	정부지원, 회비	세금혜택, 우선구매, 판로지원 등	우선구매 등
관련제도	국세기본법	비영리 민간단체 지원법	'공익법인법' 민법32조	협동조합 기본법	협동조합 기본법

　영리와 비영리를 법적으로 분류해 볼 때 어떤 시사점을 얻을 수 있을까요. 다시 임의단체부터 출발합니다. 임의단체는 고유번호를 발급받음으로써 최소한의 법적 기록을 남기게 됩니다. 영리를 꾀하지 않는 한 혜택도 없고 의무도 없습니다. 임의단체란 정부의 과세업무를 비과세집단에게 적용한 개념입니다. 비영리민간단체는 그 목적을 반드시 공익으로 설정함으로써 성립하는 조직입니다. 1년 이상의 활동실적과 100명 이상의 회원 등 몇 가지 요건을 충족하면 등록절차를 통해 지위를 획득합니다. 공모사업 참여와 같이 일부 정부지원사업에 참여할 수 있다는 점은 비영리민간단체를 설립하려는 동기 중 하나가 됩니다.

	비영리법인	공익법인	특수법인
법적 근거	민법	특별법	특별법
설립 목적	공익, 교류, 권익	공익	공익
사례	사단법인, 재단법인	종교법인, 사회복지법인	학교법인, 의료법인, 기타 개별 법률로 설립된 법인

　사단법인과 재단법인 등 비영리법인은 비영리민간단체보다 무거운 책임감을 감수합니다. 그만큼 직간접적인 정부지원 혜택이 생기고, 사단법인의 경우 회비 징수도 편하게 할 수 있습니다. 법인(corporation)의 또 다른 용어는 legal person(法人, 법적 인격체)입니다. 즉 조직을 하나의 독립된 개체로 간주하겠다는 의도입니다. 따라서 법인이란 특정인이 소유할 수 없는 사회의 공적조직으로 이해되며 국가 사회경제의 근간이 됩니다. 정부는 법인에 여러가지 혜택을 제공하려 노력하는 한편 엄격한 관리감독을 적용합니다. 비영리법인은 그 목적이 꼭 공익이 아니라, 사교나 권익보호와 같은 일부 예외가 용인된다는 점이 특이사항입니다.

　사회적협동조합은 협동조합의 기본운영원리를 채택하고 있지만, 그 목적한 바가 사회 공익에 대한 기여라는 점에서 비영리로 판단합니다. 가장 폭넓은 혜택을 제공받는 지위로 볼 수 있겠으나 인가(permission)의 대상이고, 공익추구, 배당금지와 같이 준수해야 할 요건들이 많아 설립을 위해 신중한 검토가 요구됩니다. 한편 협동조합은 조합원들의 이익을 창출하고 수익배당이 가능하다는 측면에서 영리조직으로 분류되고 비교적 간단한 신고(report)를 통해 법인격을 획득합니다.

🧊 기부금 혜택 비교

	공익단체 (구 기부금대상민간단체)	공익법인 (구 지정기부금단체)
관계 법령	소득세법	법인세법
대상 기관	비영리민간단체	비영리법인 등
지정 절차	행정안전부 → 기획재정부 지정	국세청 → 기획재정부 지정
기부금 영수증 발급	개인기부자	개인기부자 및 법인기부자

어느 수준 이상 조직을 체계화하면 정부가 제공하는 몇 가지 혜택을 고려할 수 있습니다. 비영리조직이 누릴 수 있는 혜택 중 가장 긴요한 부분은 아마도 기부금에 대한 사항일 것입니다. 이 장에서는 비영리민간단체와 비영리법인을 위주로 비교하며 알아봅니다.

비영리민간단체는 행정안전부의 절차를 거쳐 기획재정부의 지정으로 '공익단체'의 지위를 지정받을 수 있습니다. 이 근거는 소득세법입니다. 공익단체의 지위를 받은 비영리민간단체는 개인기부자에게 기부금 영수증을 발급할 수 있게 됩니다. 다만 법인기부자에게는 허락되지 않습니다. 한편 비영리법인, 사회적협동조합 등은 법인세법에 의해 '공익법인'으로 지정 가능합니다. 국세청(관할 세무서)의 절차를 거쳐 기획재정부 지정으로 이 지위를 부여받은 이 공익법인은 개인기부자 및 법인기부자를 대상으로 기부금 영수증을 발급할 수 있습니다. 앞선 '공익법인법'의 '공익법인'과 이름이 같아 혼동하기 쉽습니다.

여기서 '법인으로 보는 임의단체'라는 용어가 등장하는데 이를 아래 표로 이해해봅시다. 임의단체는 다시 '(개인으로 보는) 임의단체'와 '법인으로 보는 임의단체'로 나눌 수 있습니다. 이 두 조직 모두 국세기본법 13조(법인으로 보는 단체 등)에 의해 고유번호가 발급됩니다. 두 경우 모두 조직 명의의 통장 개설이 가능하고, 조직 명의로 계약도 가능합니다. 이 두 조직을 판별하는 내재적 기준이 있다면 '법인이 아닌 조직인지' 혹은 '법인의 요건을 갖추었으나 법인이 아닌 조직인지'입니다.

임의단체의 종류

	임의단체	법인으로 보는 임의단체
관계법	소득세법 (고유번호 80, 89)	법인세법 (고유번호 82)
정의	법인이 아닌 개인으로 보는 임의단체	법인의 요건은 되나 등기하지 않은 임의단체
비고	세무신고 없음	필요시 세무신고 있음

'(개인으로 보는) 임의단체'는 소득세법, '법인으로 보는 임의단체'는 법인세법 소관입니다. '법인으로 보는 임의단체'는 실상 법인의 요건을 갖추고 있으나 법인등기를 하지 않은 상태의 조직을 뜻합니다. 법인의 요건을 갖추고 있으며 근미래에 법인등기를 계획하고 있는 조직이라면 '법인으로 보는 임의단체'를 선택하는 것이 재산관리에 용이하다는 견해가 중론이지만, 상황에 따라 세무신고의 의무가 부과되기도 하니 주의가 필요합니다.

영리조직의 분류

분류	상법					협동조합기본법	
	주식회사	유한회사	유한책임회사	합명회사	합자회사	협동조합	
						일반	사회적
사업목적	이윤 극대화					조합원 실익증진	
운영방식	1주 1표	1좌 1표	1인 1표				
설립방식	지자체 신고					중앙부처 인가	
책임범위	유한책임			무한책임	무한책임 + 유한책임	유한책임	
성격	물적결합	물적·인적결합	물적·인적결합	인적결합	물적·인적결합	인적결합	
영리유무	영리법인					비영리법인	

기획재정부

영리조직의 법적 분류도 알아보겠습니다. 영리조직을 이해하면 영리를 추구하지 않는 조직에 대해 이해하기 쉽습니다. 영리조직의 대표적 법인격 영리법인의 종류를 협동조합과 비교하며 조직의 본질적 속성을 관찰해봅니다.

우리 상법의 영리법인은 크게 5개로 분류 가능합니다. 모두 이윤창출을 위해 설립된 조직들입니다. 여기서 가장 주된 이슈는 누가 얼마나 책임을 질 것인가에 대한 참여주체의 역할 문제입니다. 주식회사, 유한회사, 유한책임회사는 조직에 대해 무한한 책임을 지지 않습니다. 즉 투자한 만큼만 책임을 지면 됩니다. 특히 대규모의 자금을 투자형식으로 동원하는 주식회사(incorporated)와 달리, 유한회사(limited company)나 유한책임회사(limited liability company)는 소규모의 자금을 창립자가 직접 조달할 수 있는 방식이고, 1좌 1표 혹은 1인 1표로 운영하는 방식이라 자본에 대한 경영권 방어가 용이하다는 장점이 있습니다. 이러한 독특성으로 인해 유한회사나 유한책임회사는 가족기업과 같이 주로 소규모의 회사에서 많이 발견됩니다.

한편 합명회사(partnership)는 소수의 주체가 인적인 결합을 함으로써 굳건한 결속력을 가지고 무한책임을 약속하는 방식입니다. 무한책임을 약속하는 대신 그만큼의 권리와 역할을 가지는 것입니다. 합자회사(limited partnership)는 그 혼합형이라 할 수 있습니다. 경영주체는 무한책임을, 자본주체는 유한책임을 감당하는 하이브리드한 방식입니다.

지금까지 나열된 상법상의 영리법인과 결이 다른 또 하나의 영리법인은 협동조합이라 할 수 있습니다. 협동조합은 조합원의 이익을 위해 설립된 영리조직입니다. 반면 사회적협동조합은 40% 이상의 공익사업 원칙을 준수해야 하므로 비영리조직으로 분류합니다. 협동조합이나 사회적협동조합 모두 1인 1표의 민주적 운영체제를 채택하고 있다는 공통요소가 있지만, 전자는 간단한 지자체의 신고로, 후자는 정부부처의 인가로 성립된다는 면에서 구별됩니다.

간단한 신고로 성립되는 대다수의 영리조직과 달리 사회적 목적을 가진 조직이 오히려 정부부처의 인가를 받아야 한다는 점이 의아할 수 있지만, 그만큼 정부가 지원하는 혜택이 많기에 정부의 관리감독도 비례하여 가중된다고 해석할 수 있습니다.

영리와 비영리의 조직원리

	영리조직	비영리조직
목표 성격	정량적	정성적
성과 성격	income	outcome
의사 결정	유불리	옳고그름
작동 원리	효율성	효과성
경영 결과	자본	사회자본
오너십	특정됨	분산됨
거버넌스	주주	이해관계자
주요 대상인	소비자	이용자

영리조직(기업)과 비영리조직은 운영원리 측면 면에서도 간극이 큽니다. 가장 도드라진 차이는 조직의 존재적 이유일 것입니다. 영리조직의 존재이유는 이윤의 창출이고 비영리조직의 그것은 가치의 확산이라 할 수 있습니다. 영리조직의 목적·목표는 주로 정량적으로 표현되고 비영리조직의 목적·목표는 주로 정성적으로 표현됩니다.

공익성을 지향하는 조직이라면 사회적 가치와 같은 정성적 언어가 개입합니다. 사회적경제조직이나 공공기관같이, 완전한 비영리조직이 아니지만 그렇다고 영리조직도 아닌 조직을 공익조직이라 정의할 수 있다면, 공익조직의 목적·목표는 숫자를 배제한 채 서술되는 경우가 더 통상적입니다.

목적한 바가 있다면 결과도 있을 것입니다. 영리와 비영리는 성과의 성격도 다릅니다. 영리조직은 income(수입)이 많을수록 성과입니다. 반면 비영리조직은 outcome(변화)이 많을수록 성과입니다. 다시 말해 영리는 돈을 벌 때 성과가 창출되고, 비영리는 돈을 쓸 때 성과가 창출된다고 말할 수 있습니다.

영리조직의 의사결정은 대부분 유리함과 불리함을 판단하는 일에 가깝습니다. 반면 비영리조직은 옳음과 그름을 판단하는 경우가 많습니다. 이는 조직의 존재적 목적을 비유한 메타포에 가까우며 도덕성을 판가름하는 근거가 아닙니다. 업(業)의 본질은 이렇듯 조직운영의 모든 문법에 전방위적 영향을 미칩니다. 이러한 의사결정의 프레임은 영리조직이 왜 효율을 중시하고, 비영리조직이 왜 효과를 중시하는지 그 근원을 말하고 있습니다.

경영의 결과물은 어떨까요. 영리조직이 경영을 잘하면 자본이 축적될 것입니다. 한편 비영리조직은 자본을 남기면 안 됩니다. 남기는 자본이 있다면 바로 사회자본(social capital)입니다. 사회자본은 신뢰, 공동체성, 시민의식 등을 포함한 개념입니다. 영리조직의 오너십은 특정가능합니다. 바로 주주입니다. 특이한 점은 비영리조직의 오너십이 분산되어 있다는 사실입니다. 바로 이해관계자입니다. 이해관계자의 범위가 막연한 측면이 있고 조직마다 생각하는 범위가 다를 수 있어 상대적인 개념에 해당합니다.

어느 경우에나 예외라는 것이 존재하기에 두 조직의 비교결과를 섣불리 일반화하면 안 될 것입니다. 다만 그 차별성을 도드라지게 비교할 때 숨은 원리까지 파악해 볼 수 있겠습니다.

· 비영리조직의 설립 ·

I

현대사회와
공익활동

시민사회와 공익활동

비영리조직의 설립

비영리조직의 변화

현장이 마주하는 변화

Charity Aid Foundation(CAF), 2023, World Giving Index

　평범한 시민이 비영리조직을 접할 기회가 있다면 어떤 방식일까요? 비영리조직에 참여하는 방법 중 가장 흔한 일은 기부와 봉사활동일 것입니다. 우리나라의 국민들은 얼마나 비영리조직에 참여하고 있는지 알아봅니다. 영국 자선지원재단(CAF)의 세계기부지수(WGI) 보고서에 의하면 우리나라는 '낯선 사람에 대한 도움', '기부금', '봉사시간' 등 위의 주요통계에서 TOP10에 들지 못했습니다.

　기부지수 순위도 심각합니다. 우리나라는 2010년 153개국 중 81위에 그친 이후 상회하다 코로나를 거치며 현재 79위로 나타나 중위권에 고착된 모습입니다. Global Philanthropy Environment Index Score(세계기부환경지수, 2018~2020)에서도 한국의 기부지수는 불가리아, 콜롬비아, 필리핀과 같은 등급인 3.5~3.9를 나타내었으며 이는 칠레, 대만, 일본보다 낮은 단계입니다. 기부지수란 기부금액에 대한 랭킹이 아니라 기부의향 등을 분석한 시민의식과 나눔문화에 관한 조사로, 향후 변화를 예측할 수 있어 더 유의미합니다.

국내 조사에서도 이와 같은 정체현상은 비슷한 양상으로 드러났습니다. 통계청의 사회조사결과에 따르면 2023년 현재 직전 1년간 기부자 1인당 평균 현금 기부액은 약 59만원으로 나타났습니다. 2년 전 60만과 비교해 만원 이상이 줄어든 결과입니다. 2011년 16만원의 평균 기부금이 해마다 가파른 상승세를 보였지만 금액이 감소한 것은 조사 이래 처음입니다.

자원봉사자 연간 참여인원

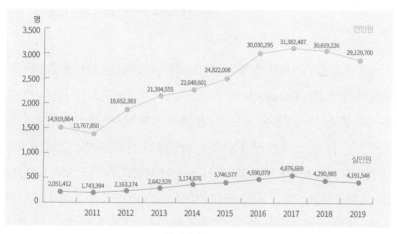

행정안전부, 2020. 2020년 자원봉사센터 현황–통계편

자원봉사에 대한 시민참여도 둔화세입니다. 행정안전부의 자료에 의하면 지난 10년간 자원봉사 참여자의 수는 꾸준하게 증가했지만 코로나를 전후로 성장세가 주춤하고 있어 성장동력이 필요한 상황입니다. 코로나가 지난 지금 과거의 성장세를 어느정도 회복했지만 예전만큼 폭발적 성장세가 나타나지 않는 상황은 실천현장의 오래된 고민거리입니다.

· 비영리조직의 변화 ·

◆ 사회적경제의 약진

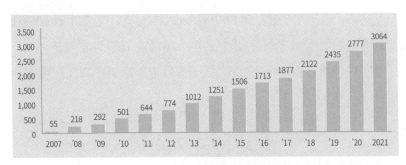

한국사회적기업진흥원, 2022, 사회적기업 개소 수

　비영리조직의 정체나 침체는 우리나라만의 상황은 아닌 것 같습니다. 미국의 매체 The Chronicle of Philanthropy의 2023년 기사는 '각종 여론조사 결과, 미국인들은 자선단체에 대해 거의 모르며 비영리단체가 문제해결을 할 수 있다는 시각은 매우 소수'라고 전했습니다. 그 구체적인 내용으로, 약 48%가 '비영리단체가 잘못된 방향으로 가고 있다'고 답했고, 오직 5%만이 '자신 혹은 가족이 비영리단체의 도움을 받았다'고 답했으며, 20년전 미국인의 85%가 기부에 참여했지만 현재 50%로 급감했다는 것입니다.

　양적인 측면의 위기보다 질적인 측면의 위기가 더 크게 다가옵니다. 질적인 위기는 다시 양적인 위기를 증폭시켜 악순환을 불러오기 때문입니다. 이러한 현상의 원인을 몇 가지로 추측해 볼 수 있습니다. 각 국가들의 정부 역할 변화로 인한 비영리조직들의 방향성 혼란, ESG와 같은 기업 시민의식 진화로 비영리조직의 역할 조정, 경기침체 등 대내외적인 자원의 부족, 비영리조직들의 신뢰 저하와 경쟁 심화, 새로운 조직의 대두와 전통적 비영리조직의 침체, 조직운영의 어려움과 세대갈등 등 원인을 한 두 가지로 단정하기 어려울 정도입니다.

시선을 국내로 국한한다면 더 생생하게 보입니다. 2022년 12월 월간 중앙의 '한국 시민사회운동의 새로운 미래는 있는가(임현진·공석기)'에서 우리사회의 '시민사회운동'이 침체된 원인을 나름 제시하고 있습니다. 요약하자면, 시민사회운동이 '공익활동'이라는 용어로 대체되며 정치적인 중립을 견지하고 단기간 변화에 치중했다는 사실입니다. 정부에 대한 의존도 증가, 전문가 등의 맨파워 이탈뿐 아니라 전문화, 세분화라는 명목으로 분절화가 심각히 진행되어 영향력이 실추했다는 진단입니다. 또한 '문제 제기자'에서 '문제 해결자'를 자처하며 운동성과 역동성이 취약해졌다는 측면도 있습니다. 필자들의 견해는 다른 현장과 함께 바라보려는 대안적 시선을 제한하고, 시민사회운동에 집중된 비판적 고찰을 한 것으로 이해할 수 있습니다.

'시민사회운동'으로 대변할 수 있는 전통적 비영리영역이 주춤하는 사이 사회적경제영역은 새로운 국면을 맞이하고 있습니다. 우리사회의 사회적경제조직들은 어려운 여건에서도 새로운 지형을 만들어가는 듯합니다. 이중 사회적기업의 개소수는 등록기준 2024년 현재 3천개를 돌파해 폭발적인 성장세를 보이고 있습니다. 양적 팽창 이면엔 과제도 있는 법입니다. 선진국의 경우 시민사회의 역량이 발전한 토대 위에 사회적경제 영역이 자연스럽게 발달했지만, 우리사회는 정부주도형 성장 모델이라는 꼬리표가 붙어있습니다. 사회적경제란 연대, 자율, 시민성 위에 마련된 경제적 시도들에 기초한 연합이라 할 수 있습니다(Defourny). 정부주도의 일방적인 방식이라면 한다면 좋은 의도도 현장에선 규제처럼 느껴지기 쉽습니다.

국내 사회적경제조직의 종류

	사회적기업	협동조합	마을기업	자활기업
목적	취약계층에 대한 고용창출과 사회서비스 등 사회적 가치 실현을 주목적으로 하는 기업	공동소유, 민주적 운영을 통한, 경제·사회·문화적 필요를 공감하는 사람들의 자발적 조직	지역자원을 활용한 지역문제 해결 및 공동체 활성화 추구 기업	저소득계층의 탈빈곤을 목표로 경제적 자립과 일자리 창출을 목표로 하는 기업
관련법	사회적기업 육성법 (2007)	협동조합기본법 (2012)	도시재생 활성화 및 지원에 관한 특별법 (2013)	국민기초생활 보장법 (2000)
주무처	고용노동부	기획재정부	행정안전부	보건복지부
비고	−배분가능. 이윤 2/3이상 사회목적 재투자 −예비사회적기업(부처·지역형) 지정제 시행 중	−자발적 개발적 조합원 (1인1표) −일반협동조합 (신고), 사회적협동조합 (인가)	−출자자 및 고용인력 70% 이상 지역주민 구성 (5인 이하 100%) −모든 회원은 마을기업 (법인)출자 및 경영참여	−구성원 중 기초생활보장 수급자 1/3 이상
개소수 (2021년 전까지)	−인증: 3,142개 −예비: 4,782개 −소셜벤처: 1,509개	−일반: 18,295개 −사회적: 3,394개	1,652개	1,062개

고용노동부, 행정안전부, 한국사회적기업진흥원, 서울시사회적경제지원센터, 서울시협동조합지원센터, 재구성

국내법에 의하면 사회적경제조직은 크게 4개로 분류됩니다. 법적으로 주무부처가 같은 곳이 없음에도 모두를 사회적경제조직으로 통칭합니다. 자활기업, 사회적기업, 협동조합, 마을기업의 역사적 순서는 당시의 시대상을 반영한 결과입니다. 1920년대 농민협동조합이나 두레조합이 자생적으로 생겨나며 1960년 신용협동조합 운동, 1980년 생활협동조합 운

동을 거쳐 1990년대초 자생적인 노동자협동조합이 생겼습니다. 1996년 보건복지부의 재활지원센터사업이 시작되며 자활기업으로 연결되었고 2000년 보건복지부의 자활후견기관(자활공동체 등)을 거쳐 자활기업이 탄생했습니다. 2003년 노동부의 사회적일자리사업을 거쳐 2007년 사회적기업의 흐름으로 제도화됩니다. 이러한 흐름은 2010년 전후로 협동조합기본법과 마을기업 관계법으로 정비되어 오늘에 이르고 있습니다.

사회적경제조직의 경제활동 영역

경제활동 영역	사회적경제조직의 예
생산	• 사회적기업, 자활공동체 • 사회적 일자리 사업조직 • 노동자협동조합
소비	• 생활협동조합, 의료생활협동조합 • 공동육아협동조합
교환	• 지역화폐 • 재활용, 업사이클링단체
분배	• 자선단체 • 마이크로크레딧 기관

신명호, 2009, 한국의 사회적 경제 개념 정립을 위한 시론(김성기, 사회적 기업의 이슈와 쟁점, 재인용, 재편집)

사회적경제를 현장의 경제활동의 시선으로 재구성해 보면 색다른 지형이 관찰됩니다. 사회적경제조직들이 수행하는 경제활동을 생산, 소비, 교환, 분배로 유형화할 수 있다면 우리사회의 사회적경제조직은 주로 생산과 소비 영역의 비중이 높은 편임을 알 수 있습니다. 다방면의 경제영역에서 활동하는 유럽의 지형과는 사뭇 달라 향후 과제가 무엇인지에 대해 시사하는 듯합니다.

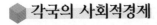

각국의 사회적경제

국가	사회적경제영역의 주요 명칭
미국	• Nonprofit sector • Social economy
영국	• The Third sector • Social economy • Non-statutory sector(비법정섹터)
프랑스	• The Third sector • Économie sociale et solidaire(사회적경제와 경제연대)
독일	• Sozialwirtschaft(사회적경제) • Gemeinnützige organisationen(공익조직) • Gemeinwirtschaftliche unternehmen(공적기업)
일본	• 第三セクター(だいさんセクタ) • 市民社会(しみんしゃかい) • 社會的經濟(しゃかいてきけいえい)

　사회적기업(social enterprise)과 협동조합(co-operative)의 성격은 국가별로 온도차가 있습니다. 사회적경제영역을 부르는 명칭도 나라마다 다르게 나타납니다. 영국은 산업혁명이 일어나기 전부터 이미 7,200여개의 공제조합이 결성되어 있었습니다. 사회적 불평등에 대한 반대급부였습니다. 이후 산업혁명을 거치며 불평등과 경제 양극화의 대안으로 사회적인 연대경제조직이 대거 등장했고 이 영역을 다수의 국가들이 social economy로 불러왔습니다.

　미국, 유럽과 같은 서구사회는 경제, 비영리, 사회적경제의 영역이 모호하여 혼합경제(mixed economy), 혼합복지(mixed welfare)에 비유되곤 합니다. 이러한 현상은 유럽에서 더욱 도드라집니다. 가령 영국은 지역기업(community enterprise), 사회적 회사(social firm), 지역공동체이익회사(community interest company), 협동조합(co-operative), 신용조합(credit union), 개발신탁(development trust), 노동자소유기업(employee owner business), 자선단체 사업장(charity trading arms) 등 하이브리드한 조직이 활발합니다.

프랑스는 경제적 연대(économie sociale et solidaire, ESS)로 사회적경제를 강조하기도 하고, 독일은 공익조직(gemeinnützige organisationen)이나 공적기업(gemeinwirtschaftliche unternehmen)이라는 말로 사회적경제 영역과 그 조직을 표현하기도 합니다. 일본도 유럽과 같이 혼재된 개념에 가까워, 제3섹터, 시민사회, 사회적경제라는 용어를 모두 사용하고 있습니다.

국가마다 사회적경제가 성장해온 역사적 배경이 다르니 현장의 차별점도 다르게 나타납니다. 혹시 이를 모두 묶어 공통요소로 함축할 수는 없을까요. 유럽사회적기업연구네트워크(EMES)에서 발표한 「사회적기업의 9개 기준(2001)」과 국제협동조합연맹에서 발표한 「협동조합 정체성 7대 원칙(1995)」을 재구성하면 사회적경제조직의 공통요인을 다음의 4개로 제시할 수 있습니다. 이는 사회적경제조직을 규정하는 최소한의 공통분모와 같습니다.

사회적경제조직의 공통요인

① 사회·공동체의 이익 지향의 목적
② 운영의 독립성과 자율성, 자치성
③ 이윤 배분 제한 및 공익목적 재투자
④ 1인 1표의 민주적 결정구조와 운영

· 비영리조직의 변화 ·

사회적경제에서 사회연대경제로

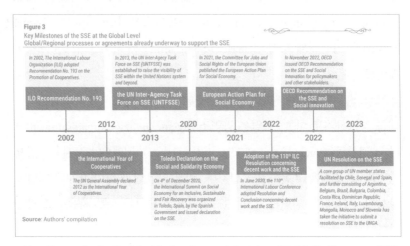

New Economics for Sustainable Development Social and Solidarity Economy, 2023,
United Nations Economy Network

　사회적경제영역에 최근 주목할만한 변화가 생겼습니다. 2023년 초 77차 UN총회에서 UN경제네트워크(UNEN)의 결의안 「New Economics for Sustainable Development Social and Solidarity Economy」(지속가능한 발전을 위한 사회연대경제 활성화)가 만장일치로 채택되었습니다. 사회연대경제(social and solidarity economy, SSE)라는 용어가 눈에 띕니다. 최근 ILO(국제노동기구) 및 OECD 회의에서도 사회연대경제라는 용어를 사용하고 있습니다. '사회적경제' 대신 '사회연대경제'가 채택되는 현상이 갑자기 일어난 것은 아닙니다. 국제사회에서 2013년 처음 사회연대경제라는 용어가 등장한 이후 근 10년간의 일입니다.

사회적경제 vs 사회연대경제

Social Economy 사회적경제	Social and Solidarity Economy 사회연대경제
사회적기업, 협동조합, 공제조합, 신탁기관, 재단 및 자선단체 등의 비영리조직	기존 사회적경제조직+제도화되지 않은 사회적 경제조직, 공익비즈니스를 수행하는 모든 조직

우리사회는 '사회적경제'라는 용어를 공적 공간에서 사용해 왔습니다. 최근 국제사회의 조류를 지켜보며 이를 고수해야 할지 대한 현장의 논의가 시작되었습니다. 그 원인은 한두 개가 아닐 것입니다. 정부가 정책적으로 주도해왔던 이면의 응축된 움직임입니다. 사회적경제가 현장의 용어라기보다는 정부의 용어, 정책적 용어에 가깝기 때문입니다. 정부의 육성과 지원은 한 영역의 성장에 있어 필수적인 방책에 해당하겠지만, 육성의 방식과 지원의 성격에 따라 부작용을 부추기는 상황도 적지 않습니다.

현행 사회적기업의 경우 정부의 인증을 받아야만 해당 자격을 얻게 되는 경직성이 있습니다. 엄밀한 의미에서 사회적기업이란 조직의 한 형태라기보다 요건을 충족하는 조직에게 부여하는 일종의 인증제도입니다. 인증 위주의 정부의 정책은 현장의 역동성을 담아내기엔 비좁은 그릇입니다. 법률적 상황이 이렇다 보니 임팩트투자기관, 임팩트스타트업, 소셜벤처는 '사회적인 기업'이지만 '사회적기업'은 아닐 수 있다는 자기모순에 빠지게 됩니다. 사회적 가치처럼 사회적 목적을 채택한 조직을 담아낼 새로운 그릇이 필요하다는 여론이 지금 촉발된 논쟁의 배경 중 하나일 것입니다. 이 논의가 어디까지 갈지 함께 생각해 볼 일입니다.

· 비영리조직의 변화 ·

◈ '사회적' 경제의 스펙트럼

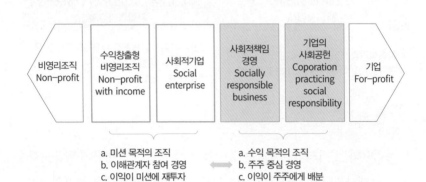

Social Enterprise Typology, 2007, 재편집

국가와 사회마다 비영리영역, 사회적경제영역의 역사적 배경과 현장의 작동원리는 같지 않았습니다. 그럼에도 보편적인 원리를 상상해 보는 일은 충분히 유의미합니다. 비영리와 영리의 간극을 관찰하며 진정한 '사회적' 경제가 무엇인지 조망해보겠습니다.

비영리(non-profit)와 영리(for-profit)의 스펙트럼의 가장 좌측은 비영리조직입니다. 그 우측으로 수익창출형 비영리조직(non-profit with income)이 위치합니다. 사회적인 미션을 위해 비즈니스라는 수단을 동원하는 경우입니다. 별도의 사업장을 만들어서 본격적으로 운영하는 사례도 이에 해당합니다. 그 우측으로 사회적기업(social enterprise)이 있습니다. 나라마다 사회적기업의 개념과 법적 정의는 조금씩 다르지만, 사회적 미션의 성취를 위해 세워진 조직이라는 점에서 유사한 정체성을 가집니다. 미션을 더 강조할 것인지, 비즈니스를 더 강조할 것인지에 따라 스펙트럼 내 위치는 다소 조정이 가능할 것입니다.

요컨대 비영리(non-profit)에서 출발해 사회적기업까지의 스펙트럼은 비영리성(non-for-profit)이라는 공통점이 있었습니다. 이에 비해 우측에 위치한 조직들은 영리(for-profit)의 영역입니다. 그 첫 번째는 기업의 사회적 책임경영(socially responsible business)입니다. 기업이란 이윤 창출을 위한 비즈니스 중심의 조직이지만 사회적 책임의 관점 위에서 비즈니스를 한다면 이 단계에 해당합니다. 기업의 사회적 책임은 단회성의 사회적 이벤트를 일컫는 표현이 아니라 조직의 경영관 자체와 관련된 용어입니다. 그 우측은 사회공헌 실천(corporation practicing social responsibility) 단계입니다. 사회적 책임의 관점을 본격적으로 채택하지는 못한다 해도 community outreach 등 일정한 실천을 하고 있다면 사회공헌의 실천단계로 볼 수 있습니다.

스펙트럼의 전체 영역에서 왼편은 미션 중심 조직, 우편은 수익 중심 조직으로 분류할 수 있습니다. 이 기준점을 이윤 추구 여부로만 적용한다면 편협한 단정입니다. 영리와 비영리의 구분은 이익을 추구하는가, 포기하는가의 차원이 아니라 궁극적으로 무엇을 성취하려는가에 대한 접근이어야 합니다.

지속가능경영의 패러다임 변화

이념	기업의 사회적 책임	키워드	시기
주주 중심	경제적→법률적→윤리적→박애주의적 책임	윤리	1980년대
이해관계 중심	환경적·사회적·경제적 책임	책임	2000년대
	경제적 가치 및 사회적 가치	가치	2010년대
통합적 접근	통합적 ESG 모색	통합	2020년대

딜로이트 분석, 2020, Deloitte Insights 재구성

· 비영리조직의 변화 ·

II

사명과 전략

"전투 준비를 위해 수립하는 계획이 부질없다고
수립과정 자체를 생략하면 안 된다"

아이젠하워

전략기획의 기초

비전체계의 도출

사명과 사업의 연계

기업의 경영전략

경영에 대한 본격적인 탐구 전에 조직운영을 다루는 학문에 대해 잠시 살펴보려 합니다. 각 학문의 비교는 저자들의 세상을 바라보는 여러가지의 관점에 대한 통찰력을 선사합니다. 이장에서는 경영학, 행정학, 정치학을 중심으로 간략히 살펴봅니다.

먼저 기업조직을 다루는 경영학입니다. 경영학은 '목표를 위해 한정된 자원을 효율적으로 사용하는 기업 행위와 그에 상관된 의사결정을 이해하는 학문'으로 정의할 수 있습니다. 한편 정부기관 및 공공기관을 다루는 행정학은 '공공부문의 효율성과 효과성 향상을 위해 정부의 조직, 정책 등 정부의 관리활동에 관해 연구하는 학문'으로 정의할 수 있습니다. 정치조직을 다루는 정치학은 '국가권력 및 자원의 획득·배분을 둘러싼 세력들 간의 갈등과 타협으로 나타나는 현상을 연구하는 학문'으로 정의할 수 있습니다.

비영리의 영역은 지난 시간 이러한 학문으로부터 직간접적인 영향을 받아왔습니다. 조직운영에 관해서는 더 그렇다고 할 수 있습니다. 비영리조직의 운영 원리를 다루는 연구는 학술적 개념이나 역사적 변천에 대한 연구만큼 활발한 편이 아닙니다. 경영학 등 타영역에서 운영기법을 수입해왔던 이면에는 운영에 관계된 리소스 자체가 턱없이 부족했던 점도 한몫했습니다. 경영(management)의 본질은 '목적한 바를 이루는 종합적 역량의 과정'이라 할 수 있습니다. 그런데도 기업경영(corporation management 혹은 business administration)이 경영의 모든 것인 양 비춰졌던 까닭은 이러한 요인이 부지불식 간에 작용한 결과입니다.

기업경영의 총체라 할 수 있는 경영전략(business strategy)이란 '한정된 자원의 경영환경을 고려하여 기업의 사명과 목표를 달성하기 위한 경쟁우위의 전략을 창출·실행하는 종합적인 과정'으로 요약됩니다. 경영전략의 단계는 전략분석, 전략수립, 전략실행, 전략통제의 인과적 절차로 진행됩니다. 곧 경쟁우위의 전략을 창출하기 위한 프로세스라 할 수 있습니다. 경쟁력 확보는 기업조직의 생존과 연결된 개념입니다. 궁극적으로 기업이란 이러한 경쟁상황에서 이기는 결과를 획득할 수 있도록 해당하는 모든 요소를 동원하고 정렬하는 조직이라 할 수 있습니다.

하버드대의 경영학자 Chandler는 '조직의 구조는 전략을 따른다'고 했습니다. 사회적 가치를 모토로 하는 조직이라면 타조직과 경쟁하여 이기는 전략이 지상과제가 아닙니다. 이들의 궁극적 지향은 연대와 협력을 통해 사회문제를 해결하는 데에 있습니다. 세계관에 따라 일을 풀어가는 전략도 다르고 조직구조도 달라집니다. 사명의 성취를 위해 타자와 연대하고 호혜적으로 협력하는 조직의 경영은 이러한 세계관 위에 서 있는 비영리경영(non-profit management)입니다.

비영리경영의 Value chain

투입	변환과정	산출	변화
• 급변하는 내외부 환경에서 자원 확보 • 다양하고 복잡한 이해관계자의 참여	• 목적 실현을 위한 사업과 활동 • 목적 실현을 위한 관리와 통제	• 사람들의 참여, 지지자 집결 • 양질의 공익활동 실천, 서비스 제공	• 더 나은 사회를 향한 이상향 제시 • 근원적 변화로 공유가치 형성

비영리조직의 경영적 난해함	• 사명과 결과 사이의 갈등, 목표의 보편성이 가지는 모호함 • 열악한 환경과 미흡한 자원, 이해관계자와 서비스의 복잡성 • 성과평가의 난해함, 윤리 준수에 대한 자율성 이슈

김운호, 비영리조직(NPO) 경영: 비전과 사명, 문화예술 기획경영 아카데미, 재편집
비영리문화예술기관 조직관리, 2009, 문화체육관광부, 예술경영지원센터, 재편집

사람들은 비영리조직을 운영하는 일이 기업을 경영하는 일보다 쉬울 것이라 여깁니다. 기업 출신의 리더가 비영리조직에서도 성공한 리더가 될 것이란 생각은 현장을 모르는 말입니다. 이 현장은 모든 것이 다릅니다. 어떤 면에서는 비영리조직이 운영하기 더 힘든 조직이라고도 할 수 있습니다. 갖추어진 것은 없으면서 사람들의 평가기준과 도덕적 기대치는 높은 까닭입니다. 이상과 현실의 대립도 흔한 일상에 속합니다. 목표가 내포한 모호함도 경영을 힘겹게 만드는 요인입니다. 자원은 미흡하고 이해관계자들의 이해충돌은 언제든지 불거질 수 있습니다. 이렇듯 비영리조직의 경영은 나름의 난관이 많습니다. 이에 비영리와 영리를 우열이 아닌 관점의 차이 위주로 다뤄보고자 합니다.

공익을 추구하는 조직의 경영과정도 여타 기업조직의 그것과 같이

Michael Porter가 제시한 가치사슬(value chain)의 법칙 아래 있다고 할 수 있습니다. 다른 것이 있다면 공급망의 시선에서 효율(efficiency)만 강변할 수 없다는 점입니다. 비영리 버전은 투입, 변환과정, 산출, 변화라는 효과(effectiveness) 창출의 프로세스에 비유할 수 있습니다. 급변하는 내외부의 환경 속에서 자원을 확보하고 다양성에 기반한 이해관계자를 끌어들여야 합니다. 이렇게 확보된 자원의 토대 위에 일종의 변환과정을 거쳐야 경영이라 할 수 있습니다. 확보된 물적 자원, 인적 자원, 기반적 자원 등을 구성하여 조직의 목적을 위한 사업과 활동을 수행하는 총체적 과정이 경영의 요체가 됩니다.

경영행위는 결과물을 도출합니다. 첫 번째 결과물은 단순 산출물입니다. 산출물은 실행 종료 후 즉시 도출되는 결과를 뜻합니다. 사업을 실행했다면 얼마나 사람들이 결집했는지, 얼마나 좋은 서비스가 제공되었는지 확인할 수 있습니다. 다음은 산출물을 거점으로 한 그 이후의 변화입니다. 변화는 질적이고 정성적인 요소를 포함합니다. 사회변화와 사람들의 인식 변화가 그것입니다. 이는 비영리조직의 존재적 목적인 동시에 사업과 활동 본연의 성과가 됩니다. 겉보기와 달리 비영리조직의 운영은 쉬운 일이 아닙니다.

비영리조직뿐 아니라 사회적경제조직, 공공기관 등 사회적 가치를 필두로 하는 조직운영은 복잡성과 모호성을 내포합니다. 취지도 좋아야 하고, 과정도 좋아야 하며, 결과도 좋아야 합니다. 숫자만 많다고 끝이 아니며 유의미한 변화까지 도달해야 합니다. 그 변화를 증명하기란 까다롭습니다. 심지어 사람들의 신념은 모두 강하고 제각각입니다.

공익조직의 경영전략

조직정의 — 무엇을 해결하는가
사업정의 — 무엇으로 해결하는가
성과정의 — 무엇을 해결하였는가

한 외국 관광객이 국내 대기업을 방문했다가 그 기업의 임원에게 물었습니다. '이 회사 제품을 예전부터 좋아해서 늘 궁금했는데 기업철학이 무엇인가?'라는 외국인의 질문에 그는 난생처음 듣는 질문인 것처럼 당황하다 결국 답을 하지 못했습니다. 경영에 철학이 빠지면 장사하는 기법만 남습니다. 특히나 사회적 가치를 표방하는 공익적 조직이라면 무엇을 추구하고, 어떤 미래를 꿈꾸며, 어떠한 신념이 있는지 정리되어 있어야 합니다. 철학이란 곧 세계관을 뜻하며 올바른 세계관은 자신이 어떤 존재인지 제대로 알고 있을 때 언어화할 수 있습니다.

공익이란 삶의 개선을 위해 존재하는 개념으로 사회문제의 해결을 의미합니다. 사회문제는 복잡할뿐더러 해결을 위해서는 긴 시간이 필요합니다. 하나의 조직이 하나의 문제를 단기간에 해결할 수 없음을 뜻합니다. 이러한 측면은 조직의 생존전략이자 활동의 문법이 경쟁이 아닌 연대와 협력으로 정착하는 계기가 되었습니다. 연대협력을 위한 타자와의 파트너십은 자신이 누구인지 이해하고 있을 때 작동합니다. 공익조직의 경영전략은 스스로의 고유한 정체성을 파악하는 일이 선행되어야 합니다. 다음 세 개의 항목은 그 내용을 제시하고 있습니다.

조직의 3차원 기본정의(定義)

1차원: 조직정의

'이 조직이 무엇인가'에 대한 근본적 질문에 대한 답입니다. '어떤 문제를 해결하거나 혹은 어떤 과제를 개선하기 위해 탄생한 집단인가'로 구체화할 수 있습니다. 존재적 이유를 설명하려면 해결하고자 하는 사안에 대한 정의가 명료해야 합니다. 문제의식이 없다면 문제정의가 불가합니다. 문제정의가 올바르면 존재이유를 말하기 쉽습니다. 존재적 임의성이 높은 집단일수록 자신이 누구인지 설명하려는 노력이 더 요구됩니다.

2차원: 사업정의

조직정의는 조직의 존재 이유에 대한 답입니다. 다른 말로 조직의 목적·목표에 관한 내용입니다. 비영리조직의 목적은 대체로 인간의 보편적 가치로 수렴되고 막연함과 모호함이 동반됩니다. 활동은 이를 구체적으로 실천하는 과정입니다. 즉 어떤 활동을 실천하는가는 조직의 목적실천에 대한 답이자 일종의 솔루션입니다.

3차원: 성과정의

조직 목적의 수립은 그 결과를 예고합니다. 앞 단계에서 정의된 문제·과제를 해결하겠다는 목적과 실천이 있었다면 얼마나 해결했는지에 대한 설명이 뒤따라야 합니다. 비영리조직의 성과는 정성적 요소를 동반하므로 설득력 있는 평가측정의 체계가 없다면 사람들은 막연함을 느끼거나 공감하지 못할 것입니다. 성과정의가 부재하다면 앞선 조직정의는 단지 임의적 주장에 불과합니다.

🔷 조직선언: 조직 프로파일

주요선언문	키워드	의미	임팩트 관점
미션	존재이유, 사명	정체성, 지향점	해결할 문제
비전	청사진, 포부	방향성, 지향점	해결된 결과
가치	가치관, 관점	원칙, 신념	해결하는 자세

조직정의, 사업정의, 성과정의로 이어지는 비영리 전략경영의 총아는 조직정의입니다. 인과적 단계에서 첫 순서는 차후 과정에 표본으로 작용합니다. 조직정의는 조직의 존재적 이유 및 목적, 고유성과 정체성, 방향성과 가치관처럼 조직의 철학적 본질과 밀접한 개념입니다. 이러한 형이상학적 내용은 정성적(qualitative) 성격을 가지며 서사적(narrative)으로 기술됩니다. 이제부터 제시되는 미션, 비전, 가치에 대한 서술은 비단 비영리조직만의 문제가 아니라 세상에 존재하는 모든 조직에 해당하는 내용입니다.

조직정의를 위한 조직선언문(core commitments)

1. 미션(mission statement)

미션은 주요선언문 중 가장 근본적인 선언문입니다. 흔히 사명으로 번역되는 미션은 조직의 존재적 이유를 뜻합니다. 조직의 존재 이유는 조직의 고유한 정체성 및 특정한 지향점을 상징합니다. 미션은 어떠한 변화를 추구하기 위해 존재하는 조직인지, 그래서 그 존재적 이유가 왜 정당한지를 명문화한 명제입니다. 명확한 미션 선언은 조직의 정체성을 설명하는 가장 효과적인 출발점입니다.

2. 비전(vision statement)

해결해야 하는 문제를 위한 당위성이 내포된 선언이 미션이라면, 비전은 그 해결의 청사진을 서술한 선언문입니다. 정의된 문제가 해결될 때 어떠한 미래가 펼쳐지는지에 대한 상(像)으로, 명료한 방향성과 긍정적 지향점을 선언합니다. 비전은 때때로 조직의 포부, 열망 등과 동등한 개념으로 이해됩니다. 이러한 면에서 비전은 리더십과 직결된 개념이며 이해관계자들의 참여의사를 증진합니다.

3. 가치(value statement)

미션과 비전은 일정한 지향점을 상징하는 공통점이 있습니다. 때문에 미션, 비전을 목적지향문으로 분류할 수 있습니다. 반면 가치선언문은 이러한 미션, 비전을 달성하고자 하는 과정에서 조직이 어떠한 가치관과 관점으로 임할 것인지 선언한 명제입니다. 가치선언문은 미션과 비전이 억지로 하는 일이 아닌 기쁘고 보람찬 일이 되도록 관점의 이동을 돕습니다. 좋은 가치는 사람들에게 도덕적 확신을 제공하고 건강한 조직문화를 선사합니다.

미션, 비전, 가치를 하나로 묶어 지칭할 때 다양한 용어가 쓰입니다. 조직 정의는 미션, 비전, 가치뿐 아니라 핵심목표(혹은 중장기목표, 전략목표)를 포함합니다. 따라서 미션, 비전, 가치를 묶어 '조직의 주요선언문(core commitment)'이라 불러야 합니다. 이 외, 조직의 프로파일(organizational profile) 혹은 비전하우스(vision house) 등 복수의 표현이 존재합니다. 우리 정서에 친밀한 '비전체계(도)'나 '전략체계(도)'라는 표현도 가능합니다. 미션, 비전, 가치를 묶어 '조직의 사명'이라고 에둘러 표현하기도 합니다. 이 책에서는 비전체계(도)라는 말을 사용하고 있지만, 모두 전략계획(strategic plan)의 변형된 표현으로 이해할 수 있을 것입니다.

🔶 전략기획으로의 구체화

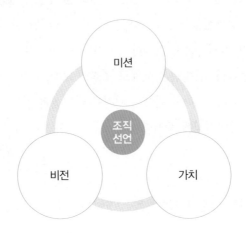

미션, 비전, 가치를 모두 보유해도 상호 관계성을 설정하지 않으면 체계화가 불가능합니다. 체계화는 일의 우선순위를 안내하는 나침반의 역할과 같습니다. 미션, 비전, 가치를 꾸미는 단편적인 도식화 차원의 사안이 아닙니다. 체계화 시도는 조직 내외부의 이해관계자들이 내용을 쉽게 이해할 수 있을지, 그래서 공감을 불러일으킬 수 있을지에 대한 예측과 결부됩니다. 무체계라면 이해하기 어렵고 이해하기 어려우면 공감을 형성할 수 없습니다.

조직선언이 체계성을 가지려면 무엇이 필요할까요? 체계는 곧 관계입니다. 각 요소 상호 간의 우선순위나 순서를 결정하는 일이 체계화의 출발입니다. 이렇듯, 도출한 주요선언문들을 하나의 체계로 구성하는 과정인 전략기획(strategic planning)의 실행은 1960년대부터 본격화되었습니다. 전략기획은 조직 주요선언문의 우선순위를 결정하는 전략적 경영과

정의 핵심입니다. 조직은 전략적 우선순위를 사전에 결정해 놓음으로써
의사결정의 혼선을 방지하고 성과를 관리합니다.

비전체계도(strategic plan)의 구성 예시

미션	비전	미션
비전	미션	가치
핵심목표	중장기목표	전략과제
사업	사업	사업

전략기획의 결과인 전략계획(strategic plan)은 '비전체계'에 해당하
는 표현입니다. 비전체계란 '미션, 비전, 가치를 하나의 체계로 완성한
구조물'입니다. 비전체계는 우선순위에 따라 목표를 정렬하는 목표관
리(management by objectives, MBO) 관점에 기초하고 있습니다. 운영
(operation)은 일상적 활동을 의미하고, 경영(management, 혹은 관리)는 목
표중심의 전략적 접근을 의미합니다. 경영행위의 핵심이 우선순위를 판
단하는 전략적 사고 위에 있음을 알 수 있습니다.

1954년 Peter Drucker는 지식노동처럼 규격화가 어려운 무형의 성과관리
를 위해 이 프레임워크를 제시했습니다. 구성원들은 무형의 가치를 실체
적 성과로 만들어내기 위해 개념정의에 시간을 쏟고, 방향의 일체감 강화
를 위해 목표합의를 시도합니다. 비영리·사회적경제·공공기관 등 무형
의 가치를 창출하는 현장이라면 MBO를 목표체계로만 이해할 때 형식화
되기 쉽습니다. 조직에서 수립하는 각 목표가 어떠한 사회적 가치를 창출
하는지 가치체계(value chain)로 확장하여 바라보는 습관이 권장됩니다.

· 전략기획의 기초 ·

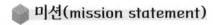

미션(mission statement)

선언문 정의	조직이 존재하는 이유
선언문 성격	목적 지향문
선언문 내용	정체성과 지향점
선언문 구성	대상, 목적, 실행,

'모든 비즈니스는 반드시 위대한 미션으로부터 출발해야 한다(Peter Drucker)'는 말은 존재에 관한 명제입니다. 'mission'이라는 말은 1598년 예수회(Jesuits)에서 '선교파송'을 뜻하는 단어로 처음 쓰였습니다. 사명(使命)이라는 한자어는 '맡겨진 임무'를 뜻합니다. 이렇듯, 조직의 미션이란 당위적 성격과 밀접합니다. 미션을 조직에 맡겨진 사회적 임무라 본다면 미션이란 결국 삶의 개선을 위한 사회문제 해결의 역할로 정리할 수 있습니다. 일각에서 미션을 '소셜미션'으로 부르기도 하는데 미션이란 애초부터 '소셜한 것'이며 사회를 떠나 성립할 수 없는 개념입니다.

미션의 의미와 성격은 다음과 같습니다. 첫째 미션은 조직의 존재 이유입니다. 조직을 설립한 발단을 뜻하므로 미션은 일정한 목적성을 내포합니다. 둘째 조직이 해결할 문제에 대한 사회적 선언문입니다. 정의된 문제 · 의제에 대한 해결, 개선, 예방을 위해 방향을 제시합니다. 끝으로 조직의 정체성을 담은 안내문입니다. 정체성은 조직의 고유한 성질과 가치를 나타냅니다. 표현방식, 선호하거나 자주 사용하는 용어, 말의 온도와 톤, 언어가 풍기는 에너지 등 그 구성요인을 하나로 특정하기란 어려운 일입니다.

잘 만들어진 미션은 다음 세 개의 개념을 포함합니다. 첫째 조직의 핵심적인 대상입니다. 기업경영에서 타겟으로 정의되기도 하나, 비영리현장은 이용자 그룹만을 떠올려서는 안 되며 한 차원 더 높은 시선으로 바라볼 필요가 있습니다. '누구'를 위해 조직이 존재하는지, 조직이 해결하려는 문제는 '누구'의 문제인지, 조직이 돕고자 하는 대상은 '누구'인지가 합당한 질문입니다. 둘째 조직의 근원적 목적입니다. 조직이 돕고자 하는 그 대상자의 문제나 과제를 어디까지 해결할 것인지에 대한 답입니다. 다시 말해, 어떤 변화를 추구하고, 어떤 문제를 해결하려는 지에 대한 방향성입니다. 이는 조직의 근원적인 목적이나 목표로 표현됩니다. 셋째 조직의 주요한 실행수단입니다. 정의된 문제를 해결하기 위한 최적의 실천이 무엇인지 정의하는 일입니다. '어떻게 목적을 성취할 것인지, 효과적인 실행수단이 맞는지' 등을 검토합니다. 이상의 개념 중 하나라도 놓치면 mission은 omission(누락문)이 됩니다. 구성품이 누락되어도 커뮤니케이션의 매개물로 활용하려는 용도라면 슬로건이나 캐치프레이즈로 봅니다.

미션문의 작성 예시

조직의 핵심 대상	변화를 원하는 청년
조직의 근본 목적	지역사회의 화합
조직의 실행 수단	자발적 참여와 소통
미션문 조합패턴	1안) 변화를 원하는 청년과 함께 지역사회의 화합을 위해 자발적 소통과 참여를 합니다. 2안) 자발적 참여와 소통으로 변화를 원하는 청년과 함께 지역사회의 하나됨을 만들어 갑니다. 3안) 지역사회의 화합을 위해 자발적 참여와 소통으로 변화를 원하는 청년과 함께 합니다.

·전략기획의 기초·

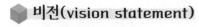
비전(vision statement)

선언문 정의	조직이 꿈꾸는 미래상
선언문 성격	목적 지향문
선언문 내용	방향성과 지향점
선언문 종류	외향적 비전, 내향적 비전

사명을 위해 사명감을 가지고 일한다면 10년 뒤엔 어떤 세상이 펼쳐질까요. 바로 미션 다음에 상상하게 되는 조직의 포부이자 청사진인 비전에 관한 이야기입니다. 비전은 말 그대로 일어나지 않은 미래에 대한 순수한 기대상을 묘사한 선언문입니다. 미션을 완수한 세상은 얼마나 좋은 세상일지 그것을 생생한 장면(vision)으로 그려냅니다(envision)..

비전의 의미와 성격은 다음과 같습니다. 첫째 비전은 조직이 꿈꾸고 그리는 청사진입니다. 청사진(blueprint)이란 총체적인 상(像)과 그 계획이며 긍정과 희망을 내포합니다. 둘째 비전은 구성원들이 다들 원하는 소망이자 전망(perspective)입니다. 내외부 구성원들의 열망과 욕구에 관계된 부분입니다. 잘 만들어진 비전은 유능한 리더십으로 발전하여 구성원들에게 관심을 불러일으키고 동기를 유발합니다. 셋째 비전은 지향점입니다. 조직에 관계하는 여러 종류의 이해관계자가 합의할 수 있는 조직의 거대한 목적지입니다.

비전문을 실제 수립하는 방식은 미션을 수립하는 방식과는 다릅니다. 비전은 미래를 그리고 상상하여 묘사하는 실력이 관건인데, 미션처럼 구조화된 개념을 토론하여 문장으로 종합하는 공학적 방식을 선택하면 상상력을 제한해 차질이 발생합니다. 다만 비전은 크게 두 종류가 있으므로 각자 조직에 적합한 비전의 종류를 먼저 선택해 토론한다면 효율을 높일 수 있습니다.

비전문의 두 종류 중 첫째는 외향적 비전입니다. 외향적 비전은 조직의 외향에 대한 상을 그린 문장입니다. 외향적 비전의 끝맺음은 주로 '~~ 하는 사회', '~~ 없는 세상' 등으로 마무리됩니다. 외향을 묘사한 결과입니다. 둘째는 내향적 비전입니다. 내향적 비전은 조직의 내향에 대한 상을 그린 문장입니다. 내향적 비전의 끝맺음은 주로 '~~ 하는 조직', '~~ 하는 기관' 등으로 마무리됩니다. 자기 조직에 대한 미래상을 묘사한 결과입니다. 비전을 구상할 때는 미래의 벅찬 감격을 그려보는 몽상가(castle-builder)가 되어야 합니다.

미션에서 다루는 의제가 광역적일수록 외향적 비전이 어울리는 경우가 많고, 반면 의제가 지역적일수록 내향적 비전이 어울리는 경우가 많습니다. 그러나 비전 수립에 있어 최고의 원칙이 있다면 조직이 꿈꾸고 열망하는 미래를 진정성 있게 그려내는 진지한 노력일 것입니다. 조직의 비전이 개인의 비전과 연결될 때 구성원은 몰입을 경험하고, 조직은 강한 결집력을 확인합니다.

비전문의 작성 예시

내향적 비전문	소통으로 실험하는 우리동네 놀이터(를 꿈꿉니다)
외향적 비전문	아이들이 마음껏 뛰노는 세상(을 그려갑니다)

·전략기획의 기초·

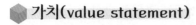 가치(value statement)

선언문 정의	조직의 가치관, 세계관
선언문 성격	공감 지향문
선언문 내용	원칙과 신념
선언문 종류	신념선언, 신앙고백

고층 빌딩을 건설하려면 그 높이만큼의 깊이를 파야 합니다. 뿌리 깊은 나무처럼 땅속의 기둥을 박아놓지 않는다면 지진과 같은 재난상황에서 쉽게 무너집니다. '가치'란 마치 고층 빌딩을 떠받치는 땅속의 근간과 같은 의미입니다. 미션과 비전이 특정한 지향점을 향해 나가고자 선언할 때 조직은 어떠한 자세와 태도로 임해야 할지 다짐하는 신념과 윤리와 같습니다. 가치선언문은 조직 구성원들에게 자신의 업무를 바라보는 일관된 관점을 제공하고 이해관계자들에게 조직의 가치관(values), 세계관(world view)을 선언합니다. 최근 가치선언문을 핵심가치(core value)로 압축해 표현하는 방식이 일반화되는 추세입니다.

핵심가치의 의미와 성격은 다음과 같습니다. 첫째 핵심가치는 조직의 신념과 원칙입니다. 조직이 특정한 목적지로 나아갈 때 영구히 지키고자 하는 신념선언문(belief statement)입니다. 둘째 핵심가치는 구성원들의 자세와 태도를 규정한 기준입니다. 조직은 수많은 이해관계자가 모여드는 장입니다. 사람들의 생각과 가치관도 다릅니다. 핵심가치는 이를 하나의 관점으로 모아내는 역할을 합니다. 셋째 종교기관(faith-based organization)의 경우는 신앙고백에 해당합니다. 이때 핵심가치는 신앙고백문(faith statement)으로 대체됩니다.

핵심가치는 각자의 신념을 문장으로 만드는 과정을 통해 도출됩니다. '우리는 무엇을 믿는 사람들인지, 무엇을 지키며 이 활동을 하고자 하는지, 영원히 변하지 않는 우리의 원칙과 신념은 무엇인지'를 점검하는 과정이 수반됩니다. 창립자의 철학이 때때로 조직의 핵심가치로 준용되기도 합니다. 이때 핵심가치는 기업가정신(entrepreneurship)이나 창립정신(founding spirit)을 의미하며 일부 경우 설립헌장으로도 통용됩니다.

미션과 비전이 바뀌어도 핵심가치는 변하지 않는 속성을 가집니다. 핵심가치는 조직문화의 근간을 이루는 단단한 토대인 동시에 조직의 현장 곳곳에서 작용하는 촉매제입니다. 윤리강령(ethic code), 직원 및 이사 인재상, 인사평가지표와 채용기준, 복무규정 등의 구성재료는 핵심가치라는 개념을 자양분으로 삼습니다. 이러한 특색은 핵심가치가 조직의 선언문 중 가장 철학적인 성격을 가진 선언문이라는 입장을 강화합니다. 미션·비전이 비슷해도 핵심가치가 다르다면 두 조직은 전혀 판이한 조직일 것입니다. 이렇게 핵심가치는 조직과 구성원들의 고유한 이념과 사상을 대변하지만 때에 따라 형식적인 선언문으로 치부되기도 합니다. 그러나 조직이 위기상황에 직면하거나 데스밸리에 진입했을 때 이를 극복하는 조직은 평소 핵심가치를 내재화한 곳입니다.

가치문의 작성 예시

가치선언문	우리는 약자에 대한 관심과 돌봄이 세상을 긍정적으로 바꾸는 근본적인 힘이라고 믿습니다
핵심가치	관심, 돌봄, 나눔, 변화

◆ 가치의 배치

	특징	성격	의미	공통지향점
미션	목적 지향문	성취의 대상	당위성	건강성 지속가능성 책무성
비전	목적 지향문	성취의 대상	방향성	
가치	공감 지향문	공감의 대상	도덕성	

　미션, 비전, 핵심가치가 다 도출되었다면 이제 체계도를 구성할 순서입니다. 이때 목표관리(management by objectives, MBO)에 의한 비전체계도가 근간이 됩니다. 비전체계의 구성원칙은 '가장 중요한 목표부터 차순위 목표'로, '조직목표부터 사업목표'로, '보편적 가치부터 실천적 목표'로 전개되는 원리입니다. 그런데 핵심가치가 특정한 목적·목표를 언급하는 선언문이 아니므로 비전체계에 직접 정렬(alignment)시킬 수 없습니다. 핵심가치란 완결되는 대상도 아닐뿐더러 특정 사업을 통해 달성되는 성격의 선언문은 더더욱 아닙니다.

　이에 세 가지 방책을 모색해 볼 수 있습니다. 첫째는 보조적 배치입니다. 핵심가치가 위아래로 목표들과 연결되지 않으므로 측면에 배치하는 방식입니다. 구성의 정합성 측면에서는 가장 좋은 방식이나 시각적으로 어색하다는 단점이 있습니다. 둘째는 전제적 배치입니다. 비영리조직은 신념과 이념의 결사체이므로 아예 배치도의 맨 상단에 배치하여 모든 목적·목표의 전제로 설정하는 방식입니다. 시민단체나 자활조직 현장에서 관찰됩니다. 셋째는 절충적 배치입니다. 핵심가치의 성격이 상이하더라도 체계도의 일관성과 관리의 간편함을 위해 타협하여 배치하는 방식으로, 공공기관에서 흔히 관찰됩니다. 비영리조직이 두려워해야 할 일은 시각적으로 익숙한 형태라도 내용적 정합성이 미흡해 체계도가 형식화되는 일입니다.

핵심가치 배치의 예시

보조적 배치	전제적 배치	절충적 배치
미션/비전	핵심가치	미션/비전
핵심가치	미션/비전	핵심가치
핵심목표	핵심목표	핵심목표
사업	사업	사업

핵심가치가 특정한 목적이나 목표가 아님을 이해했다면 세 번째의 절충적 배치가 지닌 리스크를 파악할 수 있습니다. 가령 핵심가치 중 하나인 '소통'이 그 아래 핵심목표인 '지역주민과의 네트워크'로 연결되어 있다면, '소통'이라는 핵심가치는 '지역주민과의 네트워크'를 통해서만 이룰 수 있는 것쯤으로 오인되기 쉽습니다. 이 부분이 핵심가치를 이해함에 있어 혼란을 증폭시키는 부분입니다. 요컨대 핵심가치를 수직적으로 정렬하면 비전체계의 형해화를 초래합니다. 핵심가치는 특정한 목표도 아니고 사업을 통해 성취가 완결되는 선언문도 아닙니다. 어떠한 목적·목표를 추구하고 어떠한 사업을 수행하며 어떠한 전략을 채택하든 동시적으로 모든 핵심가치를 추구하는 방식이 바람직합니다.

Wrap-up Q&A

미션 점검기준	비전 점검기준	가치 점검기준
① 환경분석 결과에 근거했 는가	① 환경분석 결과에 근거했 는가	① 조직의 의사결정에 기준 이 되는가
② 조직의 근본적인 목적이 표현되었는가	② 내부 구성원들이 동기부 여가 되는가	② 구성원들에게 일상의 원 칙을 제공하는가
③ 조직의 핵심적인 대상을 명시하고 있는가	③ 이용자가 이를 통해 이롭 게 되는가	③ 미션, 비전, 사업이 바뀌 어도 지속되는 신념인가
④ 조직의 효과적인 사업을 포함하고 있는가	④ 이해관계자 모두가 원하 는 것인가	④ 조직문화를 설명하는 행 동원칙이자 질적 가치인 가
⑤ 조직의 존재 이유가 전달 되는가	⑤ 실현 가능하다고 여겨지 는가	⑤ 미래에도 준수하고자 하 는 불변의 신념인가

1. 미션과 비전, 무엇이 먼저일까?

존재론은 모든 것의 상위개념입니다. 미션이 조직의 전재론을 담는 조직성립의 대전제라면 미션 수립(점검)후 여타 선언문을 구상해야 순서가 정합적입니다. 각별히 사회적 임무를 자임한 집단이라면 미션이 전체의 기준이 되는 것은 당연합니다. 다만, 전략적 의사결정에 따라 무엇을 강조할 것인지 선택할 수 있습니다. 미션을 강조하면 문제의식·사명의식, 비전을 강조하면 목표의식·성취의식, 핵심가치를 강조하면 윤리의식·소명의식을 강조하는 것으로 봅니다. 중요한 것은 미션, 비전, 가치가 상호보완적(complementary) 개념인 동시에 서로에게 자극을 주는 순환적 개념임을 이해하는 일입니다.

2. 미션과 비전, 무엇이 위일까?

어떤 비전을 선택할 것인가에 따라 달라집니다. 외향적 비전을 선택했다면 비전은 광역적 범위를 아우르게 됩니다. 이 경우 비전을 미션 위에 배치할 수 있습니다. 반대로 내향적 비전을 선택했다면 비전은 미션보다 작은 개념이 되므로 미션을 비전 위에 배치할 수 있습니다. 공학적 접근을 너무 과신하기보다 각자의 현장특성에 따라 다각도의 검토를 진행하며 유연한 적용을 통해 리스크를 최소화하는 것이 좋습니다.

3. 미션과 비전, 언제 어떻게 점검할까?

1) 시기: 매년 점검이 대원칙입니다. 미션과 비전은 환경변화에 조응하는 개념입니다. 새로운 문제에 대한 상황대처는 유연함과 민첩함을 필요로 합니다. 변화된 환경에 합당한 문제정의가 맞는지 매년 전사 점검하고, 부서단위에서는 전사점검과 연동해 수시로 점검함이 좋습니다. 하루 운동을 안 했다고 다음날 병이 나지는 않겠지만, 나쁜 생활습관이 계속되면 언젠가 발병합니다. 당장 급해보이지 않는 사안이더라도 꾸준하게 점검하는 조직의 습관이 건강한 조직으로 향하는 필수조건입니다.

2) 내용: 미션, 비전의 점검이란 문장의 수정이 목적이 아닙니다. 변화하는 내외부의 환경 속에서 현행 미션과 비전이 적합한 내용인지 리뷰하는 일입니다. 환경은 변화했는데 조직은 그대로라면 도태는 시간문제입니다. 외부를 관찰하고 내부를 성찰하여 통찰을 얻는 과정입니다.

3) 계기: 새로운 리더가 합류했거나 구성원이 다수 변경된 경우에 필히 점검과정을 거치는 것이 좋습니다. 전사가 참여하는 이 과정은 어떠한 교육훈련 과정보다 더 폭넓은 조직의 이해를 제공합니다. 또한 이 과정은 철학적 개념의 내재화를 도와 조직이 달성하려는 미션의 실패(mission impossible)를 방지합니다.

·전략기획의 기초·

🔷 비전체계의 사례

미국 O십자사

- 미션: 우리는 자원봉사의 힘과 기부자의 관대함을 결집하여 인간의 긴급한 고통을 예방, 완화합니다.
- 비전: 우리는 자원봉사자, 기부자, 파트너와의 강한 네트워크를 통해 늘 우리를 필요로 하는 곳에 존재하는 기관입니다.(하략)
- 핵심원칙: 인간성, 공정성, 자립성, 자발성, 단결성, 통합성

S 모금기관

- 비전: 우리는 모든 아동이 생존, 보호, 발달 및 참여의 권리를 온전히 누리는 세상을 꿈꿉니다.
- 사명: 우리는 세상이 아동을 대하는 방식에 획기적 변화를 이끌어내고, 아동의 삶에 즉각적이고도 오래 지속되는 변화를 이루어내고자 합니다.
- 핵심가치: 책무, 포부, 협력, 창의, 정직

OO시 평생교육진흥원

- 미션: 변화하는 시민을 위한 체계적 교육플랫폼으로 OO형 평생학습 생태계 구축
- 비전: 변화하는 시민의 성장을 함께하는 진흥원
- 핵심가치: 사회적책임 강화 및 경영혁신(소통협력, 동반성장, 전문역량)

○○○○장애인복지관

- 미션: 장애인이 사회로 나아가는 어울림의 발걸음을 걸어갑니다.
- 비전: 장애인의 최고의 오늘을 만들어 갑니다.
- 핵심가치: 발견, 공감, 강점, 열정, 도전

굿윌○○○

- 비전: 우리는 기독교 정신을 실천하기 위해 장애인에게 일자리를 통한 영적인 안정과 자존감의 회복, 재정적인 자립을 할 수 있도록 돕습니다.
- 사명: 우리의 사명은 장애인들이 일을 통해 행복하고 풍요로운 생활을 즐길 수 있는 세상을 만드는 것입니다.
- 핵심가치: 인간존중, 고객만족, 청지기정신, 자립지원, 지속적개선

○○구 자원봉사센터

- 핵심가치: 존중과 호혜성, 자발성과 자율성, 평등과 개방성, 민간 주도성
- 미션; 자원봉사로 더불어 행복한 세상을 만들어 갑니다.
- 비전: 구민의 행복을 연결하는 자원봉사의 놀이터

---

* 선언문의 순서와 명칭은 2023년 현재 홈페이지에 공개된 그대로를 옮겼습니다. 편의상 체계도가 아닌 문구만을 옮겼습니다.

NON-PROFIT MANAGEMENT

II

사명과 전략

전략기획의 기초

비전체계의 도출

사명과 사업의 연계

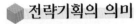

전략기획의 의미

Joint goal setting 목표합의	Individual action 개별적 실행	Periodic review 주기적 점검
목표 수립 기준 수립	과업 수행 지지 지원	성과 평가 실행 점검

Paul Hersey, Kenneth Blanchard, 1977, Management of Organizational Behavior, 재구성
Peter Drucker, 1954, The Practice of Management, 재구성

역사학자기도 했던 경영학자 Alfred Chandler는 미국을 대표하는 학자로 기업의 조직구조와 전략적 방향성에 대한 연구로 명성을 쌓았습니다. 그는 「Strategy and Structure: Chapters in the History of the Industrial Enterprise(1962)」와 「The Visible Hand: The Managerial Revolution in American Business(1977)」 등에서 미국의 산업을 역사적으로 톺아보며 전략의 중요성을 강조했습니다. '전략이 조직의 구조를 결정한다'는 그의 말은 경영학에 전략의 개념을 결부시키는 기폭제가 되었습니다. 반복업무를 관리감독하던 제조업의 경영문법에서 벗어나 기업이 어떻게 자원을 배분하고 어떤 포지셔닝을 취할 것인지 등 전략적 의사결정이 조직의 구조와 운영방식을 결정한다는 그의 통찰은 현대 경영학이 전략적 개념을 일상언어처럼 사용하는 데 큰 발자취를 남겼습니다.

그 이전 Peter Drucker는 「The Practice of Management(1954)」에서 무형의 생산성을 체계적으로 관리하는 방법인 MBO(management by objectives)를 제시했습니다. 경영자의 비경제적 활동, 기업의 사명과 철학, 기업의 사회적 책임을 평생 강조했던 그는 무형의 가치를 어떻게 체계화할까 고민했습니다. 그의 이론은 George Odiorne, Michael Porter와 같은 일단의 학자들을 거쳐 발전했고 전략 개념과 접목해 전략계획

(strategic plan)으로 정리됩니다. MBO에 의하면 전략계획을 위해 '상사'와 '부하'가 함께 과업수행 전 목표의 협의과정을 거쳐야 합니다. 이후 조직의 위계에 따른 분권화를 통해 각자 과업을 수행합니다. 이미 합의된 목표는 부서와 개개인이 과업을 수행할 때 위임된 판단을 가능케 합니다. 이때 '상사'는 목표가 달성되도록 지속적인 모니터링과 지원을 제공합니다. 과업이 마무리되면 '상사'와 '부하'는 함께 평가하며 전반의 과정을 회고합니다. 이때 스스로 평가하는 자기평가를 포함하기도 합니다. 요약하자면, 공동의 목표를 합의하는 공유과정을 통해 스스로가 목표를 설정하는 등 개개인의 관여가 많아질수록 구성원은 더 놓은 책임성(self control)과 주체성을 가진다는 원리입니다.

무형의 가치란 오로지 '위'와 '아래'가 함께 점검함으로써 공동으로 성취하고자 하는 목표에 틀림이 없는지 합의하는 과정을 통해 확인 가능하다는 그의 아이디어는 무엇이 더 중요한 목표인가와 같은 전략적 개념과 접목되어 오늘날 전략계획(strategic plan)이란 이름으로 수행되고 있고, 공익의 현장에서는 비전체계, 전략체계, 사업계획, 기본계획 등 다양한 이름으로 전파되었습니다. 그의 이론은 조직의 거대한 방향성이 어떻게 부서와 개인에게 연결되는지를 이해하는 데 의의가 있습니다. 또한, 구성원의 몰입도와 능동성이 목표를 합의하는 과정 속에서 자연스럽게 발현되는 개념이며 이를 통해 정교한 성과평가도 가능하다고 보았습니다.

이러한 노력에도 불구하고 현장의 과제가 말끔히 해결된 것은 아닙니다. 목표란 가보지 않은 길을 뜻합니다. 여전히 목표수립과 성과평가는 쉽지 않은 행위이고 구성원들의 몰입도와 능동성은 많은 논쟁과 연결되어 있습니다. 현대인들이 받아들여야 할 그의 유산은 아마도 정교한 운영기법이나 정밀한 분석도구가 아니라 그가 가졌던 관점과 철학일 것입니다.

· 비전체계의 도출 ·

🔷 전략기획의 사전단계: 환경분석

조직 환경분석	비전체계 점검	사업 환경분석	사업전략 개발	사업지표 개발	핵심지표 도출
외부환경분석	미션 비전 가치	외부환경분석	포트폴리오	부서지표개발	조직지표 개발
내부환경분석	전략·핵심목표	내부환경분석	단위사업전략	사업지표개발	체계도 완성

전사 level　　　　　　　**부서 level**　　　　**담당부서**

미션, 비전을 점검할 때 환경을 살펴보는 일이 무슨 의미를 갖는지 이해했다면 이제 조직의 환경분석에 대해 구체적으로 살펴볼 시간입니다. 환경분석(environmental scan)은 상황인식·상황분석(situational analysis) 등 실천현장과 해당 이론에 따라 다른 용어로 통용되고 있습니다. 조직에 영향을 주는 내외부 요소에 대한 관찰과정이라는 점은 공통점이라 할 수 있습니다.

이해를 돕기 위해 하나의 상황을 떠올려보겠습니다. 차량에 탑승해 내비게이션에 원하는 목적지를 입력한 후 탐색 버튼을 누른다면 내비게이션이 가장 먼저 수행하는 활동은 무엇일까요. 경로탐색이 아닙니다. 경로탐색 전에 현 위치를 파악하는 일입니다. 차량의 현재 위치를 파악하지 못하면 경로탐색은 불가능합니다. 어디든 가고자 하는 목적지가 있다면 자신이 어디에 위치하는지부터 인식하는 과정이 선행되어야 합니다. 이렇듯 조직의 의사결정이란 환경분석을 앞서지 못하는 개념입니다(Igor Ansoff).

환경분석이란 미션·비전과 같은 조직 차원의 목표, 혹은 부서 차원의 사업목표를 수립하기 전에 '왜 그 방향으로 가야 하는지'에 대한 근거를 수집하는 과정입니다. 근거가 존재하는 목적·목표는 명분과 타당성이 강한 편입니다. 한마디로 환경분석이란 조직이 어떠한 문제를 가진 환경에 처해있는지 분석함으로써 그 문제를 해결하고자 하는 방향성에 명분과 타당성을 제공하는 작업입니다. '우리의 목표는 이것입니다' 보다 '이 문제가 심각하여 수립한 목표입니다'라는 개연성을 만들어가는 과정과 같습니다.

환경분석의 취지와 기능

① 문제정의를 통해 방향설정의 근거로 사용합니다

② 비전체계에 대한 인과적 정합성, 타당성을 강화합니다

③ 전사적 소통에 의한 구성원들의 인식격차 해소에 기여합니다

무엇보다 공익현장의 환경분석은 남다른 의미를 가집니다. 객관적 사실에 의한 과학적 분석과정이라기보다 조직에 관여하는 이해관계자들이 한자리에 모여 앞으로 나아갈 방향을 도출해 보는 목표합의 과정의 의미가 크다고 할 수 있습니다. 목표를 합의하려면 상황을 바라보는 일치된 인식이 필요합니다. 이 과정을 심도있게 경험한 조직일수록 구성원들은 강한 공감대를 통해 결속력과 일체감을 확인할 수 있습니다. 상황에 대한 인식 자체가 다르다면 목표를 합의하는 시도 자체가 고통스러운 일입니다. 같은 방향은 같은 인식 위에 조성됩니다. 그럼에도 상황을 인식하는 관점의 불일치는 언제든 존재하므로 다음의 몇 가지 분석도구를 사용하며 원활한 소통을 기대할 수 있습니다.

🔷 조직 환경분석의 두 가지 접근

환경요인	정의	의미	도출 목표
외부요인	통제 불가 요인	문제 정의	당위적 목표
내부요인	통제 가능 요인	역량 점검	현실적 목표

경영학의 대가 Michael Porter는 '전략 수립의 본질은 조직을 환경과 연관시키는 데 있다'고 했습니다. 환경을 둘러본다는 것은 조직이 나아갈 방향을 구상하는 과정과 불가분의 관계입니다. 환경분석은 보통 두 가지의 요인을 관찰함으로써 입체적 관찰을 가능케 합니다. 첫 번째는 외부환경을 둘러보는 일입니다. 관찰의 대상인 외부요인은 조직이 통제할 수 없는 요인으로, 보통 '정치, 경제, 사회, 문화, 법제도, 기술' 등 외적 주변부의 변화가 해당사항입니다. 이 요인들이 현재 조직에 미치는 반향은 무엇이고, 근미래에 조직에 어떻게 영향을 미칠 것인지 예측하는 일을 포함합니다.

외부를 둘러봤다면 내부환경을 둘러봐야 합니다. 관찰의 대상인 내부요인은 조직이 통제할 수 있는 요인으로, 보통 '비전, 리더십, 활동, 자원' 등의 준비상태를 뜻합니다. 현재 조직은 이러한 측면에서 어떠한 변화를 겪고 있고 어떠한 문제점이 있는지 점검합니다. 외부요인과 내부요인, 이 두 개의 시각은 조직을 둘러싼 내외부 환경을 종합적으로 분석함으로써 조직의 목적·목표 설정에 균형감을 제공할 수 있습니다.

외부요인을 분석하면 조직의 외부에서 어떠한 문제가 발생하고 있는지 인식하게 되므로 문제정의에 도움이 됩니다. 외부환경은 시시각각 변화합니다. 과거의 문제였던 것이 현시점에서는 문제가 아닐 수 있고, 과거에는 별문제가 아니었던 것이 현시점에서는 중대한 문제로 부각할 수 있습니다. 어떠한 변화가 실천현장에서 일어나고 있는지에 대해 신중히 검토할 때 조직이 해결·개선하고자 하는 문제·과제를 재정의하거나 조정할 수 있습니다. 뿐만 아니라 이미 설정되어 있는 목적·목표를 수정할 때도 설득력이 담긴 근거로 활용할 수 있습니다.

내부요인은 조직의 역량을 점검하는 일이라 조직의 준비상태를 파악할 수 있습니다. 조직은 변화하며 역동은 변화무쌍합니다. 외부요인을 통해 도출한 문제를 해결하고자 할 때 '할 수 있는 것은 무엇이며, 어디까지 할 수 있을지' 등 역량의 준비상태를 판단합니다. 외부요인을 통해 문제정의가 잘 되었다 하더라도 준비가 미흡한 조직이라면 계획에 지장이 생길 것입니다. 조직의 내부사정을 사전에 점검함으로써 조직과 구성원이 감당할 수 있는 범위를 미리 설정하여 시행착오를 줄일 수 있습니다.

외부요인은 당위적 목표를 생산하고, 내부요인은 현실적 목표를 생산합니다. 조직의 방향성이란 당위적 목표인 '해야만 하는 일'과 현실적 목표인 '할 수 있는 일'의 접점에 존재합니다. 당위적 목표만 강조하면 조직에 피폐함이 찾아오고, 현실적 목표만 강조하면 조직의 공공성은 사라집니다. 환경을 외부와 내부로 구분하여 분석을 수행하라는 취지는 현상만 관찰한 채 분석을 끝내서는 안 된다는 의미와 같습니다. 당위적 목표와 현실적 목표의 절충점이 무엇인지 신중히 검토하라는 권면의 메시지일 것입니다.

·비전체계의 도출·

🔷 조직 환경분석-1. 외부요인 분석

		세계·국가의 변화	지역사회의 변화	유관기관의 변화
외부요인	P			
	E			
	S			
	T			
	E			
	L			

　　외부요인 분석을 위한 대중적인 프레임워크로는 PESTEL이 있습니다. 하버드대 교수였던 Aguilar는 1967년 그의 저서 「Scanning the business environment」를 통해 거시환경분석의 기법으로 ETPS(economic, technical, political, social)를 제시했습니다. ETPS는 이후 몇 학자들을 거쳐 현재 PESTEL까지 오게 되었습니다. PESTEL은 정치적 요인(political), 경제적 요인(economic), 사회적 요인(social), 기술적 요인(technical), 생태환경적 요인(eco), 법적 요인(legal)의 약자를 뜻합니다.

　　STEEP도 많이 사용됩니다. STEEP은 사회적 요인(social), 기술적 요인(technical), 경제적 요인(economic), 생태환경적 요인(eco), 정치적 요인(political)이 구성요소입니다. 거시환경을 분석하는 프레임워크는 많지만, 비영리의 특수성을 고려할 때 지나치게 복잡한 분석은 무용해지거나 참여자의 피로감을 촉발할 수 있어 신중할 필요가 있습니다.

PESTEL과 STEEP과 같은 외부요인 분석은 조직을 둘러싼 주변 요인에 대해 거시적 관점에서 분석하여 미래의 불확실성을 낮추는 데 그 의의가 있습니다. 이를 통해 조직은 예측가능한 변동사항을 고려하여 필요한 사항을 대비함으로써 조직의 지속가능성을 증진합니다. 이러한 거시적 환경분석을 실제로 수행할 때 막연함이 걸림돌로 작용합니다. 작은 비영리조직을 운영하는데 정치경제와 같은 거대담론을 분석할 필요성을 찾지 못하거나 혹은 거대담론과 조직과의 간극이 너무 크게 느껴진 나머지 그 연결고리를 찾지 못할 수도 있습니다.

막연함을 덜고 실효성을 높이려면 분석의 레이어를 세분화하는 것도 방법입니다. 한 축은 PESTEL로 설정하되 나머지 한 축을 1)세계 · 국가 · 사회의 변화, 2)지역사회의 변화, 3)유관기관의 변화로 접근해보는 방식입니다. 레이어를 원근법적으로 분류해 차근차근 수행할 경우 막연함은 줄고 토론의 편의성이 향상됩니다.

외부환경분석을 수행하는 경영학의 대표 도구 SWOT분석은 외부요인을 기회와 위기로 분리해 토론하라고 합니다. 공익을 표방하는 조직에게 기회란 무엇을 의미할까요. 국가적 재난이 발생하여 예상치 못한 후원금이 물밀 듯 밀려온다면 그것을 기회로 봐도 될까요? 기회와 위기를 분리하는 접근은 윤리적 관점에서 신중해야 할 일입니다. 사회적 가치와 반할 수 있기 때문입니다. 이후 이어지는 사업환경분석조직 단계는 기회와 위기의 프레임이 등장합니다. 조직에 대한 거시적 분석이 아니라 사업에 대한 미시적 분석이 윤리적 이슈에서 자유로운 편이라 해도 신중한 숙의의 과정을 거치는 것이 좋습니다.

· 비전체계의 도출 ·

조직 환경분석-2. 내부요인 분석

		강점	약점
내부요인	운영적 측면		
	활동적 측면		
	관계적 측면		

조직의 내부요인 분석은 외부요인의 분석만큼이나 큰 비중을 차지합니다. 외부의 문제가 정의되어 그 문제를 해결하고자 해도 조직 내부의 역량이 못 미친다면 무의미합니다. 조직은 자신의 역량과 준비상태를 점검하며 목적한 바를 효과적으로 수행할 수 있어야 합니다. Fowler는 1995년 「Participatory self assessment of NGO capacity」(비영리조직의 참여형 내부역량 진단)를 통해 비영리조직의 조직 프레임워크(organizational framework)를 발표했습니다. 그는 비영리조직의 내부를 To-be(존재), To-relate(관계), To-do(활동)로 분류하고 각각의 세부요소를 정의했습니다. 1)존재는 비전체계, 자원, 시스템 2)관계는 대외적인 연대와 협력, 외부 네트워크 3)활동은 성과, 효과성, 영향력을 뜻합니다.

이러한 분류는 조직의 규모, 의제와 상관없이 조직 내부의 역량이나 준비상태를 점검할 때 폭넓게 사용할 수 있습니다. 내부요인 역시 레이어를 분류하여 접근하면 토론의 편의성이 향상됩니다. 내부요인은 구성원들에게 친숙한 자기현장의 이야기이므로 할 수 있는 것(강점)과 그렇지 못한 것(약점)을 분별하여 구체적인 내용을 도출해 볼 수 있을 것입니다.

만일 더 구체적인 내부 점검이 필요하다면 De Vita의 비영리조직 역량강화 프레임워크(framework for addressing nonprofit capacity building, 2001)를 고려해볼만 합니다. 이는 역량점검요소로 비전·미션, 리더십, 자원, 외부활동, 상품·서비스 등이 구성되어 있어 앞선 도구의 무던함을 모던함으로 바꿔줍니다.

비영리조직 역량강화 프레임워크

구성요소	내용
미션, 비전	조직의 정체성, 방향성
리더십	이사진, 실무진, 자원봉사자
자원	물적 자원, 인적 자원, 기술적 자원
외부 활동	확산, 협력, 옹호
상품, 서비스	결과, 변화, 성과

이외에도 조직의 내부역량을 점검하는 도구는 많습니다. 대중적으로 많이 알려진 맥킨지의 조직역량 진단도구(organization capacity assessment tool, OCAT, 2013)는 열망, 전략, 리더십, 재정, 문화와 공유가치, 혁신과 적응, 마케팅·의사소통, 권익옹호, 사업절차, 인프라와 구조로 구성되어 있어 면밀한 분석을 가능케 하나, 조직 자체적으로 수행하기에 복잡하다는 현장의 목소리도 있어 선택의 신중함이 요구됩니다.

· 비전체계의 도출 ·

🔷 중장기목표체계 수립

K기관 3년 핵심목표	1년차 초기화	2년차 활성화	3년차 고도화
핵심목표1 인권 존중의 공동체 강화	공동체성 요인 정의	공동체성 사업 추진	추진사업 확대
핵심목표2 다양성 기반의 권익증진	권익증진 토대 마련	권익증진연대체 구축	권익증진연대 발족
핵심목표3 소통협력 네트워크 구축	자원 발굴·네트워크	자원 활용 연계사업	안전망 조성
핵심목표4 개별맞춤형 서비스 제공	개별 욕구 요인조사	맞춤형 서비스 제공	개별 욕구체계 완성
핵심목표5 유연한 조직문화 형성	조직문화 컨설팅	신규 조직문화 도입	조직문화 모형 완성

　　지금까지의 순서는 조직 환경분석을 내외부로 분리해 진행한 후 그 결과에 의해 미션과 비전을 점검·도출하는 일로 요약할 수 있습니다. 다음 단계는 핵심목표(strategic goal)의 도출입니다. 핵심목표는 종종 전략목표나 중장기목표로도 번역됩니다. 자원의 효율성을 강조하면 전략목표(기업), 행정 절차를 강조하면 중장기목표(행정), 문제의식이나 의제적 중요성을 강조하면 핵심목표(비영리)로 부를 수 있습니다. '맛집'의 정의가 세상의 모든 요리를 잘하는 집이 아니라 한 가지 음식을 잘하는 집이듯, 핵심목표라는 개념 역시 여러 개의 목표가 아닌 필수목표를 수립하고 집중하는 전략적 사고가 필수적입니다.

　　핵심목표를 부르는 수많은 명칭을 하나로 아우르는 정의는 '미션·비전의 모호성을 구체화하는 미션·비전의 하위목표'입니다. 핵심목표는 미션과 비전이라는 이상적인 담론을 현실 속의 실행과 연결하는 중간고리로 볼 수 있습니다. 체계도 내의 핵심목표는 미션·비전의 하단과 단위 사업의 상단 사이에 배치하여 연결성을 구성합니다. 핵심목표는 미션·비전의 하위개념이라 양과 질 모든 면에서 다운스케일합니다. 기간적으로는 3년에서 5년 터울의 중장기적 지향점으로, 내용상으로는 미션·비전보다 축소된 개념으로 설정하는 것이 좋습니다.

핵심목표의 요건

① 미션·비전 성취를 위한 핵심요인(critical success factor, CSF) 3~5개 도출
② 운영목표, 활동목표, 관계목표 등으로 분류·배치하여 구성의 균형감 조성
③ 끝맺음 표현은 실천적 워딩 권장. 대상·목적·수단 등의 표현으로 구체화 가능

앞 표에서 제시된 핵심목표는 ①미션·비전 성취를 위한 핵심요소를 리뷰하여 5개의 핵심 키워드를 도출한 후 ②운영목표, 활동목표, 관계목표의 균형을 고려해 도출한 결과입니다. 운영목표는 핵심목표5, 활동목표는 핵심목표1,2,4, 관계목표는 핵심목표3입니다. ③문장의 끝맺음을 정량적 표현이 아닌 '강화, 증진, 구축, 제공' 등 '행동'을 의미하는 정성적 표현으로 핵심목표를 완성했습니다.

이렇게 도출한 핵심목표를 연차별 로드맵으로 펼쳐내면 매해마다의 조직방향을 설정할 수 있습니다. 미션·비전은 수년간 변동이 없어도 그 강조점은 해마다 달라지기 마련입니다. 이에 핵심목표를 1년차, 2년차, 3년차 등으로 세분하여 더 구체적인 연간 로드맵을 완성할 수 있습니다. 각 부서와 담당자는 한해의 사업을 구상할 때 해당연도의 전사방향을 보며 한 해의 사업방향을 구상할 것입니다.

🟦 중장기목표체계 사례

미션
장애인이 사회로 나아가는 어울림의 발걸음을 함께 걸어갑니다

비전
장애인의 최고의 오늘을 만들어가는 마을공동체를 꿈꿉니다

핵심목표1	핵심목표2	핵심목표3	핵심목표4	핵심목표5
인권 존중의 공동체 형성	다양성 기반 권익증진	소통협력 네트워크 구축	개별 맞춤형 서비스 제공	유연한 조직문화 형성

핵심목표를 성공적으로 도출한 후 가장 먼저 해야 할 일은 체계도를 완성하는 일입니다. 미션과 비전은 하늘 위에 떠있는 이상(理想)입니다. 반면 단위사업은 땅 위에서 작동하는 완전한 현실입니다. 이 두 개의 간극을 좁히지 못 한다면 조직의 방향은 조직의 방향대로, 사업의 방향은 사업의 방향대로 평행선을 달리게 됩니다. 이때 핵심목표는 이상과 현실을 연결하는 교두보의 역할을 합니다. 한편으로는 미션과 비전을 구체화하여 현실감을 부여하고, 다른 한편으로는 단위사업의 현실을 한단계 끌어올려 의미와 가치를 부여합니다. 이렇듯, 도출된 미션과 비전에 핵심목표를 결합했다면 이제 단위사업을 연결할 준비가 끝났습니다.

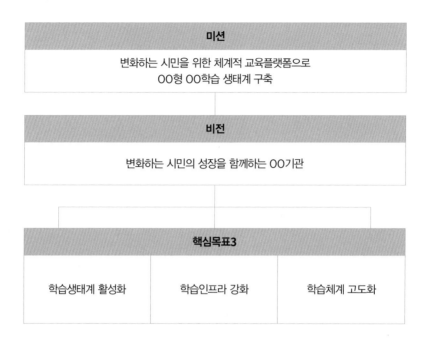

미션
변화하는 시민을 위한 체계적 교육플랫폼으로 OO형 OO학습 생태계 구축

비전
변화하는 시민의 성장을 함께하는 OO기관

핵심목표3		
학습생태계 활성화	학습인프라 강화	학습체계 고도화

조직마다 강조점이 다르기에 비전체계도의 모양새는 조금씩 다르게 나타납니다. 조직에 따라 미션만 채택하는 경우도 있고, 비전만 채택하는 경우도 있으며, 핵심가치만 채택하는 경우도 있습니다. 조직의 성장과 성과창출을 위해 모든 선언문을 다 도출하는 것이 가장 좋지만, 이해관계자들과의 원활한 소통을 위해 선택적 공개를 하거나 표현을 완화할 수 있습니다.

최근의 트렌드는 이해관계자들과의 '쉬운 소통'입니다. 미션 대신 '우리는 누구인가', 비전 대신 '우리가 꿈꾸는 세상은', 핵심가치 대신 '우리가 믿는 신념에 대해' 등으로 부드럽게 표현하는 경우가 많습니다. 홈페이지 등의 대중적 공간에서 미션, 비전 등을 한 문장으로 단촐하게 밝히는 경우보다 지면을 할애하여 설명하는 사례가 많아지고 있습니다.

· 비전체계의 도출 ·

II

사명과 전략

전략기획의 기초

비전체계의 도출

사명과 사업의 연계

🔲 사업의 정렬(alignment)

	미션 & 비전		
	핵심목표1	핵심목표2	핵심목표3
부서1	사업1의 목표	사업2의 목표	사업4의 목표
		사업3의 목표	
부서2	사업a의 목표	사업c의 목표	사업e의 목표
	사업b의 목표	사업d의 목표	

조직의 주요선언문을 핵심목표로 구체화, 세분화했다면 이제 핵심목표를 사업과 연결할 수 있습니다. 사업의 정렬(alignment)이란 상위목표와 하위목표의 연결성을 구성하는 과정입니다. 핵심목표와 사업목표가 정렬되지 않으면 분열하여 따로 작동합니다. 이 작업은 일반적으로 부서단위로 진행합니다.

위 표에서 핵심목표1을 성취하려면 그에 해당하는 사업을 연결하는 일이 먼저입니다. 다만 단위사업의 목표가 하나만 존재하는 경우는 드뭅니다. 사업의 주안점을 무엇으로 설정할 것인지 부서 내의 소통을 통해 결정하는 것이 좋습니다. 즉 핵심목표와 사업을 연결하려면 사업의 핵심적인 목적·목표가 무엇인지 바르게 판단해야 합니다. 사업은 여러 개의 목적·목표를 내포하기에 이 부분을 먼저 판단하지 않으면 사업은 방향을 잃은 채 시작됩니다.

　사업정렬표는 조직이 수행하는 모든 형태의 사업을 한 장의 통합지도로 만들어봄으로써 사업의 치우침이 없는지, 자원의 쏠림이 없는지를 확인할 수 있습니다. 만일 하나의 핵심목표로 다수의 사업이 지나치게 쏠리거나 반대로 연결할 사업이 하나도 보이지 않는다면 다시 점검하는 것이 좋습니다. 핵심목표가 균형적으로 구성되지 않은 것인지, 핵심목표는 문제가 없으나 이를 현실화하는 관련사업이 없는 것인지 등을 재검토하며 조정하는 일입니다. 이러한 과정은 자연스럽게 부서 내의 소통을 촉진하고 팀빌딩을 구축합니다.

다양한 단위사업의 기준

　이때 모든 사업은 단위사업으로 구조화되어 있어야 합니다. 단위사업(strategic business unit, SBU)이란 완결적 구조가 있는 하나의 독립된 실행단위를 뜻합니다. 합리적 기준으로 단위사업이 구성된 조직은 사업정렬에 어려움을 겪지 않습니다. 단위사업으로 묶어내는 기준은 위와 같이 무엇을 기준으로 할 것인지에 따라 다르게 분류할 수 있습니다.

·사명과 사업의 연계·

사업 포트폴리오 분석

	분석 기준	해당 도구
1	'시장' 분석에 의한 사업전략	BCG 매트릭스
2	'경쟁력' 분석에 의한 사업전략	GE-맥킨지 매트릭스
3	'신사업' 분석에 의한 사업전략	Ansoff 매트릭스
4	'가치적합성' 분석에 의한 전략	Macmillan 매트릭스

사업정렬표의 완성은 시장을 분석하여 단위사업의 옥석을 가리는 포트폴리오 점검 과정으로 연결됩니다. 사업 포트폴리오의 점검은 경쟁이 치열해지는 실천현장에서 그 중요성이 점차 강조되고 있습니다. 일찍이 경쟁력이란 용어는 기업경영 차원의 개념이자 기업현장의 언어였습니다. 기업의 경쟁력이란 차별화를 통해 생존하고자 하는 기업조직의 본능과 같습니다.

한동안 비영리나 일부 사회적경제조직, 위수탁기관 등은 경쟁력이라는 개념과 동떨어져 살았습니다. 그러나 이윤을 추구하지 않는다는 사실만으로 경쟁력을 등한시한다면 조직의 지속을 장담할 수 없습니다. 만일 누군가를 밟고 일어서겠다는 악의가 있다면 윤리적으로 문제가 되겠지만, 사업을 잘 하고자 하는 순수한 의도라면 경쟁력이란 주제를 더이상 멀게 생각해서는 안 될 것입니다. 이 영역의 경쟁력이란 협소한 의미에서의 차별화(distinction)로 국한되지 않고 질적 성장(scale impact), 즉 고도화를 통한 성숙의 개념입니다.

사업이란 고유한 미션·비전을 달성하기 위한 방법론이자 실천활동입니다. 이 과정에서 사업은 현실적인 도전에 고전하기 쉽습니다. 고유한 정체성을 지키지 못해 타협을 하거나, 실험정신이 담긴 도전과 혁신을 포기하기도 합니다. 시간이 지나며 관행화, 관료화, 관변화의 늪에 빠져들기도 합니다. 사업이란 상호복제를 거듭하고 상향평준화로 향하게 되어 생태계는 어느 순간 유사한 사업들로 넘쳐납니다. 한때 특별했던 사업이 옆 동네 기관의 사업과 흡사하게 느껴진다면 변주가 필요한 시점입니다.

이제 업(業)의 본질 위에 새로운 혁신에 도전하며 사업에 활력을 불어넣을 수 있는 역량향상을 위해 '경쟁력'이나 '시장'이라는 키워드를 사용하여 시야를 확장할 필요가 있겠습니다. 사업 포트폴리오의 점검은 조직이 수행 중인 단위사업들을 비교함으로써 경쟁력 있는 사업을 특정하고 구축해가는 과정입니다. 그러나 단순히 현행의 사업들을 재배치하는 수준으로 그쳐서는 곤란합니다. 현행사업, 신규사업, 미래사업이라는 3개의 시야(horizon)로 분류하여 조직의 지속가능성을 포트폴리오로 재구성해보는 시도를 포함해야 합니다(Baghai). 쇠락하는 조직의 공통점이라면 미래를 보지 않은 채 당면한 사업만 집중하는 조직일 것입니다.

포트폴리오 점검을 위한 분석도구들은 단위사업을 대입하여 사용합니다. 부서별로 단위사업이 합리적으로 분류되어 있는지 사전점검이 필수입니다. 어떤 사업은 단위가 너무 커서 연관된 일거리가 넘치는 반면 어떤 사업은 단위가 지나치게 작은 경우도 있습니다. 단위사업을 너무 크게 묶으면 전략은 무용해지고 단위사업을 너무 잘게 나누면 투입이 과도해져 난관이 발생합니다.

·사명과 사업의 연계·

🔹 사업 포트폴리오 분석-I. BCG 매트릭스

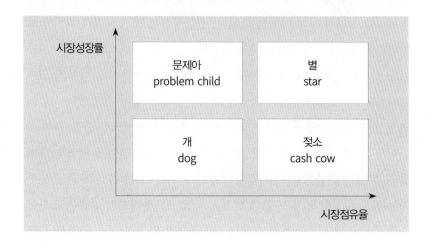

BCG 매트릭스는 1970년 보스턴컨설팅(Boston Consulting Group)에서 개발한 분석도구입니다. 이 매트릭스는 시장의 성장률과 점유율을 교차하여 시장을 전반적으로 분석함으로써 효과적인 사업전략을 개발할 때 유용합니다. 세로축을 '시장성장률', 가로축을 '시장점유율'로 설정하여 시장을 분석하고 사업의 포지셔닝을 돕습니다. 그러면 나누어진 4분면을 하나하나 살펴볼까요?

시장성장률과 시장점유율이 모두 높다면 '별'의 영역에 해당합니다. 별 영역에 놓인 사업은 수익이 높고 안정적이라 성장을 위한 지속투자가 해당하는 전략입니다. 이 영역은 투자하면 할수록 더 성장하는 확대와 확장의 속성을 갖습니다. 다음으로, 시장성장률은 높은데 시장점유율이 낮다면 '문제아'의 영역입니다. 수익률은 낮고 불안정합니다. 적절한 전략은 확장과 철수 중 하나를 선택하는 것입니다. 신중한 검토가 요구되어 '물음표'의 영역이라고도 합니다.

세 번째 영역은 '젖소'입니다. 사장성장률은 낮아도 시장점유율은 높습니다. 이 영역의 사업은 수익이 높고 안정적이라 현금을 제공한다는 상징성이 있습니다. 바꿔말하면 사업의 호응도가 높고 성과가 많다고 볼 수 있습니다. 이 영역은 시장성장률이 낮아 성장의 한계치가 관측되는 영역입니다. 상황을 봐가며 투자를 결정해야 하는 영역입니다.

끝으로 시장성장률과 시장점유율이 모두 낮은 '개'의 영역입니다. 성과는 별로 보이지 않고 희망도 보이지 않습니다. 이 영역에 놓인 사업들은 철수방안에 대해 고심하는 것이 좋습니다. 다만 정치적 상황 등 필요에 따라 버티는 전략도 취할 수 있어 신중한 판단이 필요합니다.

BCG 매트릭스 분석표

영역	수익	전략 유형	내용	선택
별	높고 안정적	성장을 위한 지속투자	• 투자하는 만큼 수익 • 지속 수익을 위해 지속투자 필요	확대·확장
문제아 (물음표)	낮고 불안정	확장과 철수 중 결정	• 성장을 위한 더 많은 투자 필요 • 경쟁력 제고를 위한 선별투자 필요	확대·수확 ·철수
캐쉬카우	높고 안정적	현상 유지	• 투자 없는 수익 창출 • 상황에 따라 투자 판단 가능	유지·수확
개	낮음	철수·축소	• 최대한 서둘러 철수 • 필요시 버티기	수확·철수

· 사명과 사업의 연계 ·

사업 포트폴리오 분석-2. GE-McKinsey 매트릭스

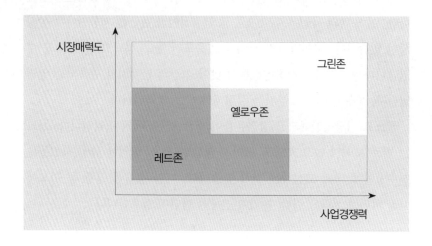

GE-맥킨지 매트릭스는 1971년 GE그룹과 맥킨지컨설팅(McKinsey & Company)이 함께 개발한 분석도구로 사업의 경쟁력을 분석하여 사업전략을 개발할 때 적합한 매트릭스입니다. 이 매트릭스는 세로축을 '시장매력도', 가로축을 '사업경쟁력'으로 설정하여 시장을 분석함으로써 사업의 포지셔닝을 돕습니다. 앞선 BCG 매트릭스와 기능적 측면에서 유사성이 있지만 GE-맥킨지 매트릭스는 사업의 경쟁력에 초점을 맞추어 분석이 간편하다는 장점이 있습니다. 이 매트릭스는 3분면으로 그려집니다.

시장의 매력도와 사업의 경쟁력이 모두 높은 영역은 '그린존'입니다. 그린존의 전략은 유지, 육성이 적당합니다. 시장의 매력도와 사업의 경쟁력이 모두 낮은 영역은 '레드존'입니다. 레드존은 수확하거나 철수하는 전략이 적격인 영역입니다.

끝으로, '옐로우존'은 그린존과 레드존을 제외한 나머지 영역입니다. 옐로우존은 세 가지 경우를 포함합니다. 1)시장의 매력도와 사업의 경쟁력 모두 중간값이거나 2) 시장의 매력도는 높은데 사업의 경쟁력이 낮은 경우이거나 3) 시장의 매력도는 낮은데 사업의 경쟁력은 높은 경우입니다. 옐로우존에서 가능한 전략은 선택적으로 유지하거나, 선택적으로 육성하거나, 혹은 수확만 하며 철수준비를 하는 방향입니다.

GE-맥킨지 매트릭스 분석표

영역	전략 유형
그린존	유지·육성
레드존	수확·철수
옐로우존	선택적 유지·육성, 수확·철수

GE-맥킨지 매트릭스는 3×3 매트릭스를 제공하여 2×2의 BCG 매트릭스보다 더욱 풍성한 분석과 더 많은 정보를 검토할 수 있어 정교한 분석에 도움이 됩니다. 매트릭스의 세로축 '시장매력도'란 시장의 규모, 시장성장률, 경쟁기관의 상황, 수익률, 호응도, 정치 · 사회적 변동상황 등을 의미하며, 가로축 '사업경쟁력'이란 시장점유율과 점유 성장률, 사업적인 매력, 브랜드 인지도와 확산 능력, 투입 비용 등을 의미합니다. 이러한 요인은 더 복잡하고 세밀한 분석을 가능케 할 뿐만 아니라 분석결과를 그린존, 레드존, 옐로우존으로 간명화하여 사업 포트폴리오를 사고할 때 어려움 없이 활용할 수 있습니다.

·사명과 사업의 연계·

🟦 사업 포트폴리오 분석-3. Ansoff 매트릭스

	사업	
	기존	신규
시장 기존	시장 침투전략	신사업 개발전략
시장 신규	시장 개척전략	다각화 전략

Ansoff 매트릭스는 전략경영의 대가로 불리는 Ansoff가 1950년대에 개발한 분석도구로 신규사업의 성장전략을 개발할 때 도움이 되는 매트릭스입니다. 이 매트릭스는 세로축을 '시장', 가로축을 '사업'이라 설정하고, 시장을 다시 '기존시장', '신규시장'으로, 사업을 다시 '기존사업', '신규사업'으로 세분화하여 신사업의 포지셔닝을 판단할 때 유용합니다.

기존시장에 기존사업을 출시한다면 '시장침투전략'에 해당합니다. 시장침투전략은 기존시장에서 기존사업을 판매하는 접근이므로 넓은 시장에 진출할수록 유리합니다. 이미 수요가 넘치는 시장에 뒤늦게 뛰어드는 것이라 성과를 내기 위해서는 경쟁기관의 시장을 뺏어오거나, 시장 자체가 커지도록 전체 소비를 촉진하는 거시적 마케팅이 필요합니다. 만일 기존시장에 신규사업을 출시한다면 '신사업개발전략'에 해당합니다. 론칭하는 신규사업의 새로운 면을 피력하며 점유율을 높이는 방식을 통해 기존사업의 이용자를 공략하는 전략이 가능합니다.

Ansoff 매트릭스 분석표

전략 유형	내용
시장 침투	• 기존시장에 기존사업으로 판매 증대 노력 • 큰 시장에서 더 많은 소비 유도(레드오션전략) • 경쟁사 시장 뺏기, 전체 소비 촉진하기
신사업 개발	• 기존시장에 신규사업 출시 • 기존 것에 추가된 차별화 요소를 더해 피력 • 기존 이용자에게 신사업 판매하기
시장 개척	• 기존사업을 판매할 신규시장 개척 • 기존시장과 다른 세분화된 시장 찾기 • 시장 세분화로 새로운 시장 창출하기
다각화	• 신규사업으로 신규시장 공략 • 기존사업과 관계가 없는 새로운 분야 창출 • 집중적 성장전략에서 시야 넓히기

'시장개척전략'은 기존사업을 판매하기 위해 신규시장 개척을 가능케 하는 접근입니다. 시장을 개척하려면 기존시장과 식별되는 새로운 수요를 찾아낼 능력이 필요합니다. 새로운 시장을 발견하려면 시장을 세분화하며 차별화 요소를 찾는 것이 관건입니다. 만일 신규사업으로 신규시장을 개척한다면 가장 높은 수준의 리스크를 감수해야 합니다. 이때는 한곳에 편중하지 않는 전략이 요구됩니다. 즉 '다각화전략'을 통해 리스크 분산을 시도하는 전략이 필요합니다.

· 사명과 사업의 연계 ·

🔷 사업 포트폴리오 분석-4. Macmillan 매트릭스

		사업매력도 높음		사업매력도 낮음	
		경쟁자 많음	경쟁자 적음	경쟁자 많음	경쟁자 적음
가치 적합성 높음	역량과 잠재성 높음	적극적으로 경쟁 "차별화 전략"	적극적으로 성장 "지속투자 전략"	경쟁자를 지원 "간접투자 전략"	어려워도 지키기 "조직의 영혼"
	역량과 잠재성 낮음	적극적 정리 "출구 전략"	강점구축·정리 "가부 결정 전략"	점진적 정리 "출구 전략"	협력기관 찾기 "협력 전략"
가치적합성 낮음		생략			

Macmillan 매트릭스는 경영학자 Macmillan이 1980년대에 개발한 분석도구입니다. 한정된 자원을 효율적으로 활용하고 서비스나 프로그램 등 사업의 품질을 최대화하기 위해 사업과 조직의 정합성 측면에서 분석하는 특징을 가지고 있습니다. 이 매트릭스는 세로축을 '가치정합성'으로 설정하고, 가로축을 '사업매력도'로 설정하여, 사업의 포지셔닝을 조직의 가치 중심으로 분석하는 접근입니다. 사업과 조직의 정합성은 진정성(authenticity)의 가치에 기반해야 하므로 '비즈니스 중심 조직'보다 '사명 중심 조직'에서 사용한다면 더 효과적입니다.

세로축의 가치정합성은 다시 '높음'과 '낮음'으로 세분화하고, 이를 각각 '역량과 잠재성 높음'과 '역량과 잠재성 낮음'으로 또다시 세분화합니다. 다만 편의에 따라 '가치정합성 낮음'의 영역을 생략하여 좀 더 손쉬운 사용을 시도해 볼 수 있습니다. 가로축도 마찬가지로 '사업매력도 높음'과 '사업매력도 낮음'으로 세분화합니다. 이를 각각 '경쟁자 많음'과 '경쟁자 적음'으로 또다시 세분화합니다.

이렇게 세로축과 가로축의 교차에 따라 조직 내의 사업은 차별화 전략을 꾀해야 하는지, 지속투자 전략을 모색해야 하는지에 대해 적절한 전략적 가이드를 확보할 수 있습니다. 사업과 조직이 일치하는 가치정합성이 곧 조직의 경쟁력이라는 믿음을 가질 때 이 매트릭스의 활용가치는 더욱 부각됩니다. 모든 사업 포트폴리오 분석 매트릭스가 그렇듯이 매트릭스에 대입하는 객관적 데이터와 정보가 부족한 경우라면 분석이 어려울 수 있습니다. 특히 Macmillan 매트릭스는 도출되는 결과항목의 종류가 타 매트릭스에 비해 많은 편이라 담당자나 부서 간의 의견일치가 되지 않아 마찰을 빚기도 합니다. 이에 분석과정의 투명성에 대해 주지해야 하며 충분한 분석 시간을 마련하는 것이 좋습니다.

사업 포트폴리오 점검은 조직의 단위사업을 시장, 경쟁력 등의 변인을 고려해 재배치함으로써 더 나은 성과를 창출하기 위해 수행합니다. 단위사업의 옥석을 가리는 행위를 통해 조직은 전략적 방안의 힌트를 얻을 수 있고 중장기적 방향에 대해 인지할 수 있어 자원활용의 효율화를 이룰 수 있습니다. 내부 구성원, 외부 이해관계자가 참여하는 워크숍 등에서 이러한 분석도구를 활용해 소통한다면 참여의 몰입은 물론 결과물에 대한 공감도 커질 것입니다.

· 사명과 사업의 연계 ·

단위사업의 분석-1. 사업환경분석: SWOT

				B. 내부요인	
				③ 강점	④ 약점
				운영	운영
				활동	활동
				관계	관계
A. 외부요인	① 기회	세계		⑤ 투자전략	⑥ 방어전략
		국가		우선수행과제 혹은 역량확대	우선보완과제 혹은 기회포착
		지역			
	② 위기	세계		⑦ 결정전략	⑧ 제거전략
		국가		우선해결과제 혹은 선택집중	장기보완과제 혹은 약점축소
		지역			

　지금까지 사업 전반을 조망했다면 시야를 좁혀 각자의 업무에 집중할 차례입니다. 조직 전체의 사업지형이 아닌 각자의 단위사업을 개별적으로 분석하고 전략을 개발하는 일입니다. 이 과정은 단위사업을 기획할 때 복수의 도구를 선택적으로 활용함으로써 사업기획의 타당성을 부여하는 데 도움을 줍니다. 사업기획에서 필요한 분석작업은 크게 환경분석, 문제나열, 문제파악, 방안도출, 회고·성찰의 순서로 구성됩니다. 이 중에서 필요한 부분을 선택하여 분석을 수행한 후 사업기획서에 담을 수 있습니다. 이 첫 단계인 사업 환경분석부터 시작합니다.

　가장 흔히 시도해 볼 수 있는 사업환경분석인 SWOT분석은 미국의 경영컨설턴트 Albert Humphrey를 비롯해 1960년대부터 많은 학자에 걸쳐 개발된 도구입니다. SWOT분석은 내외부의 환경요인을 입체적으로 관찰하고 통합적으로 분석하며 기본적인 전략까지 개발할 수 있는 다용도의 도구입니다. 사용이 쉽고 활용의 범위 또한 넓어서 사업뿐 아니라 조직 자체를 대입하기도 합니다. 사업환경분석을 위해 하나하나 순서대로 살펴보겠습니다.

우선 사업의 A.외부요인을 기회와 위기를 분리해 기재합니다. 기회와 위기는 '사업의 호재와 악재'입니다. 유·불리한 상황에 대해 인지하는 작업이 요구됩니다. 다음으로 사업의 B.내부요인을 강점과 약점으로 분간해 기재합니다. 강점과 약점은 '사업의 경쟁력과 취약점'입니다. A, B가 다 기재되었다면 ①②와 ③④를 서로 연결해보며 방향을 구상하는 작업으로 넘어갑니다. ①②와 ③④의 연관성을 구성하며 임의적으로 연결해보는 시도를 통해 개선방향을 도출해 보는 작업입니다. 이러한 과정을 통해 도출된 방향성을 사업의 '기초전략'이라 흔히 명명합니다.

⑤투자전략은 기회를 활용해 강점을 극대화하는 방향, ⑥방어전략은 기회를 활용하여 약점을 방어하는 방향, ⑦결정전략은 위기를 고려하며 무엇을 집중선택할 것인지 결정하는 방향, ⑧제거전략은 내외부의 불리한 여건을 고려하여 제거하거나 장기적으로 보완할 사항을 결정하는 방향으로 정의할 수 있습니다. 예를 들어, 사업의 ①강점요인이 '조직의 높은 인지도'이고, 사업의 ③기회요인이 '관련 지원법 제정'이라면, ⑤투자전략은 '조직의 인지도에 관련법의 공신성을 더하여 사업의 매력도를 높이는 홍보 적극화'라고 전개할 수 있을 것입니다.

🎲 단위사업의 분석-2. 문제나열: Mind map, Mandala-art

영국의 언론인이자 작가 Tony Buzan이 1970년대에 개발한 마인드맵 (mind map)은 특정 주제를 분류할 때 지극히 높은 자유도를 제공합니다. 사업의 타당성을 강화하려면 제대로 된 문제정의가 필요합니다. 문제를 정의내리기 위해서 주변에 어떠한 문제가 펼쳐지고 있는지 면밀하게 관찰하고 파악하는 일은 사업기획의 중요 과정입니다. 이때 마인드맵은 형식에 구애받지 않고 문제요인을 나열하도록 돕습니다. 이와 유사한 분석도구는 많습니다.

일본의 통계학자 카오루 이시카와가 발명한 피쉬본(fishbone diagram) 도 유사한 원리가 적용된 분석도구입니다. 누구나 제약없이 사용할 수 있는 대중적인 도구입니다. 더 구조화된 형식의 도구가 필요하다면 만다라 트를 이용해 볼 수 있습니다. 불화(佛畫)의 이름인 '만다라'와 '아트'의 합성어인 만다라트(mandala-art) 분석은 일본인 아마이즈미 히로아키이 마인드맵을 더 구조적으로 분석할 수 있도록 개선한 도구입니다.

다음 그림과 같이 1차적으로 도출한 요인을 다시 2차 분류에서 연결하고 심화하는 방식입니다. 이렇게 대분류와 중분류를 연결하는 의무적 규칙을 설정하여 분석의 체계성을 더했습니다. 만다라트는 문제의 요인을 더 짜임새 있게 분석하고자 할 때 사용할 수 있는 유용한 도구입니다. 만다라트는 세계적인 메이저리거 오타니 선수가 어린 시절부터 자신의 꿈을 키우기 위해 사용했던 도구로 전 세계에 알려졌습니다.

만다라트 분석의 작성 사례

인구 유출	저출생	일자리 감소						
트렌드	**인구 감소**	물가 상승		**고립감**			**소득 격차**	
이미지	접근성	력 지						
				인구 감소	고립감	소득 격차		
	정신 문제			슬럼화	**지역 사회 문제**	건강 문제		**건강 문제**
				난개발	세대 갈등	환경 파괴		
	난 개발			**세대 갈등**			**환경 파괴**	

·사명과 사업의 연계·

단위사업의 분석-3. 문제파악: Logic tree

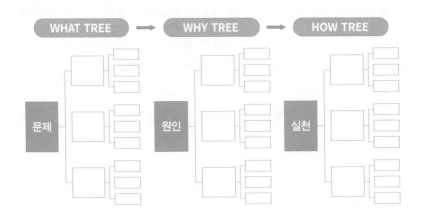

로직트리(logic tree)도 마인드맵과 같은 원리를 가지고 있습니다. 1960년대 맥킨지 컨설팅의 컨설턴트였던 Barbara Minto의 세계관을 이어가는 흐름에서 개발된 로직트리는 과제의 각 단계를 나누어 분석함으로써 더욱 심층적인 문제파악을 돕습니다. 앞서 마인드맵에 대한 숙지가 되었다면 로직트리의 사용은 어렵지 않습니다. 맥킨지에서 개발한 로직트리는 이후 일본의 경영연구소를 거쳐 세 개의 트리로 분화되었고 활용성은 더 높아졌습니다.

세 개의 트리로 분화된 로직트리의 첫 단계는 what tree입니다. what tree는 무엇이 문제인지 파악하기 위해 문제사항 자체를 나열하는 과정입니다. 이를 통해 문제요소를 구체화할 수 있습니다. 두 번째인 why tree는 앞서 what tree에서 파악된 문제의 원인을 나열하는 과정입니다. 이를 통해 원인을 구체화할 수 있습니다. 끝으로 how tree는 앞서 why tree에서 파악된 원인을 어떻게 해결할 수 있을지에 실천방법을 나열하는 과정입니다. 이를 통해 구체적인 해결방안을 도출할 수 있습니다.

　세 개의 트리는 전반적인 연관성을 가지고 what tree, why tree, how tree의 순서대로 전개할 수도 있고, 혹은 what tree의 분류를 통해 도출된 하나의 세부요인만을 특정하여 그것을 다시 why tree로 전개하고, why tree에서 도출된 세부요인 하나를 특정하여 재차 how tree로 전개할 수도 있습니다. 후자의 활용방식은 상당한 구체성을 담보합니다. 다만 로직트리는 복잡한 문제를 단계별로 분해할 때 과도한 단순화 적용의 우려가 있고, 순서를 나열할 때 일방향성을 가지기에 입체적인 분석에 한계가 있을 수 있습니다. 도구의 효용성이란 어디까지나 생각의 정리를 돕는 차원의 보조적 접근입니다. 애초에 존재하지 않는 생각이나 생각하려 하지 않는 의지까지 만들어 줄 것이란 기대감은 과도합니다.

W기관의 피쉬본 다이어그램 작성 예시

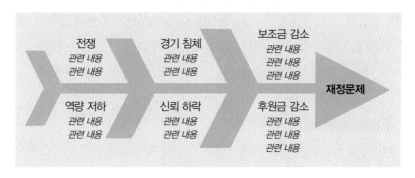

·사명과 사업의 연계·

■ 단위사업의 분석-4. 방안도출: ERRC, As·is-To·be

E(eliminate) 제거	R(reduce) 감소
목표달성을 위해 제거해야 할 요소	목표달성을 위해 줄여야 할 요소
R(raise) 증가	C(create) 창조
목표달성을 위해 집중해야 할 요소	목표달성을 위해 새로 착수해야 할 요소

앞 단계에서 도출된 해결방안을 더 구조적으로 조망하려면 ERRC분석을 사용해 볼 만 합니다. ERRC분석은 블루오션 전략을 주창한 김위찬, Renee Mauborgne이 1990년대 중반에 공동개발한 도구로, 목표달성을 위한 해결방안을 도출할 때 제거할 것은 무엇인지, 감소할 것은 무엇인지, 증가할 것은 무엇인지, 창조할 것은 무엇인지를 가름하여 도출할 수 있도록 돕는 접근입니다. 제거, 감소, 증가의 영역은 기존에 존재하는 요소를 대상으로 한 변화를 의미하며, 창조의 영역만 유일하게 존재하지 않는 요소를 의미합니다.

ERRC를 통해 도출한 4분면은 해결방안에 대한 요소를 한 번에 보여주지만, 순서상의 의미를 지니고 있지 않습니다. 도출결과를 인과관계의 순서로 구성하기 위해 As·is-To·be 분석의 사용을 고려할 수 있습니다. 현황(as·is, 개선되기 이전 상태)과 지향(to·be, 개선된 이후 상태)의 간극(gap, 요구되는 노력)을 마일스톤으로 설득력 있게 그려내기 위해 개발된 것이 그 취지입니다. 이에 As·is-To·be 분석은 gap analysis로 불리기도 합니다. 현황부터 지향까지는 물리적, 시간적 간극이 존재합니다. 이 간극에 순차적인 단계를 부여하여 각 단계마다 해결방안과 그에 따른 실천방안을 설정하는 방식입니다. As · is-To · be 분석의 궁극적 목적은 As · is와 To · be의 일치된 상태입니다. As · is-To · be 분석은 현황에 해당하는 현재 상태를 과소평가하거나 확대해석하여 문제해결에 왜곡된 마일스톤을 설정하기도 합니다. 또한 간극(gap)의 구성요소에 있어 외부환경의 변화에서 오는 변수를 미리 예측하지 못함으로써 지향점에 도달하지 못하는 경우가 발생할 수도 있습니다.

As · is-To · be 분석의 예시

현황	문제1	문제2	문제3	지향
	해결방안	해결방안	해결방안	
	• 실천과제1 • 실천과제2 • 실천과제3	• 실천과제1 • 실천과제2 • 실천과제3	• 실천과제1 • 실천과제2 • 실천과제3	

　　이러한 한계를 극복하기 위해 현황과 지향 사이에 배치된 문제1, 문제2, 문제3은 문제적 상황을 시계열로 펼쳐놓는 단편적 설계로 국한하지 않고, 문제1 대신 '개선', 문제2 대신 '관리', 문제3 대신 '통제'와 같이 각자의 현장과 맥락에 맞는 점검요인으로 적용해 효과성을 높일 수 있습니다.

· 사명과 사업의 연계 ·

단위사업의 분석-5. 회고·성찰: KPTA

항목	내용
Keep	앞으로도 유지할 요소
Problem	문제로 봐야 할 요소
Try	개선을 위해 시도해 볼 사항
Action	구체적으로 실천해 볼 사항

KPTA 회고법은 흔히 애자일(agile) 업무방식 중 하나로 손꼽히는 도구입니다. agile은 신속하다는 뜻을 담고 있어 고객(이해관계자)들의 욕구를 업무에 수시로 신속하게 반영한다는 함의를 지닙니다. KPTA 회고법은 2000년대부터 애자일 커뮤니티에서 사용되던 기법으로 지금까지 전개해 온 모든 점검과정을 돌아볼 수 있는 성찰의 도구입니다. 분석내용은 적합했는지, 누락 요소는 없었는지 등을 살펴보며 점검의 시간을 가질 수 있습니다.

KPTA는 업무 프로세스 점검에 국한되지 않습니다. 조직과 사업의 전반을 회고할 때 모두 사용이 가능합니다. keep은 앞으로도 유지할 요소나 현재 만족스러운 요소, problem은 문제가 되는 요소와 개선이 필요한 요소, try는 앞 problem에 대한 해결 방향이나 개선을 위해 시도해 볼 사항, action은 이를 위해 구체적으로 실천해 볼 사항을 의미합니다. 현재까지 혁신과 협업을 중시하는 조직에서 흔히 사용됩니다.

개인에 초점을 맞춘 대표적인 회고법 5F도 활용도가 높습니다. 사건(fact), 느낌(feeling), 교훈(finding), 향후 계획(future action), 피드백(feedback)을 뜻하는 5F 회고법은 앞 KPTA에 비해 개별적인 사건을 중심으로 회고를 시도하기에 좋고, 개인적인 심정이나 교훈의 항목이 반영되어 몰입도가 높습니다. 혹은 4Ls 회고법도 유용합니다. 4L은 좋았던 점(liked), 부족했던 점(lacked), 배운 점(learned), 바라는 점(longed for)을 상징합니다. 참여형 워크숍 등 전사소통에서 모두 유용한 도구들입니다.

전략이란?

사업의 경쟁력 차원에서 전략이라는 용어가 자주 등장했습니다. 사전적으로 '어떤 목표를 성취하기 위한 최적의 방법'을 뜻합니다. 다시 말해 전략은 목적이나 목표 그 자체가 아니며, 그곳에 도달하기 위한 효과적인 방법, 방식, 수단, 접근 등을 의미한다고 볼 수 있습니다. 기업현장에서 전략은 '이기는 방법'으로 흔히 이해되곤 합니다.

영어권에서 전략(strategy)이란 그리스어 strategia에서 기인했으며 적을 속이는 술책을 뜻합니다. 한편 한자권에서 전략(戰略)은 남다른 의미가 있습니다. 전략의 전(戰)은 전쟁을 의미하나 략(略)은 독특한 뜻이 숨어있는데, 생략, 간략, 대략 등 '줄이거나 없애다'는 말입니다. 전장에서 승리를 위해 불필요한 요소를 제거하라는 뜻입니다. 무기의 유한성이 있는 군조직에 자원의 효율적 활용은 중요한 사안이었습니다. 현대사회의 조직도 자원이 유한합니다. 자원의 효율적 사용은 곧 선택과 집중을 일컫습니다. 전략적 사고란 불필요한 요소가 무엇인지 판별하는 능력이므로, 우선순위를 결정하는 판단력으로 이해할 수 있습니다. 비전체계를 뜻하는 원어 strategic plan도 체계 안에 전략이 포함되었다는 뜻이 아닙니다. 전략적으로 구성된 체계라서 붙여진 이름입니다.

·사명과 사업의 연계·

🟦 사업기획서의 작성

사업개요	과업개요	
	제기배경	
	목적·목표	
추진계획	프로그램	
	일정 및 인력계획	
기대효과	사업 결과·성과	
	결과물 및 보고방식	
예산계획	예산 및 지출계획	

사업이란 누군가의 pain point를 happy point로 만드는 과정입니다. 사람들이 느끼는 고통과 결핍에 주목하여 문제를 정의하지 않는다면 개선은 불가능할 것입니다. 이를 현실화하기 위해 조직에 대한 이해와 사업에 대한 분석, 그리고 조직과 사업의 연결이 필요합니다. 그 원활한 실천을 가능하게 만드는 기획서의 형식과 구조에 대해 살펴보겠습니다.

보통의 기획서는 인과적 개연성 위에 구성되어 있으므로 위 표에 따라 다음의 해석이 가능합니다. 과업의 개요는 개괄적 내용을 말합니다. 제기배경은 이 사업을 시작하게 된 취지와 개선하고자 하는 문제의 정의, 그것의 근거인 환경분석의 결과를 의미합니다. 이때 앞서 제공되었던 분석 도구들을 선택적으로 사용해 기획서에 담을 수 있을 것입니다.

목적과 목표는 문제해결을 어디까지 할 것인지에 대한 지향점을 제시합니다. 대개 목적이란 정성적인 지향점을, 목표란 정량적인 지향점을 의미하는 경우가 평균적입니다. 추진계획은 실무적인 추진사항에 대한 내용입니다. 실제적인 방법론, 프로그램이나 서비스, 일정과 인력계획 등이 해당합니다. 기대효과는 사업의 결과와 성과를 의미하며, 구체적으로 평가측정에 대한 계획이 담기는 경우가 있습니다. 기획서의 끝은 보통 예산계획으로 마무리되며 조직마다 약간씩 상이한 구조로 펼쳐집니다.

기획서, 계획서, 보고서의 강조점

조직마다 기획서의 양식은 세부적으로 조금씩 다른 형식으로 나타납니다. 기획서의 구성원리는 이러한 형식의 차이 이면에 존재하는 보편적인 질서에 대한 이해를 중시합니다. 기획을 잘하려면 좋은 양식을 따라하는 것에서 그치지 말고 사고의 힘을 기르는데 경주해야 합니다. 분석도구는 사용자의 역량과 실력에 따라 전혀 판이한 활용범위와 활용결과를 나타내기 때문입니다.

·사명과 사업의 연계·

III
이해관계자와 거버넌스

"견고한 요새도 사람의 화합에는 미치지 못한다"

맹자

이해관계자와 조직

이해관계자 구조화

이해관계자 경영

◈ 비영리조직의 주인

오늘 갑자기 우리 조직이 사라진다면 어떤 일이 발생할까요? 꽤나 뜬
금없는 질문이지만 존재이유가 남다른 조직이라면 한 번쯤 상상해보는
일도 나쁘지 않을 것입니다. 가령 재정이 악화되어 폐업을 결정할 수도
있고, 재난으로 인해 운영이 불가한 상황을 상상해 볼 수 있습니다. 혹은
외계인의 침공으로 하루아침에 조직이 깨끗이 사라질 수도 있지 않을까
요. 조직이 갑자기 사라진다면 아쉬워할 사람은 누굴까요? 함께 떠올려
보겠습니다.

기업이라면 경영진과 주주들의 아쉬움이 가장 클 것입니다. 그리고 소비자나 거래처도 안타까워할 것입니다. 기업현장이라면 어느 기업이나 아쉬워할 그룹은 고정적인 구조를 보입니다. 경영진, 주주, 소비자 등이 그들입니다. 그렇다면 비영리조직이 사라진다고 했을 때 과연 누가 아쉬워할까요? 기업현장과 같이 어느 비영리조직이나 비슷한 양상으로 나타날까요? 아니면 규모가 기업보다 작을테니 아쉬워할 사람도 더 적을까요?

　비영리조직은 사람들의 관여로 성립되는 집단입니다. 시민단체라면 회원이라는 대의원이 있고, 자원봉사단체라면 자원봉사자가 있고, 조합이라면 조합원이 있습니다. 국제개발NGO나 구호단체라면 국경과 지역을 건널 때마다 거드는 손길이 존재할 것입니다. 기업현장과 달리 공익의 현장은 조직과 실천현장마다 그 독특성이 다르게 나타나는 것이 보통이지만 하나로 이해할 수 있는 구조적 특성도 있습니다. 프로그램과 서비스를 이용하는 이용자나 수혜자, 현물과 현금을 기부하는 후원자, 의사결정을 담당하는 이사회나 운영위원회, 무엇보다 사무국에서 근로자의 정체성을 가지는 상근자, 나아가 지역에서 함께 해왔던 협의체나 네트워크 등의 공통된 관계자들이 항상 조직의 주변부에 포진하고 있다는 구조입니다.

　문서를 통하지 않은 묵시적 관계까지 포함하면 범위가 더욱 넓어지는 이 사람들을 과연 무엇으로 묘사할 수 있을까요. 하나로 단정할 수 없는 이 각양각색의 집단은 거래관계, 투자관계 혹은 고용관계로만 단순화할 수 없는 저마다의 독특하고 이질적인 개성이 발견됩니다. 이러한 관계의 공통점은 이익을 중심으로 모인 사람들, 혹은 이익으로 성립된 관계가 아니라는 점입니다. 그렇다면 이들을 묶어서 한 번에 부르려 할 때 어떤 용어가 적당할까요. 이해관계자의 개념과 속성에 대해 알아보는 시간입니다.

　・이해관계자와 조직・

조직의 두 기둥

Chairman   President

　Chairman(chairperson)과 President는 둘 다 '장(長)'을 뜻하는 단어입니다. 그런데 두 단어의 큰 차이가 있다는 사실은 잘 알려지지 않았습니다. 이해관계자의 개념 이해를 위해 조직의 두 기둥이라 불리는 체어맨과 프레지던트의 프레임을 고찰해보고자 합니다. 조직의 구조를 입체적으로 조망하는 시간입니다.

　사회를 구성하는 국가(정부), 시장(기업), 시민사회(비영리)의 각 영역에 모두 체어맨과 프레지던트가 존재합니다. 먼저 정부조직입니다. 정부조직의 체어맨은 누구일까요. 바로 의회의 의장입니다. 의회는 국가(정부조직)의 주인인 국민의 대리자인 의원들이 모여 의사결정을 하는 입법기관입니다. 종종 이해관계가 대립해 갈등을 빚는 곳이기도 합니다. 이때 의장은 책임 있는 의사결정을 위해 의사진행을 하고 의사조정을 합니다. 의장이란, 의사결정이라는 역할을 가진 사람이자 체어맨에 해당합니다. 국가(정부조직)의 나아갈 방향이 결정되었다면 누군가 책임 있게 국정을 운영하고 행정을 추진해야 합니다. 이를 주관하는 사람이 바로 대통령, 즉 프레지던트입니다. 체어맨은 의사결정, 프레지던트는 경영과 운영에 중심되는 역할을 담당합니다.

다음은 시장의 영역입니다. 기업의 대표적인 법인격 주식회사를 상상해봅니다. 주식회사의 주인은 주주입니다. 주주들이 의사결정을 위해 결집한 집회를 주주총회라 합니다. 역시나 이해관계가 첨예하게 대립하므로 누군가 의사진행을 하고 의사조정을 하여 의사결정을 해야 합니다. 바로 주주총회의 의장입니다. 급변하는 업황 속에서 1년의 한번 주주총회는 기업의 경쟁력을 뒤처지게 만들기에 기업도 주주의 대리자를 선출했습니다. 선출된 이들은 상시적인 의사결정의 역할을 합니다. 이는 주식회사의 이사회입니다.

이사회도 의사결정이 주된 역할이라 이를 책임질 역할 이사회 의장(회장)이 필요합니다. 즉 주주총회의 의장과 이사회의 의장 모두 의사결정의 역할이 특징적인 정체성이며 모두 체어맨에 해당합니다. 기업조직의 방향이 결정되었다면 누군가 책임 있게 경영하고 운영할 사람이 필요합니다. 바로 대표의 역할입니다. 또 다른 말로 '월급사장', 미국에서는 CEO에 해당합니다. 만일 주식을 보유했다면 대표이사입니다. 기업조직 역시 체어맨은 의사결정, 프레지던트는 경영·운영에 주된 역할이 있습니다. 기업 현장에서 체어맨은 고용된 사람도 아니고 고정된 급여도 받지 않습니다. 한편 프레지던트는 고용된 신분으로 고정된 급여를 받습니다. 회사에 관계된 사람 가운데, 돈 안 받는 사람 중 가장 '높은 사람'을 체어맨, 돈 받는 사람 중 가장 '높은 사람'을 프레지던트라 표현하는 것도 가능합니다.

단어의 어원

Chairman: 큰 의자(chair)에 앉아서 진행하고 결정하는 자

President: 회의를 주관(preside)하고 솔선수범(pre-)하는 자

· 이해관계자와 조직 ·

◆ 두 기둥의 교집합

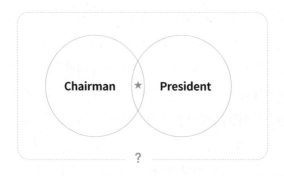

그렇다면 비영리조직은 어떨까요? 비영리조직의 대표적인 법인격 사단법인을 떠올려봅니다. 사단법인의 주인은 회원(대의원)입니다. 기업과 마찬가지로 1년에 한 번 회원총회를 개최하여 최종 사안에 대해 인준합니다. 이때 의사결정에 대한 주요 역할을 하는 사람은 총회의 의장이 됩니다. 회원들의 의사결정을 더 상시적으로 할 수 있도록 사단법인 역시 대리자를 선출하여 이사회를 구성합니다. 이사회에서 다루어지는 안건의 책임 있는 결정을 위해 주요한 역할을 하는 사람, 바로 이사장입니다. 총회의 의장이나 이사회의 이사장 모두 체어맨에 해당합니다.

조직의 사안들이 결정되었다면 이제 누군가 집행하고 운영해야 합니다. 바로 사단법인의 대표, 프레지던트입니다. 앞서 소개되었던 정부조직, 기업조직과 마찬가지로 체어맨은 주로 의사결정, 프레지던트는 주로 경영, 운영, 실행에 근본적인 역할이 있습니다. 기업과 유사한 측면이라면 사단법인의 체어맨 역시 고용관계가 아니라는 점, 반면 프레지던트는 고용관계라는 점입니다.

기업과 마찬가지로 조직에 관계된 모든 사람 가운데, 돈 안 받는 사람 중 가장 '높은 사람'을 체어맨, 돈 받는 사람 중 가장 '높은 사람'을 프레지던트로 이해할 수도 있겠습니다.

조직이란 결정하는 사람들만 모여있어서는 안 됩니다. 그렇다고 책임 있는 결정을 서로 미루며 실행만 꾀하는 것도 정상은 아닙니다. 체어맨 그룹과 프레지던트 그룹이 서로 파트너십을 이룰 때 조직이라는 거대한 배가 움직이는 원리는 '결정력'과 '실행력'의 협업이라 요약할 수 있습니다. 이 두 그룹의 파트너십이 긴밀하다면 순항할 것이고 그렇지 않다면 방향성을 잃게 될 것입니다. 그렇다면 이 두 그룹을 하나로 묶을 수 있는 공통요인은 무엇이어야 할까요. 신분도 다르고, 역할도 다르고, 참여방식도 다르고, 욕구도 다를 수 있지만, 이질적인 두 개의 그룹이 조직이라는 범주 안에서 유일하게 합의할 수 있는 공감대는 바로 조직의 미션·비전과 같은 거대담론입니다.

비영리조직의 체어맨 그룹은 남다른 의미를 가집니다. 기업의 체어맨 그룹이 '투자자'의 정체성을 가지며 투자이익을 기대하는 집단이라면 비영리조직의 체어맨 그룹은 투자자가 아니므로 이익을 기대하지 않습니다. 이들은 보수나 대가를 받지 않고도 조직을 위해 자신의 시간과 재능을 기여하며 의사결정에 관여합니다. 이런 면에서 이들은 '봉사자'의 정체성을 지닙니다. 이사회, 운영위원회, 전문위원회, 자문위원회, 평가단, 봉사단, 회원 등 각자의 역할과 호칭은 제각기 다름에도 공통점이 있다면 '무급활동가'라는 점입니다. 누구든지 특별한 대가를 바라지 않고 활동한다면 그 이유는 어떠한 가치에 공감하기 때문일 것입니다. 자원봉사자가 자발적인 공익활동을 수행하는 본질적 속성입니다.

· 이해관계자와 조직 ·

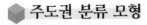 **주도권 분류 모형**

	president 조직	chairman 조직	partnership 조직
동력	사무국	이사회	조직문화
중심점	경영진 중심	이사진 중심	파트너십 중심
언어	실무적	위계적	협력적

애드가 스토에즈, 김경수 옮김. 2020. 좋은 일을 멋지게, 멋진 일을 바르게, 누림북스. 재구성.

어느 조직이나 이해관계자가 있지만 그 성향은 저마다 다릅니다. 앞장에서 제시한 프레임에 의해 이를 판단해보면 다음과 같이 세 가지 형태로 나누어 볼 수 있습니다. 프레지던트가 주도하는 조직인가, 체어맨이 주도하는 조직인가, 아니면 둘의 파트너십이 주도하는 조직인가입니다. 이 주도성의 무게중심에 따라 조직의 운영방식과 조직문화가 달라집니다.

프레지던트 조직은 사무국이 주도하는 조직에 비유할 수 있습니다. 기업이라면 경영진 중심 모델에 비유됩니다. 사무국이 주도하는 조직은 대부분 업무와 관계된 긴요한 의사결정을 사무국에서 처리합니다. 유능하고 추진력이 강한 사무국의 동력은 때로 이사회를 형식화합니다. 이런 측면에서 조직의 두 기둥인 프레지던트 그룹(혹은 사무국)과 체어맨 그룹(혹은 이사회)의 관계는 실무적 차원의 대화가 많습니다. 사무국은 자신들이 판단한 결정에 이사회가 동조해주기를 바라며, 때로는 이사회가 걸림돌로 작용하지 않기를 바랍니다. 이사회는 사무국의 역할에 대해 지지하는 입장을 표명함으로써 이사회의 역할을 대신하는 경우가 많습니다.

체어맨 조직은 이사회가 주도하는 조직에 비유할 수 있습니다. 조직의 창립 전부터 이사회가 주도하여 조직을 발족하고 사무국을 설치하는 경우입니다. 이사회의 힘이 막강하니 사무국은 이따금 이사회의 추진력을 뒷받침해주는 역할에 그칠 수 있습니다. 수동적 사무국의 이 조직은 두 기둥의 관계를 위계적으로 만듭니다. 이사회는 마치 사무국의 상관처럼 위치하며 사무국은 이사회의 하부조직으로 비춰집니다. 사무국에서 처리해야 하는 일거리를 사무국 스스로 처리하지 못하고 이사회의 결정과 승인을 기다리며 시간을 보내는 일도 발생합니다.

파트너십 조직은 두 기둥이 서로 협력하는 조직입니다. 사무국과 이사회는 협력적이고 협조적인 팀워크를 유지합니다. 두 그룹의 업무분장은 규칙과 계약 위에 존재하지 않습니다. 자연스러운 협업문화 속에서 자리 잡힌 조직의 습관에 속합니다. 둘의 관계는 수직적이라기보다 수평적 파트너십에 가깝습니다. 각자의 영역은 권한이나 부담이 아니라 온전히 역할과 책임으로써 비유됩니다. 이 파트너십은 위계가 아니라 관계로 설명되며, 권한이 아니라 역할로 규정됩니다.

조직의 모양새는 실로 가지각색입니다. 사무국이 주도하든, 이사회가 주도하든, 협력의 힘이 주도하든 정답을 정하기란 곤란합니다. 어느 조직이나 처한 상황은 특수한 것이며 똑같은 상황이란 존재하지 않습니다. 누가 주도하든 주도하는 자가 책임지는 조직문화가 정착되어 있다면 웬만한 문제나 갈등상황은 생기지 않을 것입니다. 앞서 분류된 세 개의 모형 중 좋은 모형이 무엇인지, 나쁜 모형이 무엇인지 판단하는 일은 그다지 중요하지 않습니다. 어떠한 모형이든 건강한 방식으로 운영되고 있는지, 건강하지 않은 방식으로 운영되고 있는지 살펴보는 일이 더 건설적일 것입니다.

· 이해관계자와 조직 ·

기부자 피라미드

Donor engagement pyramid

앞에서 이해한 이해관계자를 모금 모델에 대입해 보며 이해관계자의 특성을 한 번 더 살펴보겠습니다. 모금(fund-raising) 캠페인을 종료한 후 금액별로 재정렬하면 그 결과가 피라미드 형태로 시각화된다는 이론이 donor engagement pyramid(기부자 참여 피라미드 모형)입니다. 피라미드의 아래쪽에는 다수의 소액기부자가 위치합니다. 피라미드의 위쪽으로 갈수록 기부금액은 커지며 기부자의 수는 줄어듭니다. 피라미드의 맨 꼭대기에는 소수의 고액기부자가 위치합니다. 그렇다면 이 기관이 모금목표액을 달성하기 위한 가장 효과적인 전략은 무엇이 되어야 할까요?

피라미드 모형에 의하면 소액기부자 확보보다 소수의 고액기부자를 선확보하는 전략입니다. 고액기부금은 여타 중소액 기부자의 참여를 활성화하는 파급력이 있기 때문입니다. 다른 기부금에 영향을 주는 캠페인 초반의 고액기부금을 major gift라 부르는 이유입니다. major의 어원은 1300년대 라틴어 magios에 기인합니다. major는 양적으로 크다는 의미도 있지만 본래 영향력 내지 리더십을 상징하는 단어였습니다. 따라서 major gift란 고액의 기부금액을 뜻하는 동시에 여타의 기금을 끌어당기며 리드하는 선도적 기금(lead gift)을 의미합니다.

이제 캠페인이 종료되었다고 가정합니다. 이 기관이 다음 해에 모금액을 상향하려면 어떻게 해야 할까요. 쉽게 말해 피라미드 아래쪽에 위치한 다수의 소액기부자를 피라미드의 위쪽으로 견인하면 됩니다. 그렇다면 모금액은 전년보다 증액될 것입니다. 그런데 문제가 있습니다. 소액기부자들에게 위쪽으로 올라오라며 강요를 할 수 없다는 점입니다. 그러면 모금기관은 이 상황을 어떻게 개선할 수 있을까요? 대안은 하나입니다. 소액기부자들에게 의사결정의 '경험'을 제공하는 일입니다. 의사결정 과정에 참여하는(engage) 체험은 기부자들로 하여금 자신이 그저 기금 제공자에 그친다는 고정관념을 벗어나게 만듭니다. 사명성취에 기여하는 적극적 참여자로 전환되는 정체성의 변화를 실감하기 때문입니다. 이러한 경험을 통한 조직몰입은 세상에서 가장 선한 넛지(nudge)일 것입니다.

우리사회 다수의 모금기관들이 기부자에 대한 예우와 보답을 고민하고 있습니다. 이를 위해 수많은 예우방안이 검토되고 또 실행되고 있습니다. 감사패나 명예만큼이나 소중하고 뜻깊은 것이 있다면 조직의 의사결정 과정에 참여하는 값진 경험일 것입니다. 기부자는 밑 빠진 독에 기금을 대주는 사람이 아닙니다. 자신이 공감하는 사회문제의 해결을 위해 기금으로 참여하는 이해관계자입니다. 피라미드의 맨 상단에서 의사결정에 관한 봉사활동을 수행하는 이해관계자 그룹이 이사회라는 해석은 비영리조직의 운영구조적 성격을 예리하게 꿰뚫어 보는 유려한 통찰에 속합니다.

· 이해관계자와 조직 ·

🔷 이해관계자가 만드는 거대한 변화

John Kania & Mark Kramer, 2011, Collective Impact, Stanford Social Innovation Review

Stanford Social Innovation Review(SSIR)의 역사상 가장 높은 조회수를 기록한 아티클은 Kania와 Kramer의 콜렉티브 임팩트(collective impact)라는 글입니다. '집합적인 파급력'으로 번역가능한 콜렉티브 임팩트는 각양각색의 주체들이 특정한 공동 아젠다를 해결하기 위해 함께 노력하는 과정이라 할 수 있습니다. 콜렉티브 임팩트에 대한 정의와 조건을 처음으로 제시했던 이 글은 시간이 흐를수록 그 의의가 더욱 부각되고 있습니다.

과거 사회문제는 단순했지만 복잡하게(complexity) 변하며 더욱 복합적(complication)인 성격으로 변환하고 있습니다. 개별 주체 하나의 힘으로는 더이상 사회문제를 온전히 해결할 수 없다는 뜻이기도 합니다. 복합적 성격의 사회문제란 기본적으로 다차원의 자원과 긴 시간을 동반합니다. 콜렉티브 임팩트를 근시안적인 트렌드로 이해할 수 없는 이유입니다.

기업의 ESG를 필두로 지속가능경영, 이해관계자경영, 책임경영, 윤리경영 등이 사회적으로 강조되면서 콜렉티브 임팩트가 재조명을 받는 중입니다. 기업이 사회적 책임을 다하려면 과거 주주 중심의 경영에서 탈피하여 이해관계자 중심의 경영으로 이동해야 한다는 뜻과 같습니다. 주주 중심 자본주의의 상징이었던 미국의 기업조차 이해관계자 자본주의라는 거대한 변화를 마주하고 있습니다. 해당 글에서 제시한 콜렉티브 임팩트의 요건을 살펴봅니다.

콜렉티브 임팩트 요건

① Common Agenda: 해결하고자 하는 문제에 대한 공통 이해와 비전
② Shared Measurement: 사전에 합의된 평가측정 체계와 지표
③ Mutually Reinforcing Activities: 서로를 강화하고 보완하는 활동
④ Continuous Communication: 신뢰 구축을 위한 상호 지속적인 의사소통
⑤ Backbone Support: 참여주체를 조율하고 지원하는 핵심적인 운영 기관

비영리성이 강한 조직일수록 여타 조직보다 열악한 환경에 처해있어 이해관계자의 참여가 단순한 참여 이상의 의미를 가지게 됩니다. 단순참여자가 문제해결의 주도자로 변환되는 과정은 한순간에 되지 않으며 시행착오와 불가분의 관계입니다. 미국의 경제학자 Schmitz는 콜렉티브 임팩트의 무수한 사례를 조사하며 신중할 것을 지적했습니다. 만일 이해관계자를 제대로 구조화하지 않거나, 정보를 충분히 공유하지 않은 채 전략을 수정하거나, 과정상의 투명성을 간과하거나, 정치의 간섭을 쉽사리 용인한다면 콜렉티브 임팩트는 결국 실패로 끝나기 쉽다는 경고입니다.

· 이해관계자와 조직 ·

🔷 이해관계자 참여의 효용성

자원조달의 용이함과 효과적 관리

리스크 완화, 잠재적 장애물 제거

체계적 소통으로 효율적 의사전달

공정하고 객관적인 의사결정 가능

갈등 완화, 신뢰감 및 몰입도 상승

광범위한 관심 유도와 기대감 상승

　이해관계자가 참여할 때 조직은 효용성을 누립니다. 우선 자원의 조달이 용이합니다. 다양한 사람들의 견해를 청취하기에 리스크를 완화할 수도 있습니다. 유사한 맥락에서, 전사적인 메시지를 구조화된 이해관계자들에게 차근차근 제공함으로써 더 체계적이고 전략적인 의사전달을 가능케 합니다. 마찬가지로 공정하고 객관적인 의사결정이 가능해져 갈등은 완화되고 조직의 신뢰도는 향상됩니다. 또한 (지역)사회에서의 고립을 방지하는 효과도 있습니다. 이렇듯 비영리조직의 이해관계자는 예상보다 더 많은 의미를 지닌 주체들입니다. 지금까지 살펴본 것을 정리해보면 비영리조직의 이해관계자가 누구이고, 그 존재가 어떠한 속성이 있으며 어떠한 역할을 하는지에 대한 다각도의 접근을 통해 의미를 톺아본 과정이라 할 수 있습니다. 남은 질문은 '과연 비영리조직의 오너십은 누구에게 있는가'라는 근본적인 물음에 관한 것입니다.

　모든 피조물은 주인이 있습니다. 국가(정부)조직의 주인은 국민입니다.

기업조직의 주인은 주주입니다. 그렇다면 비영리조직의 주인은 누구일까요. 주인 없는 조직이라 결론을 내린다면 조직엔 방임과 방종이 넘쳐나게 될 것입니다. 비영리조직은 주인(owner)이 없지만 주인정신(ownership)을 느끼는 사람들이 많습니다. 소유의 역할은 아니지만 대표성을 가지고 책임을 다하는 역할입니다.

비영리조직의 주인을 상상할 때 조직에 대한 소유권을 가진 사람들인지 여부로만 판단한다면 비영리조직에 대한 몰이해적 접근입니다. 이른바 '주인(owner) 없는 조직'은 소유권 여부로는 결코 해석되지 않는 측면이 있습니다. 이러한 조직은 조직에 대한 주인정신을 감당하는 사람들이 누구인가의 관점으로 바라보아야 바람직합니다. 이윤을 추구하지 않는 조직의 주인이 이해관계자라는 명제는 이러한 측면에서 기업과 현격한 차이를 보입니다.

이해관계자에 대한 가장 친숙한 설명은 '조직에 영향을 받고 동시에 조직에 영향을 주는 사람들'입니다(Freeman). '영향'의 속성이 무엇인지에 따라 조직이 이해관계자를 바라보는 시선과 온도는 달라집니다. 비영리의 맥락에서 이해관계자란 조직을 소유하거나 지배하는 사람들이 아닙니다. 조직에 대한 책무를 감당하는 사람들에 가깝습니다. 물론 리더십으로서의 이해관계자를 뜻하는 이사회는 영리나 비영리 모두 지배구조(dominant coalition)로 풀이할 수도 있겠으나 비영리 맥락에서 '지배'가 곧 '소유'를 뜻하는 것은 아닙니다. 이해관계자를 독해하는 이러한 개념정의는 기업처럼 조직의 주인이 누구인지 그 대상을 특정하는 방식과 달라 특정하기 어려운 모호성을 내포합니다. 이 모호성은 조직마다 이해관계자의 정의와 범위가 왜 다르게 나타나는지 납득할 수 있는 근거입니다. 이제 모호함을 구체화하는 방법에 대해 알아볼 차례입니다.

· 이해관계자와 조직 ·

III

이해관계자와
거버넌스

이해관계자와 조직

이해관계자 구조화

이해관계자 경영

🧊 오너십의 속성

	영리조직	비영리조직
주요 대상인	소비자	이용자
오너십 특성	특정됨(소유)	분산됨(책무)
오너십 주체	stockholder	stakeholder
참여 판단	이익(가성비)	유익(가심비)

　앞 장에서 이해관계자에 대한 원론적 개념을 살펴봤다면 이제 이해관계자를 구조화해보는 시간입니다. 영리조직(기업)과 비영리조직의 오너십부터 살펴보겠습니다. 영리조직(기업)의 대상인은 소비자로, 상품, 서비스를 구매하는 거래적 관계자입니다. 비영리조직의 대상인은 이용자입니다. 이용자란 상품이나 서비스를 이용하는 주체에 해당하면서도 거래적 관계로만 묘사하기엔 충분치 않습니다. 비영리조직의 상품, 서비스를 선택할 때는 금전적 값어치를 가늠하는 가성비적 접근보다 의미와 가치에 대한 공감여부, 즉 가심비를 판단하게 됩니다.

　비영리조직의 이용자를 기업의 소비자와 유사한 성격으로 동일시하기엔 더 복합적인 요소가 있음을 인지해야 합니다. 기업의 오너십은 특정되어 있습니다. 주식을 획득한 주주가 대표적입니다. 반면 비영리조직의 오너십은 특정되지 않으며 이해관계자라는 그룹으로 분산되어 있다는 특유성이 있습니다. 전자의 참여 목적은 이윤이며, 후자는 가치의 획득이 목적이라 볼 수 있겠습니다. 전자가 이익(profit)을, 후자가 유익(benefit)을 추구한다는 해설도 가능합니다.

영리와 비영리의 거버넌스 비교

	영리조직	비영리조직
거버넌스 속성	지배적·소유적	책임적·협력적
거버넌스 지향점	이익·보상	참여·자치

　주주는 stockholder입니다. 한편 이해관계자는 stakeholder입니다. 둘 다 무언가를 보유한 사람들(holder)이라는 뜻은 공통점입니다. 주주는 stock을 보유한 사람이고 이해관계자는 stake를 보유한 사람인데, 두 단어를 구분 짓는 기준이 무엇일지 알 필요가 있습니다. stock이나 stake는 둘 다 어떤 소유권과 영향력을 의미하면서도 유래가 다릅니다. stock은 통나무 둥치를 말하는데 이것을 쌓으면 재산 혹은 재고가 됩니다. 이것에서 비롯된 stock은 현대사회에서 주식이나 증권을 의미하게 되었습니다. stake는 통나무를 쪼개서 땅에 박아놓은 말뚝을 말합니다. 이는 자신의 소유권을 주장하는 하나의 상징이자 법적인 보장과는 무관한 임의적 영향력을 상징합니다. 이러한 개념적 토대는 현대사회에서 stake를 지분 및 지분의식으로 여기게 되는 계기로 작용했습니다.

　stock, stake 모두 소유, 영향, 지분 등을 의미합니다. 다만 stock은 증권처럼 확인가능한 소유권을 나타내고, stake는 가시적 확인이 불가한 소유권을 나타낸다는 차이점이 있습니다. 나아가 stock은 문서의 계약, 사회적 제도, 소유권과 지배구조에 가까운 개념이고, stake는 개인적 관계, 도의적 계약, 관계성과 영향력에 가까운 개념이라 할 수 있습니다. 이렇듯 stake의 개념은 지분의식, 혹은 주인의식이라는 주관적인 개념을 의미합니다. 이해관계자를 왜 구조화하여 관리해야 하는지 이해할 수 있는 대목입니다.

· 이해관계자 구조화 ·

● 이해관계자의 구조화

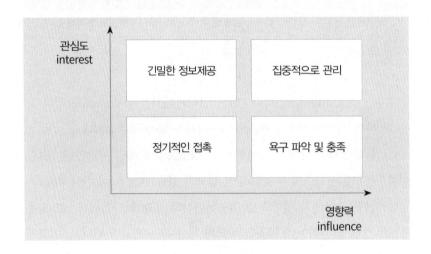

　이해관계자를 구조화하는 가장 간단한 방법은 관심도와 영향력을 기준으로 4분면의 매트릭스를 그려보는 일입니다. 이를 통해 조직을 둘러싼 이해관계자를 원론적으로 식별한 후, 각 이해관계자의 역할과 성향을 파악할 수 있습니다. 관심도란 '조직에 관심이 있는 그룹'을 뜻하고, 영향력이란 '조직에 영향을 주는 그룹'을 뜻합니다.

　관심도와 영향력 모두 높은 그룹은 긴요하게 관리해야 하는 가장 근거리의 그룹입니다. 이 그룹은 조직과 이해관계자 모두 서로 교류하는 내용과 횟수가 여타 그룹에 비해 많은 편이고, 그만큼 강한 공감대, 공유된 가치 위에 맺어진 협력자입니다. 만일 관심도는 높지만 영향력이 작다면 긴밀하게 정보를 제공해야 합니다. 조직에 대한 관심도가 높아 참여의지와 기대치가 높은 반면 제공받는 정보가 미흡하여 조직의 안쪽으로 더 진입하지 못하는 그룹입니다. 관심도가 낮으나 영향력이 높은 그룹은 욕구 파악을 통해 부족함이 없도록 신경써야 하는 그룹입니다. 이 그룹은 영향력이 높음에도 아직 조직에 대해 잘 알지 못하거나 관심이 없는 상태로 볼 수 있으므로 그들을 더 이해하고 학습하며 조직과의 공감대를 개발해야 합니다. 끝으로 관심도와 영향력 모두가 낮은 그룹은 정기적인 접촉을 해야 하는 그룹입니다. 당장의 유익은 없더라도 라포를 유지하며 긴 호흡으로 관계의 끈을 이어갈 필요가 있습니다.

이보다 더 쉬운 이해관계자의 분석은 아래 그림처럼 이해관계자의 지형을 그려보는 것입니다. '조직이 사라질 때 아쉬워할 그룹'을 아쉬워할 순서대로 원의 내부부터 차례대로 그려봅니다. 이익과 가성비로 참여 여부를 결정하는 기업의 소비자와 달리 공익적 조직의 이해관계자는 가치의 공감대와 가심비에 의해 참여 여부를 결정하므로 조직이 사라질 때 반드시 아쉬움이라는 감정적 충격을 받게 됩니다.

C자원봉사기관 이해관계자 맵핑 예시

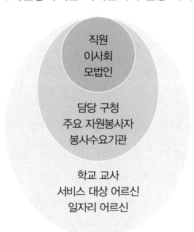

직원
이사회
모법인

담당 구청
주요 자원봉사자
봉사수요기관

학교 교사
서비스 대상 어르신
일자리 어르신

· 이해관계자 구조화 ·

🧊 이해관계자 세분화

1차 분류	2차 분류		영향력	관심도	공감도
직접 이해관계자	내부	상근자	○	○	○
		이사회·운영위	○	○	○
		이용자·수혜자	△	○	○
		모법인	○	△	○
		후원자	○	△	○
		봉사자	○	△	△
	외부	주무부처	○	△	△
		협력체·네트워크	△	△	△
		파트너기관	△	△	△
		자문·전문가그룹	△	△	×
간접 이해관계자		(지역)언론	○	△	×
		유관기관	×	△	△
		(지역)사회	△	△	×
		(지역)기업	△	△	×
		기타	–	–	–

앞선 방식보다 더 디테일한 구조화를 바란다면 이해관계자를 위 표와 같이 세분화할 수 있습니다. 1차 분류를 직접적 이해관계자와 간접적 이해관계자로 분류하고 2차 분류에서 내부와 외부로 세분화합니다. 조직마다 이해관계자의 종류, 개수, 범위 등 몇 개의 변수가 작동하기에 표에서 보이는 것과 꼭 닮은 모습은 아닐 수 있습니다. 조직의 이해관계자를 바

라보는 구성원들의 기준과 시선도 제각각입니다. 누군가는 중요하게 생각했던 그룹이 누군가에게는 그렇지 않은 존재로 여겨지기도 합니다. 이러한 상황은 왜 조직이 이해관계자의 표준지도를 합의도출해야 하는지 말하고 있습니다.

기업의 이해관계자는 관심도와 영향력을 지표로 설정하여 직접 이해관계자, 간접 이해관계자, 공통 이해관계자 등으로 분류가 간명합니다. 이 분류는 여느 기업이나 유사한 양상으로 펼쳐지기 마련입니다. 그에 비해 사회적 가치를 추구하는 공익적 조직의 이해관계자는 기업과 달리 고정적인 개념이 아닌 가변적인 개념입니다. 비영리조직의 이해관계자는 조직마다 기준과 범위에 상이함이 있습니다. 조직에 관여하는 행위 자체가 개인의 삶과 직결되는 의미깊은 행위로 이해되는 독특성 때문입니다. 참여를 통해 이득이 예상돼도 자신의 가치관과 맞지 않는다면 참여를 주저하는 속성은 비영리조직의 이해관계자만이 가진 독특한 면이라 할 수 있습니다. 이에 '가치에 대한 공감도'를 지표로 추가한다면 이와 같은 속성을 반영할 수 있을 것입니다.

조직의 고유성, 정체성에 따라 관심도, 영향력, 공감도와 같은 변수를 설정하여 관계된 그룹을 이해관계자의 지도로 만들어내는 작업은 전략적인 경영에 속하는 행위입니다. 이해관계자는 조직의 실체적인 지지그룹이자 거대한 공동체이며 넓은 의미에서의 파트너들입니다. 표 상층에 위치한 핵심이해관계자부터 아래 쪽에 위치한 확장된 이해관계자별로 소통의 주제와 내용, 제공 정보의 수준, 공유가치의 깊이 등을 달리할 때 전략적 소통과 전략적 관리가 가능해집니다.

·이해관계자 구조화·

이해관계자 구조화 사례

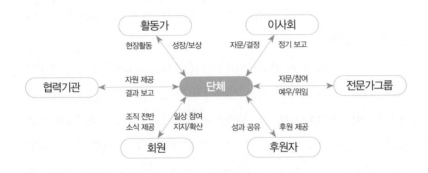

이해관계자 구조화를 통해 생산할 수 있는 최종적인 결과물은 이해관계자의 지도(stakeholder map)입니다. 이해관계자 지도는 이해관계자 구조를 시각화한 결과입니다. 이를 통해 조직을 둘러싼 이해관계자와의 관계성을 시각적으로 규명할 수 있어 조직이 기대하는 파트너십을 건설적으로 만들어갈 수 있습니다.

조직의 이해관계자는 다양합니다. 의지에 따라 더 광범위한 이해관계자를 개발할 수도 있습니다. 그렇다고 막연하게 이해관계자를 확장하는 일이 능사는 아닙니다. 이해관계자를 구조화하려는 목적은 조직이 처한 열악한 환경을 극복하여 목적하는 바를 성취하고자 하는 전략적 차원의 일입니다. 이해관계자와의 협력은 지속적인 교류를 통해 강한 파트너십의 양상으로 발전합니다. 일부 조직은 이해관계자의 참여에 대한 보상이 미흡하다는 점을 우려하여 이해관계자와의 협력을 주저하기도 합니다.

그러나 실제 비영리조직에 관여하는 이해관계자들은 특별한 보상을 과도하게 기대하며 참여를 결정한 사람들이 아닙니다. 이해관계자들이 기대하는 보상은 세속적인 것과는 사뭇 다른 성격의 무언가입니다. 이익을 기대하며 가성비를 따져보는 소비자가 아니라 어떤 가치를 위해 유익과 가심비를 중시하는 사람들이 이해관계자라면 조직은 과감하게 이해관계자를 확장하는 것이 좋습니다. 비영리조직의 경영 방향은 이용자를 늘려가는 쪽이 아니라 이해관계자를 늘려가는 방향이어야 합니다. 이들은 눈앞의 상품과 당장의 서비스 이용만으로 그치지 않으며 훗날 성장한 리더가 되거나 충성도 높은 후원자로 변신할 수 있는 다중적 성격의 파트너이기 때문입니다.

미국 최대 기부플랫폼 Global Giving의 이해관계자 파트너십 안내서

· 이해관계자 구조화 ·

◆ 이해관계자 경영사례-1. ESG와 기업

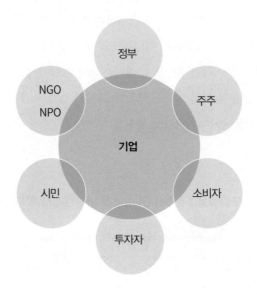

　최근 ESG(Environment, Social, Governance)의 바람은 갑자기 생겨난 일이 아닙니다. 1713년 최초로 지속가능성(sustainability)이라는 개념이 등장한 이후 이 개념이 구체화된 시점은 그로부터 200년이 훌쩍 지난 1987년 UN환경계획(UNEP)이었습니다. ESG라는 개념이 대두된 시점은 그로부터 몇 년 후인 1994년이입니다. UN글로벌콤팩트(UNGC)는 지속가능발전을 위한 구체적 실천방안을 선언했는데 이것이 현대사화에서 환경, 사회, 지배구조를 뜻하는 ESG의 정립된 개념으로 이해됩니다. 이어 UN책임투자원칙(UNPRI)은 2006년 ESG의 투자원칙을 채택하며 각국의 수많은 기업들이 ESG 준수를 통해 지속가능경영을 실천하도록 장려합니다.

2008년 리먼브라더스 파산으로부터 야기된 글로벌 금융위기는 국제
사회를 긴장하게 만들었고 이는 자본주의4.0 이행에 대한 논의를 촉발
합니다. 자본주의4.0이란 사회와 기업의 공동가치를 본격화한 담론으로
포용적 자본주의를 뜻합니다. 이어 2011년 Porter& Kramer가 주창한
CSV(creating shared value) 개념이 지구적 반향을 일으킵니다.

2019년 자본주의4.0의 담론은 이해관계자 자본주의(stakeholder
capitalism)라는 개념으로 구체화됩니다. 특히 2020년 창궐한 코로나는
주주자본주의의 한계를 넘어 이해관계자 자본주의로 이행해야 한다는 목
소리에 힘을 실었습니다. 다보스 세계경제포럼(WEF)은 ESG, 기업시민
정신(corporate citizenship) 등 이해관계자 자본주의 실천선언을 세부적인
아젠다로 천명하는 한편 세계 최대 투자기관으로 알려진 블랙록은 ESG
투자원칙을 수탁자 책임원칙(stewardship code)으로 제시하며 기업들을
압박하게 됩니다. 수탁자 책임원칙이란 기관투자자가 의결권으로 기업경
영에 관여하는 행위를 뜻합니다. 따라서 이러한 움직임은 상징성을 넘어
서는 실제 행동준칙의 강제적 성격을 갖고 있습니다.

기업의 사회적책임(CSR)이란 사회공헌이라는 명목상의 실천을 통해
서만 나타나는 가시적인 행동이 전부가 아닙니다. CSR은 기업이 사회
를 바라보는 관점의 문제이자 경영관의 이슈입니다. 기업의 사회적책임
은 지속가능한 사회를 위해 기업의 정체성도 변화해야 한다는 일종의 시
대적 사명입니다. 이렇듯, 모든 비즈니스의 가치사슬 속에서 실현되어야
하는 기업의 사회적책임은 이해관계자 자본주의 시대를 맞아 이해관계자
경영으로 환치되고 있으며, 이를 조망하는 구체적 프레임이 ESG라 할
수 있습니다(Robert Allen Philips).

이해관계자 경영사례-2. 애자일 선언

KEEP	PROBLEM	TRY
이번 프로젝트에서 계속 지켜야할 요소	이번 프로젝트에서 발생된 문제, 해결할 문제	문제해결과 개선을 위해 향후 시도할 사항

Story | To Do | Develop | Test | Feedback

최근 유행처럼 번지고 있는 업무방식은 '민첩하다'는 뜻의 애자일(agile)입니다. 애자일은 이해관계자 경영으로도 서술가능한 개념입니다. 1900년대 초반 생산공정의 분업화를 통해 생산성 혁명을 일으킨 포드주의는 이른바 하향식(waterfall) 프로세스의 대표적 사례입니다. 포드주의(Fordism)는 '사람들의 손발이 필요하지 머리는 필요치 않다'는 말로 요약됩니다. 이 방식은 무려 1990년대의 IBM까지 이어졌고 기업의 경영문화로 정착했습니다. 이러한 주류 경영기법 이면에는 심각한 주제들이 산적해 있었습니다.

모두가 위만 쳐다보며 어떠한 결정이 내려질지 기다리고만 있는 것입니다. 심지어 위에서 내린 지시를 각자 다르게 해석하는 어이없는 상황도 생기게 됩니다. 지시를 똑바로 이행하지 않으면 좋은 평가를 받지 못하므로 능동성은 저하되고 부서 이기주의가 팽배하게 됩니다. 특히, 강하게 설계된 시스템은 변화대응에 취약했습니다. 이렇게 만연한 수직적, 분업적 조직문화 속에서 작은 목소리가 있었으니 바로 애자일 선언(manifesto for agile)입니다. 애자일 방식이란 특정한 업무방식이 아니라 업무원칙에 가깝습니다.

기존의 수직적, 분업적 업무방식에 대한 반대급부로 등장한 애자일은 상시적 소통을 통해 이해관계자들의 의사를 수렴해 '민첩하게' 반영함이 핵심입니다. 기존의 경직된 프로세스로는 양질의 결과물을 생산할 수 없다는 당시 소프트웨어 개발자들의 자성의 목소리에서 시작된 애자일은 이해관계자의 의견에 따라 수정(pivot)을 거듭하더라도 이를 고수하는 원칙이 중요하다는 주장입니다. 애자일로 분류되는 대표적인 업무방식은 SCRUM, KANBAN이 있습니다. 군중이란 뜻의 SCRUM은 소규모팀이 짧은 기간에 해볼 수 있는 방식입니다. SCRUM은 짧은 개발주기를 뜻하는 스프린트계획(sprint planning)이 핵심입니다. 이해관계자의 의견을 수렴하며 개발프로세스의 전반을 신속히 반복점검한다는 뜻입니다. 서서 20분 내로 미팅하는 daily scrum이나 KPT를 활용한 회고법도 이에 속합니다.

KANBAN은 간판의 일본어로, 대시보드에 업무단계를 나눠 진행상황을 시각적으로 표현하는 업무방식을 일컫습니다. 함께 일하는 이해관계자들에게 업무과정을 시각적으로 제공하고 공유하며 원활한 업무를 수행하는 방식입니다. story, to do, develop, test, feedback 등 전반의 개발과정을 공개 및 공유함으로써 이해관계자들의 의견을 민첩하게 반영하고자 합니다. 이 외에도 애자일로 분류되는 업무방식은 많습니다. 이해관계자들과의 소통과 공유하는 정신은 모든 애자일 업무방식의 뚜렷한 공통점이라 할 수 있습니다.

· 이해관계자 구조화 ·

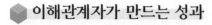

이해관계자가 만드는 성과

회계	사회적 회계
손익계산서	사회경제영향보고서(socioeconomic impact statement)
재무제표	사회경제자원보고서(socioeconomic resource statement)
부가가치계산서	확장부가가치보고서(expanded value added statement)

Laurie Mook, Jack Quarter, Betty Jane Richmond, 2003, What counts, Prentice hall, Inc.

　책무성이라는 개념은 공익조직과 불가분의 관계입니다. 책무성 (accountability)이란 말 자체가 회계(account) 투명성에 기초하고 있다는 사실은 재무적 책무가 조직 책무성의 밑바탕임을 뜻합니다. 다만 이윤을 추구하지 않는 조직의 회계라는 개념이 재무적 회계로만 국한될 때 불일치가 발생하기도 하는데 바로 비재무적, 비가시적 성과를 회계장부에 결산으로 드러낼 수 없다는 점입니다. 회계원칙은 1973년 설립된 국제회계기준위원회(IASC, 현재 IFRS)에서 발표한 표준원칙(principle based)이 존재하지만, 숫자로 드러나지 않는 부분은 사회적 관행에 의존해왔습니다. 이 사안은 기업의 사회공헌을 증명하는 차원에서도 중요한 이슈였습니다. 1980년대 말부터 현장의 회계사들을 중심으로 비영리조직의 비가시적 성과를 재무보고서에 포함하는 방안이 구상되었습니다. 이어 미국의 회계규칙 GAAP(rule based)를 관장하는 미국재무회계기준위원회(FASB)를 중심으로 비영리조직의 재무보고서에 투입된 자원의 성격, 활동과 서비스에 관계된 노력, 자원봉사자의 노동 등이 반영되어야 한다는 방안이 제시됩니다. 이 근저에는 비영리조직이 기업회계의 원칙을 따르게 되면서 본연의 사회적 목적이 변질되거나 훼손될 수 있다는 우려가 섞여 있었습니다.

　비재무적인 성과가 성과보고서에 담기지 않는다면 비영리조직이 선택할 수 있는 방향은 숫자로만 표기가 가능한 산출물로 국한됩니다. 이는 긴 호흡이 필요한 사회변화에 대한 도전보다 단기적 결과를 선호하게 되고, 이해관계자의 참여를 성과가 아닌 성가신 일로 치부하게 되며, 자원봉사가 질 낮은 일자리쯤으로 인식되기 쉬워 사회적 자본이 축소되는 결과를 낳습니다. 정부 보조금으로 위탁사업할 때 보조금을 통한 변화를 증명하기보다 보조금을 투명하게 집행했는지에 대한 보고가 우선시되는 목적전치의 현상이 이에 해당합니다.

비재무적인 성과를 주시해야 한다는 조류는 반짝 이슈가 아니었습니다. 이미 1970년대부터 사회적 회계(social accounting)라는 이름으로 광범위한 사회적 환기가 있었습니다. 최초의 시작은 기업을 감시하기 위함이었습니다. 기업이 주주 중심 경영에서 이해관계자 중심으로 변화해야 하는데 이를 살펴보려면 사회적 감사(social audit, Goyder, 1961)가 필요하다는 것입니다. 이후 다수의 학자들의 연구를 거쳐, 2000년 Institute of social and ethical accountability(사회윤리책무성연구소)가 '회계보고서에 이해관계자의 활동과 영향을 포함하고 체계적으로 분석하는 일'을 사회적 회계로 정의하기에 이릅니다. 이후 로직모델, 변화이론, BSC 등과 결합한 이론도 발표되고 글로벌 보고의 표준을 주도하는 GRI(Global Reporting Initiative)를 통해 체계화도 가속됩니다. 그 결과 기업, 비영리, 사회적경제 등 많은 현대사회의 조직들이 연차보고서(annual report)에 이해관계자에 대한 정보 제공을 중요하다고 인식하는 계기가 되었으며 단조로운 프로그램에 그치지 않고 조직 전반의 사회적 파급력과 책무성에 대한 보고를 진지하게 고민하는 계기가 되었습니다. 또한 회계감사 외에 사업감사를 선임하는 관행의 시작점이 되기도 합니다. 결국 사회적 회계란 회계장부에서 사람을 지출이라는 비용이 아니라 노동력이라는 자원으로 보겠다는 선언입니다.

·이해관계자 구조화·

III

이해관계자와
거버넌스

이해관계자와 조직

이해관계자 구조화

이해관계자 경영

🔳 이해관계자를 대변하는 거버넌스

	관료제모형	신공공관리론	신공공서비스론
관리주체	정부 (관료주의)	시장 (신자유주의)	시민사회 네트워크 (공동체주의)
대상인	유권자 (정치이론)	소비자 (경제이론)	시민 (민주주의이론)
지향점	정부독점, 공급자 중심	경쟁과 협력, 민영화(위탁)	과정 참여, 공동생산
정부역할	직접적 주도자	방향 설정자, 공공기업가	대시민 봉사자, 조정자

지금까지 각 영역과 조직의 이해관계자에 대해 알아보았습니다. 이해관계자를 파악하고 소통하는 목적은 조직을 성공적으로 경영하기 위함입니다. 이를 위해 이해관계자를 파악하고 구조화하여 전략적으로 소통하는 일은 고난도의 경영기법이라 경험과 전문성이 요구됩니다. 그렇다면 이를 진두지휘하는 의사결정의 최고단위는 어디일까요? 흔히 이사회(board)로 불리는 상설기구입니다. 이사회란 어디까지나 법적인 용어입니다. 현장의 작동원리를 실질적으로 파악하려면 이사회보다 거버넌스라는 개념으로 시야를 확대해야 합니다.

거버넌스의 개념을 조직을 움직이는 작동원리로 조망해봅니다. 조직의 지지그룹, 폭넓은 의미의 공동체, 주인의식을 가진 그룹 등으로 이해관계자들을 개념화할 수 있다면, 거버넌스는 그 이해관계자를 대변하는 최상위의 리더십그룹으로 볼 수 있을 것입니다. 이런 면에서 거버넌스란 이해관계자 경영의 결정체라 할 수 있습니다. 거버넌스는 리더십의 정체성을 가진 이해관계자들의 실체적 의사결정 협력체입니다. 거버넌스는 조직의 정책수립을 위한 결정구조, 조직의 경영을 위한 관리구조, 갈등 해결과 의사조정을 위한 협력구조 등 다중적인 회의구조로 작동합니다.

정부의 운영 패러다임은 거버넌스의 근원지를 이해하는 데에 도움을 줍니다. 1920년대 관료제 모형은 사회문제를 정부가 직접적으로 주도하고 해결하는 역할에 가까웠습니다. 1970년대 유럽의 과도한 사회복지로 인한 정부지출의 증가와 재정부담이 급등했던 경우가 대표적인 사례입니다. 중앙집권과 계층제는 비대한 정부와 비효율을 초래했습니다. 이에 대한 반발과 개혁은 시장 원리를 우호적으로 수용합니다. 1980년대 이후 정부는 생산성을 중시하게 되고 공공기업가의 역할을 자처합니다. 민영화, 인센티브 제공, 경쟁 유도 등으로 상징되는 신공공관리론은 소외와 불평등도 동시에 불러왔습니다. 앞선 '정부의 실패'와 마찬가지로, 공공의 영역을 경제논리로만 보던 방식도 '시장의 실패'로 귀결됩니다. 2000년대 이후 전 세계에 민주주의가 확산되며 신공공서비스론이 고개를 들었습니다. 이 방식은 사회문제를 정부, 시장, 사회공동체의 네트워크를 통해 협력적으로 풀어야 한다는 시각입니다. 사람들은 유권자와 소비자가 아닌 '시민'의 정체성을 갖게 되며 사회문제 해결의 핵심적인 주체가 되었습니다.

government(통치)에서 governance(협치)로의 이행은 1980년대 신공공관리론부터 시도되었다고 볼 수 있습니다. 그 시기 행정학은 거버넌스를 중요한 주제로 다루기 시작합니다. 신공공서비론와 함께 비교적 최근에 제기된 뉴거버넌스론 등도 모두 현대 민주주의 제도와 연관성이 있습니다. 대의민주주의, 참여민주주의, 심의민주주의, 전자민주주의의 시도는 거버넌스와 뗄 수 없는 개념들입니다. 복합적인 이해관계자의 참여를 바탕으로 한 각성한 사람들의 협력이 거버넌스를 움직이는 결정적인 동력입니다.

· 이해관계자 경영 ·

거버넌스의 시작

정부	영리	비영리
기원전 500년 로마공화국 공화정 고대 그리스 대의제		기원전 500년 예루살렘 공회 서기 30년 초대교회 서기 100년 지역 공회
1215년 영국 마그나카르타		
		1559년 에든러버 장로교회
1688년 영국 입헌군주제 확립	1602년 네덜란드 동인도회사	

거버넌스(governance)란 '배를 조종하다'라는 의미의 고대 그리스어 kybernan에서 유래해 라틴어 gubernare를 거쳐 13세기 프랑스어 gervern으로 이어져 현대에 이르렀습니다. 특정기구명이 아닌 작동원리를 뜻하는 '거버넌스'의 기원을 특정하기란 쉽지 않습니다.

정부조직에서 거버넌스 최초의 흔적과 원형을 발견하는 일은 사회공동체가 만들어질 때 정치조직이 가장 먼저 형성된다는 사실에 신뢰를 제공합니다. 기원전 510년경 로마왕국이 무너진 이후 수립된 로마공화국(Res Publica Romana)은 로마제국이 수립되기 전까지 공화정이라는 독특한 정치조직을 유지했습니다. 공화정은 현대 민주국가의 주요이념 중 하나인 공화주의의 원형과 같습니다. 유사한 시기 고대 그리스에도 대의제가 존재했습니다. 모두 독선적 의사결정이 아닌 협력적, 집단적 의사결정의 작동원리이자 회의구조로 이해할 수 있습니다.

시간이 흘러 1215년 영국의 마그나 카르타 제정은 왕권의 독선을 제한함으로써 이후 의회라는 협력적 의사결정 제도에 힘을 싣는 근본 및 실체적 계기가 되었습니다. 이후 1980년대가 되어서야 행정학을 중심으로 거버넌스의 개념이 학문적으로 다뤄지기 시작했습니다.

영리조직의 거버넌스는 이보다 한참 후로 보입니다. 1602년 네덜란드의 동인도회사는 최초의 주식회사입니다. 주주총회, 이사회, 집행위, 감독관 등의 운영체제는 협력적 의사결정구조, 협업과 분업의 체계화, 소유와 경영의 분리 등 거버넌스의 운영원리로 이해할 수 있습니다. 수백년이 흐른 후 1960년이 되어서야 미국에서 거버넌스 개념이 기업현장에 본격적으로 도입되기 시작했습니다.

한편 비영리조직의 거버넌스는 성경에서 찾아볼 수 있습니다. 기원전 500년 전부터 존재했던 예루살렘 공회(synod)는 유대인들에게 종교적으로 권위있는 의사결정기구이자 행정기관입니다. 히브리어로 '모여앉다'라는 뜻의 sanhedrin이라 불리던 이 기구는 의장 역할인 대제사장을 비롯해 서기관, 장로, 율법학자 등 70명의 회원으로 구성됩니다. 공회는 종교적 의사결정뿐 아니라 사회의 갈등조정까지 다루던 통합적 협의기구였습니다. 이후 유대 지역 각지에 작은 sanhedrin이 생겨나며 유대사회를 지탱하는 자치기구로 자리잡게 됩니다. 목회자, 직분이 없는 평등집단 체제의 초대교회공동체(early church) 운영방식도 거버넌스의 원형에 해당합니다. 예수의 십자가 처형 후 유대교로부터 분리된 기독교는 예수의 가르침대로 신분과 혈통을 넘어 서로를 동등하게 대했고 이후 거대한 변화를 불러일으킵니다. 이러한 역사가 축적되며 1559년 스코틀랜드에 최초의 장로교회가 탄생합니다. 선출된 장로로 구성된 장로회가 의사결정의 공식기구가 되는 교회입니다. 이렇게 거버넌스는 대의제와 같은 민주주의 제도와 함께 사회의 각 영역에서 발전해 왔습니다. 소수가 지배하는 사회가 지속가능하지 않음을 그들은 알고 있었습니다.

· 이해관계자 경영 ·

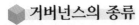 ## 거버넌스의 종류

공통 전제	이해관계자의 참여·소통·신뢰		
영역	통치 거버넌스	영리 거버넌스	비영리 거버넌스
성격	정책을 위한 협력체계	경영을 위한 관리체계	해결을 위한 자치체계
운영 주안점	효과성 중시	효율성 중시	호혜성 중시

사회공동체의 결정체가 조직체라면 이해관계자의 결정체는 거버넌스일 것입니다. 이제 한 걸음 더 나아가 현대사회에서 거버넌스가 어떤 양상으로 각 영역에 안착되었는지 살펴보려고 합니다.

시대를 거듭하며 변신하고 발달해 온 거버넌스의 형태와 작동원리는 역사의 진보와 함께 자연스럽게 사회 곳곳에 스며들었습니다. 정부의 거버넌스는 주로 정책을 위한 협력체계로 작동합니다. 정부정책은 공공성을 가져야 하고 이는 정책의 효과를 전제로 합니다. 민주주의의 성장과 함께 통치체계(government)는 협력체계(governance)로 진화해 갔습니다. 반면 기업으로 상징되는 영리조직의 거버넌스는 경영을 위한 관리체계로 이해할 수 있습니다. 관리(manage, 혹은 경영)는 '지배세력(dominant coalition)'의 고유 권한인 동시에 기업의 거버넌스를 지배구조로 바라보는 시각이 어디서 생겨났는지를 상징하는 키워드입니다. 현대경영은 이러한 기업 지배구조의 건강성, 투명성을 강조하고 있습니다. '코리아 디스카운트'라는 저평가 프레임은 한국기업의 '독선적 의사결정문화(owner risk)'와 밀접한 관련이 있으며 결국 거버넌스 이슈인 셈입니다.

비영리조직은 어떨까요? 정부와 기업을 제외한 비영리성 조직 모두 해당하는 사항입니다. 이곳은 다채롭고 복합적인 이해관계자들이 참여하는 장입니다. 목적도 선해야 하고 절차도 공정해야 합니다. 사회적 가치를 추구하면서도 현실적인 운영을 무시하면 안 됩니다. 사람들은 저마다 신념이 있어 갈등이 양산되기도 합니다. 이렇게 비영리조직은 복잡한 환경에 처해있기에 갈등해결, 의사결정, 가치분배 등 산적한 문제를 해결하는 역할이 긴요해집니다. 비영리조직의 거버넌스가 문제해결을 위한 자치체계로 이해되는 대목입니다. 그들에게 거버넌스란 삶의 문제를 스스로 해결해 가는 문화적 발로입니다.

각 영역의 거버넌스를 지나치게 단정하여 단순비교하는 데는 한계가 있습니다. 각 현장의 격차는 바라보는 시선에 따라 또 다를 것입니다. 그럼에도 정부, 영리, 비영리 모두에 해당하는 거버넌스의 정신은 이해관계자들의 참여, 소통, 신뢰라는 점에서 이견이 존재하지 않습니다. 지난 수년간 리더십과 조직문화의 화두였던 DEIB 원칙은 이해관계자를 기초로 한 거버넌스를 구성할 때 요구되는 내용입니다. DEIB(diversity, equity, inclusion, belonging)가 표방하는 다양성, 형평성, 포용성, 소속감은 이해관계자들의 참여, 소통, 신뢰의 형성에 있어 명쾌한 지침으로 받아들여지고 있습니다.

DEI가 건강하게 작동해야 소속감(belonging)으로 연결된다는 관점이 DEIB의 핵심원리입니다. 영국의 최대 비영리기관 NCVO는 DEI의 원칙을 인종, 성별, 연령 등 총 9개로 제시하고 있습니다. 어느 누구도 특정한 조건에 의해 차별받지 않고 활동에 참여할 수 있어야 하며 조직의 의사결정에 평등한 접근이 보장되어야 함을 명시하고 있습니다.

정책 거버넌스 모형

John Carver, 2014, Boards That Make a Difference, Jossey-Bass.

거버넌스의 이론가이자 컨설턴트인 John Carver는 평생 현장을 다니며 비영리조직, 공공기관의 리더십과 거버넌스를 연구했습니다. 그가 제시한 이론의 핵심은 이사회의 주도적 역할과 책임을 강화하여 조직의 목표를 달성하고 이해관계자의 이익을 보호하는 데 있습니다. 그는 Policy Governance(정책 거버넌스 모형)를 통해 이러한 이상을 현실화하고자 노력했습니다.

이 이론에 의하면 거버넌스의 종류는 두 개로 가름합니다. 실무형 거버넌스와 정책형 거버넌스입니다. 전자를 실무형 이사회(working board), 후자를 정책형 이사회(policy board)로 명명합니다. 실무형 이사회는 정책을 위한 집단적 의사결정뿐 아니라, 개인적으로 실무진과 함께 실행에 관여하는 이사를 포함한다고 했습니다. 이는 이사회와 실무진의 경계가 선명하지 않은 상태를 말합니다. 한편 정책형 이사회는 조직의 미션, 비전,

전략 등을 중심으로 조직에 관계된 모든 주요 결정을 다루며 실무진에 관여하지 않는 이사회라고 말했습니다.

그는 가장 탁월한 거버넌스가 정책형 이사회라고 판단하여 정책 거버넌스(policy governance)라 명명했고, 거버넌스의 가장 주된 일은 정책을 결정하는 일로 보았습니다. 이러한 그의 모델은 이사회의 권한과 경영진의 권한이 큰 틀에서 구분되어 있습니다. 이사회는 이사회의 운영, 이사회 및 경영진(실무진)과의 협력을 다루고, 경영진은 조직의 성과와 실행 측면의 한계를 다룬다고 했습니다.

요컨대 이사회는 굵직한 사안만 열중하며 경영진의 업무에 대해 간섭하지 않고 명확하게 위임함으로써 조직의 성과를 엄격하게 평가하는 역할을 수행해야 한다는 것입니다. 또한, 이사회와 경영진이 각자의 역할을 명확히 판별해야 하고, 맡겨진 책임을 통해 역량을 강화하며, 종합적으로는 이러한 과정을 통해 조직의 주인인 이해관계자를 대변할 수 있는 책무성을 보여야 한다는 시각입니다.

1970년대부터 이러한 모델을 구상하며 평생 비영리조직과 공공기관을 연구하고 컨설팅했던 그의 철학은 명징합니다. '거버넌스는 이해관계자를 위해 존재하며, 훌륭한 의사결정이 거버넌스의 궁극적인 역할이다'입니다. 동일한 경험을 한 조직이라도 그 과정 속에서 어떠한 결정들을 해왔는지에 따라 조직의 성장은 격차를 보이기 마련입니다. 그러나 복잡해져만 가는 현대사회에서 그의 모형을 모든 조직에 적용하기란 불가능한 일입니다. 특정 전문분야와 영역, 조직의 규모 등에 따른 다양성을 충분히 고려하지 못했다는 점, 거버넌스와 경영진의 관계를 지나치게 단순화했다는 점은 분명한 한계입니다. 그럼에도 그가 강조한 한결같은 이론은 '조직의 원리란 본질적으로 하나의 속성'이라는 깨달음을 선사합니다.

· 이해관계자 경영 ·

이사회의 Cycle

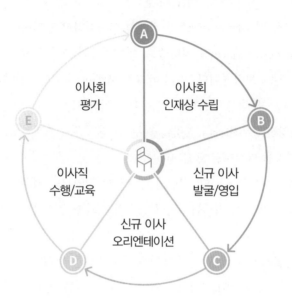

작동의 원리적 측면으로 바라본 거버넌스를 되새기며 현실에서 마주하는 이사회로 시선을 돌릴 차례입니다. 책임자들(directors)의 회의체(board)인 이사회(board of directors)는 조직의 상설적 기구인 동시에 소집에 의해 개최되는 법률상의 회의체입니다. 자선단체, 민간재단, 대학의 이사회는 trustee로 부르기도 합니다. 기금으로 설립된 공익적 조직의 이사회는 운용기금(endowment)의 보호자이자 대리위탁받은 신탁인의 책무를 겸하고 있기에 그렇습니다. 이렇듯 이사회란 '리더십으로서의 거버넌스'라는 공통점이 있습니다. 체어맨 그룹과 프레지던트 그룹의 최상층부에 위치한 연합 리더십이라고도 볼 수 있습니다. 이사회는 조직의 의사결정기구이자 거버넌스의 결정적 요체인 셈입니다.

비영리조직의 이사회는 적지 않은 부침을 겪습니다. 권위적인 이사회, 형식적인 이사회, 정치적인 이사회, 불성실한 이사회, 과할 정도로 실무에 관여하는 이사회 등 그 사례는 부지기수입니다. 비영리 맥락에서 조직의 이사회란 본질적으로 봉사자의 정체성을 떼어놓고 말하기 어렵습니다. 고정된 급여 없이 비중있는 책무를 조직에서 수행하고 있는 무급활동가, 즉 자원봉사자에 비유 가능합니다.

공익조직의 이사회 운영이 기업보다 더 까다로운 측면이 있다면 이러한 특수한 작동원리가 수면 아래 있기 때문입니다. 기업의 이사회는 투자자의 정체성이 강하여 이윤에 대한 기대감이 참여의 원동력이 되곤 하지만, 기업이 아닌 조직에서 이사회의 원동력을 한두 가지로 특정하기란 난해합니다. 최근들어 이사회의 관리방안이 과거보다 더욱 대두되는 원인이기도 합니다.

이사회의 관리체계는 일반적으로, 이사회 인재상(ideal candidate profile) 수립, 신규 이사의 발굴과 영입, 신규 이사 오리엔테이션, 이사직 수행과 교육, 이사회 평가의 순서로 구성됩니다. 이중 가장 중요한 단계는 인재상 수립단계라 할 수 있습니다. 이사회의 건강한 작동을 위해 대단한 사람이 들어오는 것보다 조직에 어울리는 사람이 들어오는 것이 좋습니다.

비전체계에 중심을 둔 인재상이 있다면 조직은 문제의 소지를 어느 정도 걸러낼 수도 있습니다. 예컨대, 미션, 비전, 가치를 각각 사명의식, 목적의식, 윤리의식으로 환치하여 인재상의 기준으로 삼는 방법도 가능합니다. 비전체계를 중심으로 이사회의 원칙과 이를 준수하려는 꾸준한 노력이 있을 때 건강한 이사회를 기대할 수 있을 것입니다.

· 이해관계자 경영 ·

이사회의 Cycle-A. 인재상 수립

	형성단계	성장단계	성숙단계
역할	실무적 이사	관리적 이사	조언적 이사
기능	• 전략방향 결정 • 정책 형성 • 각 위원회 책임 • 실무부서 지원 • 운영자금 확보 • 리더십 선임과 지원 • 운영 방향 결정	• 전략방향 안내 • 정책 형성·유지 • 각 위원회 관여 • 사회적 이슈 안내 • 모금캠페인 관여 • 리더십 지원 및 평가 • 운영 방향 제시	• 전략방향 재조정 • 정책 변화 • 각 위원회 방향 안내 • 사회적 이슈 안내 • 모금자원의 제도화 • 리더십 조언 및 승계 • 운영 관리와 혁신

William B. Erther, Jr. and Evan Berman, 2001, Third sector management: the art of managing nonprofit organizations, Georgetown University Press.

이사회의 Cycle 중 첫 단계는 가장 핵심적인 단계로 지목되는 인재상 수립의 단계입니다. 앞장에서 제안된 바와 같이 조직의 비전체계에 알맞는 인물을 영입하는 일은 뒤에 이어지는 전체 과정의 신호탄이라 볼 수 있습니다. 다만 조직의 성장단계에 따라 인재상의 내용은 조금씩 다르게 적용되니 주의가 필요합니다.

조직의 초창기는 정책과 기준이 명쾌하지 않아 시행착오를 거쳐 하나씩 형성해 가야 합니다. 형성단계에서 이사의 역할은 실무적 범위를 넘나드는 적극성이 절실합니다. 이사회나 고용된 실무진의 관계를 위계로 설명하기 어려운 초창기 조직의 환경은 마치 어려운 상황에 모두가 손발 벗고 나서는 조직문화를 연상시킵니다. 이때 이사회는 이사직 외에 2~3개의 위원회를 겸할 수도 있고, 실무진과의 긴밀한 협업을 감수해야 하며, 운영자금을 확보하기 위해 실제 발로 뛰는 수고를 감내하곤 합니다.

어느 정도 궤도권에 올라선 조직은 성장의 단계를 맞이합니다. 성장단계 조직의 이사회는 지금까지의 성취를 잘 관리하는 유지능력을 요구 받습니다. 그런데 성장단계의 조직은 예전의 조직과는 사뭇 다릅니다. 소규모의 끈끈한 관계에서 차가운 체계로의 전환을 시도하는 까닭입니다. 이에 이사회는 일방적으로 주도하기보다 적절히 개입할 줄 알아야 하고, 독선적인 결정보다 안내하고 제안하는 모양새를 취함으로써 조직 각 단위의 능동성이 훼손되지 않게 해야 합니다.

S기관 이사회의 인재상 작성 사례

항목	세부항목	확인할 사항
비전	비전 적합성	우리단체를 인생의 중요한 의미로 받아들이는 사람인가
가치	가치 유사성	우리단체와 동일한 신념·관점으로 세상을 바라보는 사람인가
관계	관계 신뢰성	우리단체와 인간관계의 경험이 축적된 검증된 사람인가

성장이 거듭되며 질적인 성숙으로 전환되는 시점이 찾아온다면 이사회의 역할도 새롭게 바뀌어야 합니다. 영원한 성장이란 없습니다. 질적인 성숙의 단계에서 조직은 혁신적인 방향과 탈출구를 늘 숙고해야 합니다. 이사회는 전략방향의 조정을 위해 고민하고, 각 위원회에 새로운 변화에 대해 제안하며, 지속가능성 차원에서 차기 리더십 승계를 구상하는 것이 좋습니다. 한 시대를 풍미하고도 차기 리더십 승계가 원활치 않아 침체기를 겪거나 쇠락하는 조직의 사례는 너무나 많습니다. 이 사례는 승계를 잘못하는 경우뿐 아니라 승계를 미루며 알맞은 타이밍을 놓치는 경우 모두를 포함합니다.

· 이해관계자 경영 ·

🔷 이사회의 Cycle-B. 신규이사 발굴·영입

		인지도	
		높음	**낮음**
참여도	**높음**	**"스타(superstar)"** 이사회를 주도하며 실행과 평판에 기여하는 상징적인 이사	**"일벌(workerbee)"** 이름은 알려지지 않았지만 매사 열심히 하는 성실한 이사
	낮음	**"속 빈 강정(figurehead)"** 명성은 있지만 일은 안 하며 말만 화려한 무임승차 이사	**"죽은 나무(deadwood)"** 명성도 없고 일도 안 하는 무존재적 이사

Chait, Ryan & Taylor, 2005, Governance as Leadership: Reframing the work of Nonprofit Boards, John Wiley & Sons,

이사를 발굴하고 영입하는 행위의 결과는 '조직에 적합한 인재'입니다. 적합성은 조직의 비전체계와 인재상에 뿌리를 두지만 보편적 법칙으로 가늠해보는 접근법이 있다면 새로운 시각으로 이사회의 인재상을 환기할 수 있을 것입니다.

이사의 인지도와 명성이 높고 참여도 왕성하다면 조직을 대표하는 '스타(superstar)' 이사입니다. 스타라는 말처럼 이들은 단체의 연예인과 같은 존재들입니다. 의욕적이고 겸손하면서 조직의 굵직한 프로젝트에 헌신적 참여를 주도합니다. 스타는 조직의 이해관계자를 결집하고 이사회를 주도하는 등 명성과 성과가 비례하는 이상적인 인재입니다.

인지도가 높지만 활동이 저조한 이사도 있습니다. '속 빈 강정(figurehead)'이라는 비유는 뱃머리 맨 앞의 조각상을 뜻하는 말에서 기인했습니다. 멋진 장식품이긴 하나 실영향력은 없다는 말로 '허수아비'나

'요란한 수레바퀴' 정도로 해석이 가능합니다. 영입단계에서 조직은 상당한 공을 들이고 높은 기대감으로 모셔오지만, 실제 이사회에서의 역할은 미미합니다. 이사 개인의 불성실함과 분주함이 원인인지 아니면 조직의 비전, 문화와의 부동의가 원인인지 확인할 필요가 있습니다.

인지도나 명성은 낮으나 매사에 의욕적으로 열심히 임하는 이사도 있습니다. '일벌(workerbee)'로 비유할 수 있는 이들은 실무 프로젝트에 관여하며 일정한 성과도 만들어내는 소중한 인적자원입니다. 그러나 이사회의 본분이 실무관여가 아닌 의사결정과 같은 리더십 차원의 책무라는 점에서는 역할의 한계를 가집니다. 조직의 장기적인 계획에 영민함을 보태거나 전략적 통찰을 도출할 때 한계를 보입니다.

끝으로, 인지도도 낮지만 참여도 저조한 경우입니다. 이들은 마치 '죽은 나뭇가지(deadwood)'와 같아서 역할이 거의 없는 이사들입니다. 이름만 걸치고 참여를 안 하기도 하고, 이사회 출석은 하지만 아무런 도움이 되지 못하는 존재입니다. 마찬가지로, 이사 개인의 상황으로 인해 적극성이 저조한 것인지 혹은 조직과 맞지 않는 부분으로 인해 소극적으로 돌변한 것인지 확인할 필요가 있습니다.

어떤 자리에서는 열과 성을 다하고, 또 어떤 자리에서는 불성실하게 행동하기도 하는 오묘한 존재가 사람입니다. 평범했던 이사를 훌륭한 이사로 거듭나게 만드는 역할 또한 조직의 몫입니다. 그렇다면 그 구체적인 시작단계, 신규 이사의 오리엔테이션에 대해 알아보겠습니다.

· 이해관계자 경영 ·

🧊 이사회의 Cycle-C. 신규이사 오리엔테이션

	온보딩 단계	주요 내용
1	Selection 영입	이사회 잠재 명단에서 최종 인재 선정 및 영입
2	Business 업무	비전체계, 사업, 업무 등 전반사항과 전달체계 학습
3	Culture 문화	조직의 형식지와 암묵지 등 조직문화 학습
4	Leadership 리더십	이사회에 대한 기대치와 리더십 역량 수립
5	Organization 조직	조직의 네트워크, 이해관계자를 통한 업무처리법 학습

Conger, J. A., & Fishel, B., 2007, Design Elements of Effective On–Boarding, Accelerating leadership performance at the top: Lessons from the Bank of America's executive on–boarding process. Human Resource Management Review, 재편집

인재상에 의해 영입한 신규 이사가 사회적으로 명성이 있고 특정 분야에 전문가라고 해서 해당 조직에 대한 모든 것을 빠짐없이 파악하고 이사 직무를 시작하는 경우는 드문 일입니다. 이사직을 본격적으로 수행하기 전 적응단계에서 조직이 신규 이사에 대한 관심을 꺼버린다면 조직 내에서 불행의 씨앗을 키우는 것과 같습니다.

신규 이사를 대상으로 오리엔테이션을 수행하고 조직에 대한 올바른 이해를 제공하는 일은 급한 현안을 처리하는 경우보다 중대한 일에 속합니다. 현장의 정서를 고려할 때 일방적인 교육형태가 부담스럽다면 워크숍의 이름으로 오리엔테이션을 진행하거나 '신규 이사 보고회' 등의 이름으로 대신할 수도 있습니다.

신규 이사 오리엔테이션 자료 목록

• 이사의 역할과 책임(직무기술·명세서)	• 대표자(사무국)의 업무계획서
• 정관	• 연간 사업계획서, 중장기 발전계획서
• 연차보고서	• 전차 이사회 회의록
• 이사진 연락처 및 프로필	• 최근 예결산 상황 및 회계감사보고서
• 조직의 각 위원회 정보	• 기관의 고유 용어 해설

Christopher Carolei. 2005. How to manage an effective nonprofit organization. Book-mart Press. 재편집

단회성의 오리엔테이션이 아니라 수개월의 계획 속에서 조직을 하나하나 알아갈 수 있는 on-boarding(신규인원 적응과정)을 시도해보는 것은 지속성(retention) 차원에서 권장됩니다. 조직이라는 버스에 올라탄 상황을 비유해 만들어진 온보딩(탑승) 개념은, 조직의 규칙이나 형식을 일방향적으로 단기간에 교육하고 마치는 접근이 아니라 중기적 시간을 통해 조직의 암묵지, 조직 이면의 동력, 조직의 사건사고, 사내 정치지형, 사업이 작동하는 실제 방식 등을 제공하여 실제적인 적응을 지원하는 종합적인 접근입니다. 이를 통해 신규 이사는 자신이 수락한 이사직을 수행할 수 있는지 스스로 진단할 수 있고, 기대치와 달라 이사직 수행이 힘들다면 자진 하차를 결정하여 조직의 시행착오와 실패비용을 줄일 수 있습니다.

사회적인 명망가라도 해당조직에서 모범이 되지 않는 경우가 존재합니다. 사회적으로 전문가이더라도 해당조직에 대한 전문성이 부족한 경우도 있습니다. 이사회와 사무국 사이에 대립이 없는 화평한 시기라면 문제될 것이 하나도 없습니다. 그러나 한번 문제가 터지면 덮어두었던 모든 것이 다 문제가 됩니다. 이사회의 권한은 생각보다 크기 때문입니다.

🔲 이사회의 Cycle-D. 이사직 수행·교육

이사 주요 직무	세부 내용
조직의 비전 제시	내외부 이해관계자들의 기대치를 반영한 비전체계 점검·개선
기획과 평가	중장기계획 수립과 연간사업계획 점검, 조직의 성과관리
조직의 자원 확보	예결산 계획 점검, 모금계획 수립 및 참여, 인적자원 등 관리
대외 네트워킹	연계와 참여 촉진, 대외적 평판 관리, 기관 홍보 및 대변
신규 이사 발굴	이사 인재상 수립, 신규 이사 발굴, 이사 직무 평가 수행
사무국과의 협조	대표자의 선출과 협력, 실무 권한 부여, 소위원회 위임

이사직무를 진취적으로 임할 것인지, 혹은 소극적으로 임할 것인지에 따라 직무범위는 비약적으로 광범위할 수도, 혹은 형식적 역할로 그칠 수도 있습니다. 다만 다수의 이론에서 제기하는 비영리조직 이사회의 직무를 요약해 보면 위 표와 같습니다. 이사는 이해관계자들의 의견을 반영하여 조직의 비전체계를 점검하고 개선해야 합니다. 조직의 큰 그림이 이해관계자들의 토대 위에 그려지지 않는다면 이후에 전개되는 업무는 힘을 발휘할 수 없게 됩니다.

비전체계를 밑그림으로 한 중장기계획 및 연간사업계획의 리뷰는 실무진이 미처 보지 못하는 넓은 안목에서의 검토를 뜻합니다. 더구나 이사는 조직의 재정적 투명성과 수출입의 채산성은 물론 조직의 물적 자원, 인적 자원, 기반적 자원 등 재무·비재무적 자원 확보에 신경써야 합니다. 아울러 대외적인 네트워킹을 통해 새로운 시민을 등장시키고 기관을 홍보하며 평판을 관리합니다. 끝으로 신규 이사를 찾기 위해 습관적으로 주변을 살피고 사무국과의 원만한 협조를 통해 이사회의 결정사항을 나누며 적절한 권한을 분배하는 것이 좋습니다.

　이렇게나 여러 방면의 역할을 수행하는 이사들이 요구받는 가장 중대한 임무는 역시 재정에 대한 확보입니다. 이러한 시각이 일반화된 영미권은 이사회의 자격을 3G, 3T, 3W에 자주 비유합니다. 3G는 give(돈을 기부하거나), get(다른 데서 얻어오거나), get up(아니면 나가라)입니다. 3T는 time(시간을 내거나), talent(재능기부를 하거나), treasure(돈을 내라)입니다. 3W는 work(일을 하거나), wisdom(지혜를 보태거나), wealth(돈을 내라)입니다. 우스갯소리와 같은 이 풍자는 비영리조직의 이사회를 설명하는 전문서적마다 단골처럼 등장하는 대표적인 은유입니다.

미국의 이사회교육 전문기관 프로그램

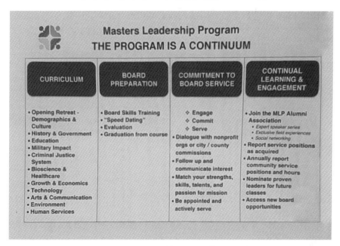

·이해관계자 경영·

이사회의 Cycle-E. 이사회 평가

이사직무 자가점검지표	Yes	No	Not sure
나는 기관의 비전체계를 정확히 이해하며 지지하고 있는가?			
나는 기관의 사업과 프로그램에 대해 잘 숙지하고 있는가?			
나는 기관과 관련된 중요한 변화와 트렌드에 대해 알고 있는가?			
나는 기관의 모금캠페인을 돕는가? 혹은 개인적으로 정기기부를 하는가?			
나는 기관의 재정 건전성에 대해 숙지하고 있는가?			
나는 단체의 대표자, 경영진과 좋은 관계를 맺고 있는가?			
나는 주변에 이사, 위원 등으로 봉사할 것을 권유하고 있는가?			
나는 이사회 회의에 참석할 경우 준비된 자세로 임하는가?			
나는 기관의 친선대사와 같은 역할을 잘 수행하고 있는가?			
나는 이사회를 섬기기 위해 좋은 경험을 제공하고 있는가?			
나는 연간 이사회 회의의 75% 이상을 참석하고 있는가?			

The Handbook of Nonprofit Governance, 2010, BoardSource. BoardSource.
Published by Jossey-Bass. 재구성

비영리조직에서 사무국 인원을 평가하는 것은 이사회입니다. 이사회가 최고결정기구라서 그렇습니다. 그렇다면 정작 이사회는 누가 평가해야 할까요. 이사회를 평가해야 한다는 생각 자체를 하지 못하고 있는 경우가 대다수입니다. 그 이면엔 평가방법을 몰라서 단념했던 측면도 있었을 것입니다.

기업의 이사회와 달리 비영리조직의 이사회는 조직을 소유하거나 지배하는 성격과는 거리가 있습니다. 이들은 조직으로부터 제공받는 재무적 보상은 없으면서 주어진 역할에 충실히 기여해야 하는 봉사자의 정체성을 겸하고 있습니다. 이러한 특수성은 비영리조직의 이사회가 도덕적 기준에서 더 많은 책무성을 준수해야 함을 시사하고 있습니다.

조직형식적 관점에서 이사회 평가란 '회원총회' 등을 통해 이뤄지는 것이 적합하겠지만, 실효성 측면에서 보자면 자가수행평가가 현실적인 대안으로 간주됩니다. 이사진 스스로 자신을 돌아보며 이사직 수행과 결과를 회고하며 성찰하는 방식입니다. 이사회 평가가 성공적으로 수행되려면 인재상과 직무계획서에 근거한 평가지표가 사전에 공표되어 있어야 합니다. 이사직이 수행되는 시점에서 공개되는 문서들입니다. 이사회와 사무국이 원만하게 소통하며 의견을 나누고 서로 점검하는 방식으로 진행할 때 신뢰를 바탕으로 한 효과를 기대할 수 있을 것입니다.

비영리조직 거버넌스의 전문가 John Carver는 「Boards That Make a Difference」라는 책에서 '이사회의 도전과제'를 다음과 같이 제시하여 이사회 운영에 경각심을 던져주었습니다.

이사회의 도전과제
① 단기적 결정 치중, 미래가 아닌 과거 사안에 편중된 관심
② 매사 사전 대비가 아닌 사후 대응적인 태도
③ 사무국 업무에 대한 검토를 반복하며 비생산적 회의 진행
④ 사무국과의 불분명하고 모호한 권한 분별
⑤ 경영자(대표, 사무처장) 흔들기, 간섭하기, 흠집내기
⑥ 여러가지 사안에 대한 무리한 관심과 책임지지 못하는 태도

·이해관계자 경영·

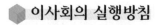

이사회의 실행방침

이사회 자격	• 이사회 구성원들은 다양성을 중시해야 하며, 다양한 그룹의 사람들을 포함시키는 일의 중요성을 이해해야 합니다. • 이사회 구성원들은 시간을 내어 자원봉사하고, 외부 모금을 돕고, 조직에 개인적인 재정적 기여를 기대받는 역할입니다.
이사회 구성	• 이사회는 조직, 임무 및 봉사하는 지역사회의 최선의 이익을 대변하기 위해 헌신하는 자원봉사자로 구성되어야 합니다. • 이사회는 새롭고 잠재적인 이사회 구성원들을 전통적인 조직 영역 밖에서 찾아야 합니다. • 이사회는 어느누구도 동시에 같은 조직에서 둘 이상의 임원직을 맡아서는 안 됩니다.
이사회 책임	• 이사회 구성원은 법적, 위탁적 책임을 올바로 이해하고 다음과 같은 부문에서 직무를 수행할 책임이 있습니다. – 전략기획, 정책 승인 및 지속적 검토, 성과 및 보수에 대한 연례검토 – 승계계획, 보상구조, 연간예산 및 수익계획, 재무절차, 리스크관리
이사회 운영	• 이사회는 최소 1년에 6번의 회의를 개최해야 하며 회원들의 정기적인 참석을 기대해야 합니다. • 이사회는 광범위한 국민 참여와 활력, 다양성을 보장하기 위해 9년 연속 임기의 제한을 설정해야 합니다. • 이사회 의장은 이사회가 도출한 성과를 매년 평가하고 결과를 개선할 수 있도록 관심 속에서 검토해야 합니다.

Minnesota Council of Nonprofits(MCN), Principle and Practice for Nonprofit Excellence, 일부발췌

미국은 주(state)별로 Council of Nonprofits(비영리조직협의회)가 결성된 경우가 많습니다. 각 주의 법과 환경이 다르기에 그 상황에 맞는 해당

운영지침이 필요합니다. 이에 관내 비영리조직의 지원과 관리를 위한 세부지침을 제정하여 지역 시민사회를 지원하고 돕습니다.

이 지침은 흔히 「Principle and practice for nonprofit excellence」(탁월한 비영리조직을 향한 실행방침)로 명명되며, 10개 내외의 항목에 걸쳐 세세한 안내를 담고 있다는 공통점이 있습니다. 이는 강제사항이 아니나, 주 협의회의 정책에 따라, 실행방침을 준수하면 인증마크를 수여해 지원 사업에 가산점을 주는식의 적극적 가이드라인의 성격을 갖습니다.

미국 시민사회에서 가장 선도성을 보이는 곳 중 하나는 미네소타주입니다. 1994년 미국에서 최초로 'principle and practice for nonprofit excellence'를 개발했으며 이를 활용하여 종사자들에게 양질의 교육을 제공하는 등 롤모델로 활동해왔습니다. 이 실행방침은 전략기획, 거버넌스, 투명성과 책임성, 모금활동, 재무관리, 평가 등 11개의 항목에 걸쳐 총 192개로 구성된 40여 페이지로 구성되어 있습니다. 11개의 항목 중 하나인 거버넌스에서 이사회의 세부적인 역할을 24개로 제안하고 있는데, 이사회가 권한을 행사하는 자리라는 통상적인 이미지와는 달리, 얼마나 높은 수준의 역할과 책임(role & responsibility)를 감당해야 하는 자리인지에 대해 확인할 수 있습니다.

이 책자는 신규 이사들에게도 좋은 교육자료가 되고 있습니다. 책자의 부제목이 「A guide for nonprofit staff and board members」인 데서 알 수 있듯이, 자신에게 필요한 항목만 골라서 찾아보는 방식이 아니라 신규 이사직을 맡게 되어 활동을 앞둔 사람이라면 비영리조직의 운영 전반을 모두 숙지하고 활동해야 한다는 입장이 반영된 일종의 교재라고도 할 수 있습니다. 이러한 사전 학습은 인재상을 충족하는 주요 덕목이기도 합니다.

·이해관계자 경영·

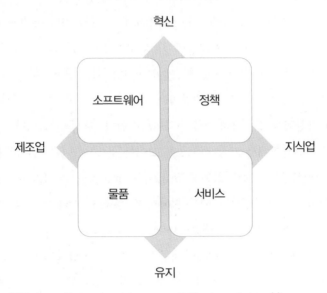

Maylor, 2011, Innovation and maintenance activities in project and line management, Project management, 재구성

1. 거버넌스, 모두에게 중요한 개념일까?

창의와 혁신만이 공익확산을 위한 유일한 전략은 아닙니다. 거버넌스라는 장치는 창의와 혁신을 필두로 하는 조직만의 소유물이 아니라 사회를 유지하는 모든 조직들에게도 중요한 의미입니다. 사회복지기관, 자원봉사기관, 모금기관, 돌봄기관과 같이 사회공동체를 유지하는 조직들(maintainer)은 좀처럼 드러나지 않아도 사회의 곳곳에서 묵묵히 자신의 역할을 감당하고 있습니다. 유지의 역할은 반복적 활동이 많아 지치기 쉽고 성장의 방향을 잡기도 쉽지 않습니다. 이때 다양한 이해관계자 그룹은 각종 자원을 결집하여 거버넌스를 형성함으로써 사회를 지탱하는 힘의 원동력을 제공합니다.

2. 거버넌스, 왜 다양성이 중요할까?

종합적이고 균형잡힌 판단력이 필요한 곳일수록 다양성은 하나의 솔루션으로 작용합니다. 공익의 현장은 복잡한 문제가 발생하기도 하고 갈등과 대립이 형성되기도 합니다. 다양한 시각의 조율과 다수의 참여로 이뤄지는 협력적 의사판단이 필수적입니다. 특히 공익조직은 사회적 가치라는 추상을 목적으로 합니다. 무형의 성과란 협력의 힘이 없다면 창출하기 어려운 성질의 것임을 뜻합니다. 경쟁이 제조업의 문법이라면 협력은 비제조업의 문법입니다. 분업이란 협업을 전제로 한 전략입니다. 협업의 정신이 사라질 때 분업은 형식만 남아 파편화(silo effect)로 향하게 됩니다.

3. 다양성만이 최고 가치일까?

다양성 이전에 동질성이 존재합니다. 거버넌스의 기반인 이해관계자의 다양성은 동질성이라는 자양분이 없다면 공통점이 하나도 없는 그저 다른 사람들의 모임일 뿐입니다. 다양성이 성공적인 거버넌스를 위한 중요 가치에 해당한다면 동질성은 거버넌스의 존재에 대한 근본적인 정당성입니다. 동질성이 확인되지 않은 다양성은 분란의 원인일 뿐입니다. DEIB 원칙이란 조직의 존재적 이유라는 범주 내에 성립하는 개념입니다. 거버넌스의 동질성은 비전체계와 인재상에 의해 규정되는 영역이라 할 수 있습니다.

IV
인재관리와 리더십

"향나무는 자신을 찍은 도끼에도 향을 묻힌다"

조르주 루오

사명 중심의 인사

인재관리와 육성

성장을 돕는 리더십

종사자의 이중 정체성과 역할갈등

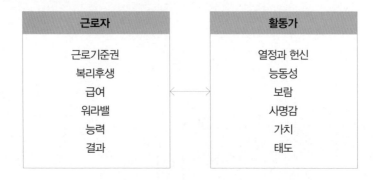

근로자	활동가
근로기준권	열정과 헌신
복리후생	능동성
급여	보람
워라밸	사명감
능력	가치
결과	태도

북한에서 주식이나 마찬가지인 옥수수는 북한민들의 배고픔을 달래주는 요긴한 작물입니다. 북한 농업과학원 연구원 이○○씨는 그의 조국 북한의 식량사정을 개선하고자 십수년 옥수수 연구에 매진한 과학자입니다. 이후 뜻하지 않는 사건에 휘말려 1995년 탈북을 단행한 후 현재 대한민국 국민으로 살고 있습니다. 그가 탈북한 동기는 이 옥수수와 밀접합니다.

북한에서 국책 연구원의 신분이었던 당시 옥수수의 생산량 증진을 위해 오랜시간 노력했던 그는 몇 가지 사실을 간파했습니다. 농업 생산량의 기본 요소는 토지, 종자, 기후인데 그는 남한과 이 세 가지 요소를 비교하며 남한의 농업생산성이 왜 북한보다 높은지 연구하기 시작했습니다. 그는 농사가 가능한 북한의 토지면적이 남한보다 더 넓고 토지의 비옥함도 남한에 비해 나쁘지 않아 토지는 변수가 아니라는 결론을 내렸습니다. 둘째 남한의 종자가 개량된 것이라 더 좋을 줄 알았지만 시범 삼아 재배해보니 북에서는 잘 자라지 않았습니다. 아무 곳에나 잘 자라는 슈퍼 종자란 애초에 존재하지 않으며 토양에 최적화된 종자를 심는 것이 마땅하니 종자 문제도 변수가 아니라는 결론에 도달합니다.

끝으로, 북한의 기후가 남한보다 더 춥다고 알려져 있지만 옥수수 재배를 위한 한계선보다 더 춥지는 않다는 것입니다. 옥수수는 5개월이면 넉넉히 영글기에 일년내내 따뜻하지 않아도 문제가 없어 기후 역시 변수에서 제외됩니다. 토지, 종자, 기후 모두 북한이 부족한 면이 없는데 왜 남한보다 생산량이 매번 뒤처지는지 그는 더 궁금해졌습니다. 이러한 궁금증이 계기가 되어 농업 생산성이 높은 수교국을 탐방하게 되었고 외국을 둘러보며 더 심층적인 연구에 몰두합니다. 그리고 그는 예상 못 한 충격적인 최종 결론에 눈을 뜨게 됩니다.

북한의 농업 생산성이 저조한 까닭은 다름이 아니었습니다. 바로 '소유가 불가능한 시스템'이 원인이었습니다. 북한의 집단농장체제가 생산성을 가로막고 있는 유일하고도 가장 강력한 원인임을 그는 깊이 깨닫게 됩니다. 북에선 생산성이 3%만 향상되어도 농업혁명이라 하는데 개인농장제를 도입한 해외 국가들은 북한보다 평균 500% 이상의 생산성을 보이는 사실은 그에게 큰 충격이었습니다. 그는 이 사실을 서둘러 상부에 보고했습니다. 헌데 이것이 화근이 되어 정치권의 눈 밖에 나게 되고 마침내 탈북으로 이어집니다.

시선을 돌려 우리 현장을 바라봅니다. 의미와 가치를 중시하는 조직의 시스템은 개인농장제, 집단농장제 중에서 무엇에 가까울까요. 자신의 성과가 자신의 것이 된다거나 자신이 개발한 콘텐츠가 자기만의 것이 되는 상황까지 간다면 과도한 적용일 것입니다. 그러나 공동체적 문화와 팀플레이로 작동하는 조직 안에서 자기 존재가 인정조차 받지 못할 때 생산성 저하로 이어지는 현상은 어쩌면 당연할지 모릅니다. 인재(talent)는 관리되어야 하고 관리되지 않은 인재는 성장이 멈추기 마련입니다. 관리의 부재는 방치와 무관심이며 자율을 빙자한 방임과 냉소입니다.

·사명 중심의 인사·

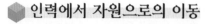

인력에서 자원으로의 이동

	인력관리(PM) Personnel management	인적자원관리(HRM) Human resource management
이론 배경	과학적 관리론 (scientific management)	인간관계론 (human relation theory)
인력 시각	사람은 관리의 대상: 인력은 비용	사람은 관계의 대상: 인력은 자원
중점 요소	직무 적합성	변화 대응력
주요 특징	절차와 규정 중시	결과와 책임 중시
우선 순위	투입 우선	성과 우선

　　전통적 관점에서 조직이 사람을 '관리'하는 두 개의 시선을 살펴보려고 합니다. 비영리현장에서 이른바 '인적자원'이라는 말은 때로 환영받지 못합니다. '사람을 어떻게 자원으로 볼 수 있는가'라는 관점은 조직 내 인사 업무 담당자들을 종종 주눅 들게 합니다. 그런데 사람을 자원으로 보는 관점이 당시에 굉장히 획기적인 혁신이었다는 사실입니다.

　　19세기 후반, 기계산업이 발달하니 노동자의 지위가 낮아집니다. 1900년 전까지도 노동자들의 권한은 등한시되었고 산업혁명의 부작용은 극심해졌습니다. 자본가들의 관심은 오직 생산성의 극대화였습니다. 세계 최초의 경영컨설턴트로 기록되는 Tailor는 1911년 「The principles of scientific management」를 통해 노동 표준화를 통한 합리적 생산관리방식을 제시했습니다. 테일러리즘으로 불리던 이 이론은 노사 화합이나 적정한 임금의 설정을 포함한 이론이었습니다. 그럼에도 자본가들은 노동자를 초단위로 감독하는 방법에 대해서만 관심을 두었습니다.

그의 이론은 현대 경영학, 산업공학의 개념적 토대를 제공했고 '과학적 관리론'으로 발전합니다. 과학적 관리론은, 인력은 비용이므로 노동의 계량화를 통해 차등적 성과급으로 동기부여하면 생산성을 높일 수 있다는 관점입니다. 경제적, 물질적 욕구를 가진 존재가 인간이니 조직이 합당한 관리방식을 통해 노동에 대비한 합당한 임금을 지불해야 한다는 것입니다. 과학적 관리론의 시각에서 사람에 대한 관리란 '인력관리'에 해당하며, 채용, 급여지급 등 일상적인 관리를 의미하므로 교육이나 육성과 같은 개념은 발달하지 않았습니다. 테일러리즘은 애초의 좋은 취지에도 불구하고 구상(경영자)과 실행(노동자)의 분리, 노동자의 자율성 배제, 육체노동에 국한된 시스템 등 한계도 많았습니다.

하버드대의 심리학자 Mayo는 노동자의 근로의욕과 동기유발에 관심이 많은 학자였습니다. 그는 1924~1932년, 임상실험을 통해 노동의 생산성과 효율성을 높이는 방법을 연구했습니다. 이를 요약하자면, 노동자의 자부심과 즐거움 등의 감정, 목표의식과 소속감, 비공식적인 관계, 쾌적한 근무환경에 따라 생산성이 달라진다는 가정입니다. 이에 인간관계론(행동과학)의 새로운 지평이 열리기 시작합니다. 인간은 사회적, 동태적 존재이며 꼭 경제적인 보상이 아니더라도 사회적인 욕구가 있으므로 인간적이고 민주적인 관리를 통해 생산성을 향상시킬 수 있다는 시각입니다. 이 관점은 절차와 규정이 아닌 결과와 책임을 중시함으로써 능력주의 탄생의 배경이 되었고 인재육성의 개념으로 이어집니다. 이러한 흐름은 1970년대 '인적자원관리'의 중요성으로 대두되었고, 1980년대 인권의 발달, 기술의 진보, 기업경쟁력 제고 등으로 인해 기업전략과 통합되어 기업현장에 배치되었습니다(Parker, Beer). 오늘날 우리가 인사업무 전반을 'HR(human resources, 人事)'로 표현하게 된 대략의 흐름입니다.

· 사명 중심의 인사 ·

사명 중심의 HR 관점

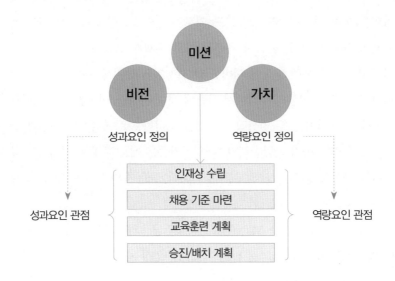

조직의 인사업무는 사람과 직무를 연결하는 임무입니다. 어떤 측면에서는 유일하게 사람 중심으로 사고하는 업무라 볼 수 있습니다. 무슨 시스템이든 사람을 변수로 대입하는 순간 예측이 힘든 변동성을 가지게 됩니다. 즉 합리적인 규칙과 제도를 설계해도 사회환경의 변화나 사람의 정서, 심리에 따라 변화할 수 있음을 의미하는 것입니다. 객관적인 시스템을 바라는 현장의 목소리와 달리 인사업무란 시대와 조직 상황에 따라 변화무쌍하기에 중심 없이 시류에 따라 우왕좌왕하기 쉽습니다. 그렇다면 이를 굳건히 지킬 수 있는 중심은 무엇이 되어야 할까요?

조직의 비전체계는 조직의 존재적 이유인 동시에 존재적 목적입니다. 사업을 하는 이유도, 후원금을 요청하는 이유도, 사람을 채용하고 급여를 지급하는 이유도 비전체계를 통해 설명할 수 있습니다. 이장에서 말하는 인사업무 역시 조직이 선언한 바를 성취하기 위해 존재하는 사람들을 어떻게 최적의 환경에 배치할 것인가에 대한, 그리고 그들을 어떻게 인재로 키워내 더 많은 성취와 성과를 창출하는 조직으로 만들 것인가에 대한 이슈입니다.

미션, 비전, 가치의 주요선언문은 인사기획의 불가결한 재료라 볼 수 있습니다. HR의 출발점인 인재상(ideal candidate profile)의 도출을 주요선언문과 연결해 봅니다. 미션의 인재상은 사명의식, 문제의식과 관계하고, 비전은 목표의식, 가치는 윤리의식과 관계합니다. 미션은 비전과 가치로 전개되는 두 경로에 모두 영향을 줍니다. 이에 이상적인 인재상이라면 비전을 이루기 위한 사명의식, 문제의식, 목표의식을 갖춘 사람이어야 하고, 가치를 준수하기 위한 사명의식, 문제의식, 윤리의식을 갖춘 사람이어야 합니다. 전자는 성과요인, 후자는 역량요인과 결부되어 있습니다. 주요선언문으로 구성된 조직의 비전체계를 HR로 연결하는 과정의 참된 의미는 '완전한 인재상'이 아닌 '적합한 인재상'을 도출하는 일임을 주지할 필요가 있겠습니다.

주요선언문과 인재상 연결구조

주요선언문	미션	비전	가치
인재상	사명의식 문제의식	목표의식 (성과요인)	윤리의식 (역량요인)

비전체계에 연동한 인사체계

이홍민, 2009, 역량평가: 인적자본 약량모델 개발과 역량평가, 리드리드출판(주), 재편집

앞장에서 확인된 바와 같이 인사업무의 시작은 비전체계입니다. 미션이라는 조직의 대전제를 중심으로 비전과 가치가 전개됩니다. 이렇듯 비전체계에 기초한 인재상을 정의함으로써 구체적인 인사체계를 설계할 수 있습니다.

비전체계를 구성하는 요소는 인사업무 단계에서 성과요소와 역량요소로 나누어 볼 수 있습니다. 성과(performance)의 정의는 '목표치에 대비한 정합적 결과'입니다. 다시 말해 설정한 목적·목표에 얼마나 접근했는지에 대한 결과물입니다. 성과의 실체는 결과, 업적, 실적 등이 됩니다. 관계된 적임자의 요건은 직무이해 수준, 적성과 재능, 숙련도와 경험, 준비상태 등일 것입니다. 적임자를 채용했다면 위 요건을 고려하여 예정했던 부서에 배치하게 되고 이후의 관리 절차로 연계됩니다. 이는

HRM(human resource management, 인재관리)의 영역으로 설정할 수 있습니다.

과거 조직들은 성과에만 관심을 두었습니다. 그러다 개인의 역량이 향상되면 조직의 성과도 자연스럽게 향상된다는 원리를 받아들이게 되었고, 그 시점부터 역량이라는 개념이 주목받기 시작합니다. 1973년 역량(competency)이라는 개념을 최초로 제시한 심리학자 McClelland는 '특정 직무를 효과적으로 수행하여 우수한 성과를 내는 사람들이 보이는 차별적인 행동특성'을 역량이라 정의했습니다. 그렇다면 행동특성은 어떠한 요소로 구성될까요. 공익적 조직에서의 역량은 인간 내면의 요소가 개입되어 여타 조직보다 더 포괄적 범위를 지닌다는 점에서 독특한 차별성이 발견됩니다.

이 차원에서 역량의 개념은 가치관과 자기확신, 자세와 태도 등 전통적 관점의 업무능력으로 분류되던 요소의 범위를 초월합니다. 비영리조직에서의 역량(competency)이란 태도(attitude), 능력(ability), 기술(skill), 지식(knowledge)을 모두 포함하는 광범위한 개념으로 이해되어야 합니다. 개개인이 이러한 역량을 가진 인재로 성장할 수 있도록 교육·훈련과 조직문화 환경을 지원하는 영역이 HRD(human resource development, 인재육성)입니다.

성과를 다루는 HRM과 역량을 다루는 HRD는 상호적 개념입니다. 견해에 따라 HRM이 HRD를 포함하는 개념으로도, HRM에서 HRD로 연결하는 연쇄적 개념으로도 이해될 수 있습니다. 이 둘을 도식적으로 구별하려는 시도보다 각자의 현장에 맞는 요인을 찾아 유연하게 적용하려는 모색이 현실적입니다.

·사명 중심의 인사·

인사체계 종합 프레임워크

비전체계를 통한 인재상의 수립, 그리고 인재상에 기반한 HRM과 HRD로의 전개가 지금까지의 요지였습니다. 비전이 성과의 준거라 HRM으로 전개되고, 가치가 역량의 준거라 HRD로 전개된다는 개념은 어디까지나 HR의 이해를 돕기 위한 접근입니다, 비전과 가치가 상호작용해야 미션 성취에 복무할 수 있듯이, 성과와 역량이 배타적 개념이 아닌 협응적 개념임을 이해했다면, HRM과 HRD도 기계적으로 분리할 수 없는 상호적 개념임을 알 수 있습니다. 더구나 HRM이 HRD를 포함한다고 보는 견해도 다수입니다. 보는 시각과 견해에 따라 얼마든지 해석이 달라지는 개념이라 자기현장에 대한 이해가 먼저라 할 수 있겠습니다.

비전은 조직 성장의 방향입니다. 비전은 특정한 목적지향문으로 성과에 영향을 줍니다. 조직은 이를 효과적으로 성취하기 위한 성과관리를 수행합니다. 성과관리는 주로 계층적으로 나타나는 것이 보통입니다. 조직성과, 부서성과, 개인성과가 그것입니다. HR 차원에서 이는 주로 HRM(인재관리)에 관련되며, 조직설계, 성과관리, 노무관리 등으로 세분화할 수 있습니다. 그 실제 업무는 직무설계, 채용과 배치, 평가와 보상, 승급과 승진입니다. 일부 현장에서 이 주무부서를 채용팀이라 지칭하기도 합니다.

한편 가치는 조직문화의 방향입니다. 가치는 특정한 목적지향문이 아니라 항상 준수해야 하는 신념지향문으로 역량에 영향을 줍니다. 신념의 결사체인 공익조직에서는 더욱 특별한 의미를 내포합니다. 역량관리는 주로 업무적 특성에 따라 구분합니다. 공통역량, 직무역량, 개인역량이 그것입니다. HR 차원에서 이는 주로 HRD(인재육성)에 관련되며, 공통교육, 직무교육, 직급교육 등으로 세분화할 수 있습니다. 그 실제 업무는 교육개발, 교육훈련, 경력개발, 조직문화 조성입니다. 일부 현장에서 주무부서를 교육팀이라 지칭하기도 합니다.

비전은 조직이 추구하려는 '성장의 방향'을 설정할 때 최우선의 방향타가 되는 것이 좋고, 가치는 조직이 형성하려는 '조직문화의 방향'을 설정할 때 최우선의 방향타가 되는 것이 좋습니다. 이 두 요소를 배타적 개념으로만 이해하는 것은 적절치 않습니다. 비전과 가치는 다른 성격의 개념인 동시에 순환적 관계이기도 합니다. 또한 비전과 가치는 상호작용을 지속하며 조직의 존재적 이유인 미션 성취에 궁극적으로 기여하는 선언문입니다.

◆ 진화하는 HR

	기존	지향
세계관	인적 자원	인격 자체
평가 목적	관리와 통제	동기와 성장
평가 범위	하위 직급 위주	상하 직급 막론
평가 중점	실적과 능력	성과와 태도
평가 가치	성과주의	기여주의
결과 공개	비공개	공개
경영 관점	업무를 잘 배분하고 관리·평가하는 관리적 관점	각자가 일을 잘할 수 있도록 모니터링, 피드백하는 지지적 관점

　지금까지 HR의 기본개념과 프레임워크를 학습하며 현장에 이식가능한 방식을 다뤄봤습니다. 서두에 거론했던 것과 같이 HR은 사람이 주인공인 영역이라 그 변화는 역동적입니다. 절대적인 법칙이 없고 과거의 정답이 현재의 오답이 되기도 합니다.

　지금까지 HR 즉 인적자원이라는 말이 이 장에서 사용되었지만, 인적자원이라는 용어표현의 적절성 논의와 함께 그 의미가 변화하고 있는 현상은 주지의 사실이라 할 수 있습니다. 인적자원이란 용어 대신 인적자본(human capital), 인적자산(human asset)으로 대체하자는 시도도 있었고 인격 자체로 봐야한다는 견해도 제시되는 등 진화를 거듭하고 있습니다.

　HR의 전통적 관점에서도 사람의 관리와 통제에 관한 담론을 깨끗이 배제할 수는 없었습니다. 이는 계층제와 관료제의 유산이기도 합니다. '윗사람'이 '아랫사람'에게 업무를 잘 지시하고 관리감독하여 성과를 창출하도록 하는 흐름은 큰 틀에서 일방향(one-way) 내지 하향식을 닮아있습니다. 실적과 능력으로 성과를 평가하겠다는 관점은 능력주의의 배태에 긍정적 영향을 주었지만 정작 평가가 왜곡된다면 능력주의는 실적주의로 축소될 수 있습니다.

사람을 인격 자체로 보는 시각은 희망이 될 수 있을까요? 다행스러운 일인지 모르겠지만 잘 알려진 글로벌기업과 국내 일부 대기업은 이미 실험 중입니다. 관리, 통제하지 않고 동기를 유발하며 성장을 돕는 관점이 그것입니다. 실적, 결과와 같은 단선적인 성과보다 성장률, 기여도 등 그 과정이 어떠했는지 관심을 가지려는 시도입니다. '윗사람'은 책임자의 역할로, '아랫사람'은 담당자의 역할로 서로 협업하며 지지하는 관계를 지향합니다. 위계가 관계로 전환되며 인사팀(HR팀)의 이름도 변화를 받아들이고 있습니다. People팀, Culture팀, EX(employee experience, 직원경험)팀, 성장팀, 인재개발팀이 대표적인 사례입니다.

사람을 인격적으로 대할 때 기대하는 결과는 업무에 대해 책임지는 자세와 양질의 성과일 것입니다. 그러나 현장은 100%라는 게 없습니다. 만일 누군가가 조직 분위기를 망치고 있다면 어떻게 대응해야 할까요. 1970년대 미국에서 제기된 '썩은 사과 이론(the law of the bad apple)'은 썩은 사과 하나가 주변 과일을 썩게 만든다는 이론입니다. 썩은 사과는 항상 조직에 대해 불평하고 매사 비판적이며 정작 자신의 책임성은 회피하여 조직의 분위기를 망칩니다. 이에 좋은 인재를 채용하려는 노력보다 문제적 인재를 걸러내려는 시도가 여러 조직의 화두가 되고 있습니다.

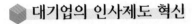

대기업의 인사제도 혁신

	주요 내용
삼성전자	• 절대평가 전환 및 수시 피드백 • 직급 승진 연한 폐지 • 직급, 사번 정보 삭제로 비공개 • 상호 존댓말 사용 원칙 적용 • 공유오피스 설치 및 사내 자율근무존 마련
현대자동차	• 절대평가 전환 • 직급 승진 연한 폐지 • 차장·부장의 직급 통합 • 이사대우·이사·상무의 직급 통합 • 완전 자율복장제도 도입
SK	• 상무·전무·부사장의 직급 통합 • PM·TL·매니저의 3단계 적용 • 팀장 결제 없는 휴가 신고

2021년에서 2023년 사이, 언론을 통해 알려진 국내 주류 대기업들의 인사제도 개편은 더이상 국제경쟁력에서 뒤쳐질 수 없다는 단호한 결단으로 보입니다. 코로나로 인해 근무형태의 변화가 근원적인 도전을 받았던 현실도 무시할 수 없었을 것입니다. 대기업의 변화는 전형적인 산업군의 경영담론 변화라는 측면에서 의미를 지니고 있습니다.

공통된 변화는 인사 절대평가 도입, 수평적 조직문화로의 전환, 위계 직급의 통합과 간명화, 승진 연한 폐지로 인한 능력주의의 본격 도입, 근무 장소나 복장 자율 및 결제 없는 휴가 등 개인권 강화로 이해됩니다. 이러한 변화를 바라보며 공익현장을 연결지어 봅니다. 비영리조직, 사회적

경제조직, 수탁기관 등의 인사제도는 어떠한 변화와 트렌드를 지니고 있을지에 대한 의문입니다. 지금도 어디선가 새로운 형태의 조직이 등장하고 있고, 기성조직 또한 변화를 위해 노력하고 있지만 지나치게 자유롭거나 지나치게 관료적인 양극단이 목격됩니다. 어느 조직은 미래를 살고 있고 어느 조직은 과거를 살고 있습니다.

국내 인사제도의 변화

	인사제도 변화	관점	참조
1960~1987	위계 기반 평가, 정기승진제, 호봉제	연공주의	1987년 노동자항쟁
1987~1997	업적 평가, 팀제 도입, 직책직급 분리	능력주의	1997년 외환위기
1997 이후	개인 평가, 연봉제 도입, BSC 도입	성과주의	

박오수 외, 2008, 한국 기업의 인사평가 변천사, 서울대학교출판부, 재편집

이러한 기업의 변화는 하루아침에 선언한 결과물이 아닙니다. 오래된 위계 중심의 연공서열제에서 노동자들의 반발로 능력주의가 도입되었고, 능력주의는 다시 성과주의로 발전하여 개인성과에 기반한 개인적 보상제공의 형태로 전개되었습니다. 1997년 외환위기 직후 국제경쟁력이 구호가 되던 시절 현재의 형태와 유사한 모습이 완성되었습니다. 의도는 좋았으나 현장의 부작용을 일으킨 사례도 있고, 당시엔 반발이 심했지만 선호하는 제도로 정착된 경우도 있습니다. 공익을 모토로 하는 현장의 다양한 조직들은 이 중에서 어느 시대를 살고 있을지 생각해 볼 일입니다.

·사명 중심의 인사·

IV

인재관리와
리더십

사명 중심의 인사

인재관리와 육성

성장을 돕는 리더십

🔷 인재관리(HRM)와 인재육성(HRD)의 절차

인재관리(Human resource management, HRM)				
a.직무설계	**b.채용·배치**	**c.교육·OT**	**d.인사평가**	**e.보상전략**
직무조사를 통해 요구 역량과 필요 인력 파악	역할과 책임에 의한 직무정의 기반 채용·배치	신규직원 교육 및 신규직원 적응프로그램 제공	인사평가에 의한 성과 및 승진·승급 시스템 마련	보상체계 수립 및 노무 관리

인재육성(Human resource development, HRD)				
a.니즈파악	**b.교육기획**	**c.교육실행**	**d.교육평가**	**e.경력개발**
기관 사명을 바탕으로 직원 요구 역량 파악	조직 내 가용 자원 파악 및 기본계획 수립	인적자원 파악 및 교육·훈련 프로그램 수행	교육·훈련 성과평가 및 피드백으로 개선	경력개발 기회 제공 및 최적의 조직문화 조성

이제 인재관리(HRM)와 인재육성(HRD) 절차의 각 단계에서 어떠한 일이 벌어지는지 살펴보려 합니다. 먼저 인재관리(HRM)는 조직의 인재상에 적합한 사람을 채용하여 알맞은 업무환경에 배치하고 동기부여하는 영역입니다. HRM은 업무만족도와 업무몰입도를 제고하여 입사자가 조직에 기여하도록 장려합니다. 비전체계로부터 도출한 인재상을 확보한 후 직무설계를 정의함으로써 HRM의 절차를 시작할 수 있습니다. 채용과 배치는 인재상과 직무정의에 기초합니다. 채용 이후 신규인원에 대한 교육과 오리엔테이션으로 연결합니다.

조직의 의지와 상황에 따라 수개월의 호흡으로 적응프로그램(on-boarding)을 운영할 수도 있습니다. 인재상과 직무정의에 의해 수립한 인사평가체계는 이후 보상과 지속관리로 이어져 하나의 사이클을 완성하게 됩니다. HRM의 이 모든 절차는 처음부터 끝까지 동시간에 완성해야 하는 기본계획(master plan)의 성격을 갖습니다. 필요에 따라 선택적으로 단계를 골라 준비해서는 안 됩니다. 가령 채용을 할 상황이 되어서야 직무정의를 추진한다던가, 채용을 마친 후 인사평가체계를 뒤늦게 수립한다면 인사업무의 신뢰도는 나락으로 향하고 맙니다.

인재육성(HRD)은 모든 구성원이 비전체계에 정렬되도록 가능한 교육훈련 및 역량개발(training and development)을 주관하는 영역입니다. 조직은 개인의 경력개발을 돕고 이를 통해 개인의 커리어가 발전할 수 있도록 환경을 제공하는 등 길잡이를 자처합니다. 인재육성(HRD)은 인재관리(HRM)에 대한 보완적 성격으로도 이해 가능합니다. 잘못된 채용을 통해 부적절한 인재가 입사해도 교육훈련을 통해 적임자로 키워내는 경우입니다.

HRD는 조직의 비전체계를 중심으로 교육니즈와 요구역량을 파악하여 교육의 기본계획을 수립, 진행, 평가하는 순서를 가집니다. 이후 경력개발과 조직문화 조성으로 이어갈 수 있습니다. 이 영역의 주안점은 요구역량의 정의입니다. 교육을 위한 니즈의 파악은 필요한 절차이지만, 구성원이 원하는 교육만 설계할 수는 것이 현실입니다. 조직의 비전체계와 현장 니즈의 조합이 중요한 이유는 교육훈련이 가지고 있는 이러한 성질 때문입니다. 이렇듯 HRD는 사람의 성장에 초점을 맞추는 특성으로 인해 단기간의 학습효과만 집착하거나 시스템 차원의 구조적 문제를 대수롭지 않게 간과할 때가 있어 항상 신중한 접근이 필요합니다.

· 인재관리와 육성 ·

🔷 인재관리(HRM)-a.직무설계

	직무기술서 Job description	직무명세서 Job specification
기본개념	직무수행과 관련된 직무 정보 등 과업 중심의 직무 정보	직무수행에 필요한 담당자의 요건 등 역량 중심의 인적 정보
포함내용	① 직무명칭과 직군 명칭 ② 직무 개요와 목적 ③ 직무 책임 ④ 과업의 내용 ⑤ 과업별 중요도 등	① 직무명칭과 직군 명칭 ② 요구되는 교육수준 ③ 요구되는 지식, 능력, 기술 ④ 요구되는 자격 사항 ⑤ 요구되는 경력 등

직무정의는 조직에 적합한 사람을 찾기 위한 가시적인 규칙과 정보 목록입니다. 일반적으로 '인사카드'라는 양식을 통해 관리되고 있지만, 현장의 강조점에 따라 재능과 역량을 집중관리하는 '탤런트카드'로 꾸미기도 합니다.

직무정의는 조직 차원의 직무조사를 통해 직무기술서와 직무명세서를 작성함으로써 완결됩니다. 기업과 달리 대다수의 비영리현장은 업무의 연속적 성격으로 인해 변동성이 크지 않습니다. 변화에 대한 민감성 여부보다 업무자체가 분명하게 정의되어 있지 않은 상황이 더 손 봐야 할 사안이라 할 수 있습니다. 실천현장 속에서 모호한 직무정의는 구성원들의 혼란함과 무기력을 초래하곤 합니다. '상사'의 지시는 '제가 왜요?'라는 반발에 부딪히기도 하고 담당자의 결과물은 '이 방향이 아닌데..'라는 '상사'의 한숨에 직면하기도 합니다.

직무기술서는 직무수행에 관련된 과업중심의 정보에 해당합니다. 반면 직무명세서는 직무수행에 필요한 역량중심의 인적 정보에 해당합니다. 전자는 직무 자체가 중심이고 후자는 담당자 역량이 중심이라 할 수 있습니다. 직무기술서와 직무명세서는 조직의 인재상에 바탕을 둡니다. 인재상은 미션, 비전, 가치에 기반합니다. 어디에 무게를 두어 인재상을 도출할지는 조직의 철학과 전략적 판단에 따라 달라진다고 할 수 있겠습니다. 직종이 다양한 비영리조직은 모금, 지원, 옹호, 홍보, 대외관계 등에 따라 직무적 특성이 도드라집니다. 보편적 인재상 아래 직무별 요소를 도출하여 이후 인사평가와 연동하는 것도 좋은 방법입니다.

H사회복지기관의 핵심가치 연동 인재상 도출 사례

핵심가치	조별토론 결과
공감	1조) 고객과 의미있는 삶에 대해 공유하고 공감하는 인재 2조) 다름을 인정하고 공감하는 인재 3조) 작은 일에 공감하고 마음으로 대화하는 인재
강점	1조) 서로의 어려움을 이해하고 존중하며 강점을 바라보는 인재 2조) 강점에 집중하여 성장하는 인재 3조) 강점에 집중하여 더 나은 방향으로 이끌어가는 인재
열정	1조) 같은 목적을 바라보고 열정을 다하는 인재 2조) 모두의 행복을 위해 최선을 다하는 열정적인 인재 3조) 식지 않은 열정으로 따뜻함을 유지하는 인재
도전	1조) 실패를 두려워하지 않고 새로운 도전에 적극 참여하는 인재 2조) 미래지향적인 사고로 변화를 주도하는 도전적 인재 3조) 더나은 현장을 위해 도전하는 인재

· 인재관리와 육성 ·

🔷 인재관리(HRM)-b.채용·배치

니즈 파악	채용전략 수립	채용진행·평판확인	배치
조직·부서의 필요 인원 파악	채용 전형계획 및 주안점 확인	채용전형 실시 및 평판 확인	부서배치 및 업무인계

학령인구가 감소하듯 노동인구의 감소추세는 'big quit(대퇴사)'라는 시대 변화와 결부되어 있습니다. 특히나 조직 중심의 사회에서 사람 중심의 사회로의 전환은 환영할만한 일이지만 인재를 구하는 조직의 입장에서는 거대한 도전이 분명합니다. 이에 뛰어난 인재를 채용한다기보다 조직에 알맞은 인재를 채용하는 일이 점차 강조되고 있습니다. 조직의 채용은 오로지 비전체계에 의한 인재상의 기준으로 인재를 발굴하고 선별하는 일이 본질입니다. 조직에 부합하지 않은 인재는 무기력과 부적응을 극복하기 어렵고 예상치 않은 시점에서 퇴사를 결정하여 조직에 혼란을 일으킵니다.

현시대를 대표하는 현상 중 하나는, 맞지 않는 환경일 때 지체없이 퇴사를 결정한다는 사실입니다. 채용의 현장은 다수의 지원자 중 우수자를 '골라내는 일'과는 거리가 먼 것이 현실입니다. 사람을 힘겹게 찾고 발굴해야 하는 상황에 더 가깝습니다. 이러한 현실은 채용 전형을 심도있게 가져갈 수 없다는 사실을 상기시킵니다. 다회차의 면접은 지원자의 피로감을 부채질하기도 하며 스트레스 면접은 불필요한 분란을 촉발할 수 있습니다. 간단한 면접으로 지원자의 적합성을 성공적으로 판단해야 하는 딜레마와 같습니다. 이에 기존의 채용플랫폼 활용뿐 아니라 내부추천제(직원추천제)와 같이 확장된 채용방식이 확산되고 있습니다.

'나쁜 인재'를 채용한다면 실패한 채용입니다. '지나치게 좋은 인재'를 채용했다고 무조건 성공한 채용도 아닐 것입니다. 관건은 '조직과 직무에 적합한 인재' 여부에 대한 판단입니다. 앞선 개념적 틀을 전제로 하여 채용면접 시 확인해야 하는 최소한의 항목을 제시하자면 1차적으로 성과요인, 역량요인으로 분류할 수 있습니다. 실천현장에 따라 역량요인을 두개로 구분하여 능력요인과 태도요인으로 세분화하는 경우도 있어 유연한 적용이 요구됩니다.

인재상을 전제로 인재의 적합성 여부를 판단하기 위한 간단한 방법으로 다음과 같은 구조화가 가능합니다. 성과요인은 직무이해 정도, 적성과 재능, 숙련도와 경력, 성과와 실패 경험, 준비상태 등을 위주로 접근이 가능합니다. 역량요인은 가치관과 자기확신, 자세와 태도, 능력과 기술, 잠재력과 발전가능성 등을 위주로 접근이 가능합니다. 이러한 HR 차원의 분류는 조직의 비전체계와 정렬될 때 조직전략 및 인사전략의 통합적 효과를 기대할 수 있습니다.

채용면접 시 질문지 구성사례

	면접 질문 사례	근거	
성과요인 확인사항 Performance	① 담당 과업에 대한 이해 및 적성, 재능 ② 과업에 대한 요구역량 이해도 ③ 숙련도와 학습 수준, 준비상태 ④ 업무와 연관된 경험, 성과, 실패	비전	미션
역량요인 확인사항 Competency	① 개인 가치관 등 비전체계와의 연관성 ② 입사동기와 직무에 대한 자세와 태도 ③ 갈등 등 문제상황에 대한 해결 능력 ④ 기술적 역량, 현장에 대한 적응 역량	가치	

·인재관리와 육성·

# 인재관리(HRM)-c.교육·OT

비가시적 요소 포함	조직 설립 배경, 비전체계, 역사	가시적 요소 중심	부서 사업 안내 및 담당자 소개
	조직의 정체성과 생태계 이해		직무 및 직무별 과업 이해
	대외 네트워크, 유관기관 안내		운영규정 및 각종 지침
	조직 민주주의(인권·젠더 등) 이해		내부 시스템 및 행정 절차
	업무 프로세스의 형식지와 암묵지		복리후생 및 성장프로그램 안내

인재관리(HRM)의 목적 중 하나는 일하기 좋은 환경을 제공하는 것입니다. 좋은 인재를 채용했다고 해도 이는 어디까지나 조직의 입장입니다. 개인의 적응은 또 다른 이슈입니다. J채용 포털에 의하면 중소기업의 신규인원 77.3%가 3개월 내에 퇴사한다고 합니다. 퇴사가 잦은 현상이 꼭 부정적인 일은 아닐 수도 있습니다. 적합하지 않은 인재가 조직에 머무는 것은 더 비극입니다. 최근 현장은 passive aggression(수동공격성)이나 quiet quit(조용한 퇴사)가 자주 목격됩니다. 조직에 머무르며 매사 은근한 복수를 시전하거나 최소한의 일만 하며 주위에 민폐를 끼치는 일은 모두에게 불행을 전파합니다.

조직 적응은 가시적인 요소와 비가시적 요소로 분류가능합니다. 체계와 규정은 설명을 통해 교육으로 제공되지만, 실제적인 업무프로세스와 사내정치, 조직분위기와 같은 조직문화는 설명하기 난해합니다. 입사할 때는 가시적 요건을 보지만 퇴사할 때는 비가시적 요인으로 인해 퇴사를 결정하니 인재관리 측면에서는 오히려 후자가 실질적 요인인 경우가 많습니다. 이러한 상황에서 적응프로그램(on-boarding)이 대두된 양상은 자연스러운 일입니다. 온보딩은 특정한 프로그램이라기보다 신입·신규 구성원의 연착륙을 돕는 조직의 중장기적 관심으로 이해함이 좋습니다. 조직의 역사나 정체성에 대해 객관적인 팩트 중심의 건조한 전달보다 조직이 겪어온 서사와 시행착오, 역경을 극복한 구성원들의 기여, 조직의 분위기와 조직문화 등의 관점으로 풍성하게 다루는 것이 좋습니다.

이러한 신입·신규 교육을 온보딩 차원에서 더 의욕적으로 시행하려면 다음의 몇 가지 아이디어를 참조해 볼 수 있을 것입니다. 기관의 기념품과 별도의 선물이 담긴 웰컴키트 제공 및 플레이북, 일잘북, 컬처북 등으로 알려진 기본사항과 문화에 관한 쉬운 안내서 제공, 오리엔테이션 개최 및 동료 소개와 라포 형성 시간 제공, 베스트 프랙티스 위주의 학습리소스 안내, 멘토·버디·튜터와 같은 페어링 프로그램 제공, 팀빌딩 조직문화 워크숍 등 조직몰입 프로그램 제공, 인사담당자의 정기적인 면담과 우려사항 청취, 동아리 등 사적 모임 소개 및 참여 장려 등이 해당 사례라 할 수 있습니다. 일부 현장에서는 직원 EAP 프로그램을 도입해 인재관리에 신경쓰고 있습니다. 이러한 변화는 기업현장뿐 아니라 공직사회에서도 발견됩니다. 인사혁신처가 주관하는 공무원 상담심리 서비스, 고충상담 가이드북 발간은 이러한 대표적 사례일 것입니다.

직원 EAP(employee assistance program) 프로그램의 사례

• 정신건강 증진을 위한 상담 프로그램	• 이혼, 재테크 등 사적 법률상담 서비스
• 동료 간의 분쟁이나 갈등에 대한 조언	• 약물, 알코올 관련 프로그램 연계지원
• 건강 유지 및 웰빙프로그램 지원·제공	• 결혼, 출산 등 굵직한 이벤트 지원
• 워라밸 준수를 위한 모니터링	• 팀원들의 고통 예방을 위한 관리자 교육

🧊 인재관리(HRM)-d.인사평가

	평가항목	요소	평가방식 예	평가결과 활용 예
성과평가 performance	정량적 결과 (과거 중심)	결과·실적·업적	상사평가	포상적 성격 (휴가·연수 등 재충전)
역량평가 competency	정성적 과정 (미래 중심)	태도·능력·기술	다면평가	보상적 성격 (승진·보직 등 역할부여)
종합평가 overall	성과요소, 역량요소를 합산 혹은 분리하는 방식 중 선택 가능			

업무를 하다 보면 '내가 잘하고 있는가', '성장하고 있는가'라는 불안이 엄습해 올 때가 있습니다. 개개인의 불안함과 관심사에 조직이 함께 하고 있다는 확신을 주는 역할이 HR의 업무 중 하나입니다. 인사평가는 잘못을 지적하는 장치가 아닙니다. 더구나 지식노동은 규격화도 쉽지 않아 잘잘못을 판가름하기란 난해한 일입니다. 이때 '요구역량표'를 작성하여 팀 내 조율을 통해 인사평가의 밑그림을 준비한다면 인사평가의 설득력은 강화될 것입니다. 이렇게 목표합의 차원의 과정을 내실있게 운용한 후 본격적인 인사평가를 실행할 수 있습니다.

인사평가의 주체에 따라 하향(상사)평가, 다면(상호)평가, 자가(셀프)평가 등을 선택할 수 있고, 평가내용에 따라 업적 중심 평가(실적·결과), 행동 중심 평가(행위평정·사례발굴)를 선택할 수 있습니다. 나아가 평가의 용도에 따라 등급화를 유도한다면 상대평가로, 자격 여부를 판단한다면 절대평가로 구분할 수도 있습니다. 즉 평가의 주체, 평가의 내용, 평가의 용도에 따라 조직은 인사평가를 선택적으로 설계할 수 있습니다. 특히나 공익적 조직은 노동, 비노동의 경계가 모호할 때가 많습니다. 팀플레이를 통해 성과를 만들어가는 속성도 있습니다. 이런 이유로 자가평가에 의한 부서 내 상호평가, 업적평가와 행동평가의 균형, 경쟁을 부추기는 상대평가보다 협력을 유도하는 절대평가의 도입이 확산되고 있습니다.

D공공기관 요구역량표 작성 사례

전사 단위			부서 단위		개인 단위
	핵심목표	전략(필요시)	핵심요소	핵심성과지표	요구역량
비전체계	맞춤형 서비스 제공	• 환경변화를 반영한 신수요 파악 • 수요 기반의 서비스 관점 강화 • 조직 전반의 인지도 상승으로 호감 유도 • 수요 중심 맞춤형 프로그램 개발	이용자 수요 파악	분석 기반 수요지도 100% 완성	조사력, 분석력, 이용자 관점
			인지도 제고를 위한 활성화	홍보채널 전년 대비 120% 가동	홍보능력, 대외관계능력
			욕구 중심 프로그램 개발	프로그램 개발, 사전만족 90% 이상	기획력, 창의력, 조정능력

고역량자라고 해서 꼭 고성과를 내지 않습니다. 이에 고성과자와 고역량자를 분리하여 결과를 활용하는 방식이 대두되었습니다. 이와 함께 연말의 의례적 평가가 아닌 연중의 상시적 피드백, 업적 자체보다 과정을 보려는 노력, 지적을 위한 관점이 아닌 지지의 관점 등 문화적 요소가 인사제도 저변에 형성되어 있어야 규정이 규제로 오인되지 않습니다. 유달리 즉각적 보상을 선호하는 시대적 변화는 피드백을 통한 동기부여나 성장기회 제공과 같이 여러 해결방안을 검토해야 합니다. 기업현장도 2000년대 들어 자기주도형 평가, 비등급 절대평가가 급증했습니다. 2019년 현재 미국기업의 20% 이상이 전통적 인사평가제를 폐기하거나 축소했습니다.

· 인재관리와 육성 ·

🔷 인재관리(HRM)-e.보상전략

보상	외재적 보상	승진·승급, 주요 보직으로 변경, 중요 프로젝트 일임
	내재적 보상	격려와 인정 표현, 동기·의미 부여, 의미 있는 선물
포상	재무적 포상	상금·상품권 지원, 복지포인트 제공, 학자금 지원
	비재무적 포상	표창 수여·상신, 여행·연수 지원, 특별휴가 제공

　보상전략체계를 구상할 때 보상과 포상으로 분리해 접근한다면 생각 정리에 도움이 됩니다. 보상은 기여에 대한 대가이고 포상은 결과에 대한 대가입니다. 앞서 인사평가와 연동한다면 전자는 역량, 후자는 성과에 관계할 것입니다. 인사평가의 결과로 국한하지 말고 더 넓은 범위에서 조직이 개인에게 제공할 수 있는 것이 무엇인지 살펴봅니다.

　보상은 승진승급, 보직변경, 중요 프로젝트 일임 등의 외재적 보상과 격려와 인정 표현, 동기·의미 부여 등의 내재적 보상이 대표적입니다. 다만 최근 젊은 세대가 호소하는 leader phobia(리더 되기 싫어하는 심리)를 고려할 때 승진승급이 보상책으로 적당한지 고심할 필요가 있습니다. 한편 내재적 보상은 표현하지 않으면 전달이 불가한 성격이라 생략되는 경우가 많습니다. 표현이 어색하다면 의미를 담은 작은 소장품을 선사하거나 티타임처럼 특별한 시간의 할애를 고려해 볼 수 있습니다. 리더의 정성이 담긴 개별적 치하라면 더 효과적입니다.

　포상은 상금·상품권 지원, 복지포인트 제공 등의 재무적 포상, 표창의 수여·상신, 여행 및 연수 지원 등 비재무적 포상이 대표적입니다. 주의할 것은 재무적 포상입니다. 비영리성을 가진 조직환경에서 재무적 포상을 금전적 포상으로만 이해할 때 부작용을 초래할 위험성이 있습니다. 공익적 조직의 성과는 모호한 범위 안에 있어 엄밀하고 정교한 성과평가의 결과로서 제공되는 금전적 포상은 많은 경우 논란을 야기합니다. 또한 외부의 이해관계자 시선에서는 윤리 및 도덕성 이슈가 제기되니 주의가 필요합니다. 성과급 고려 시에도 성과의 '속인주의' 적용이 합당한지 판단할 일입니다. 가령 모금기관에 전화가 걸려옵니다. 요청도 하지 않았는데 뜻 있는 독지가가 기관에 전화를 걸어 선뜻 1억을 기부하겠다는 것입니다. 이 업무가 모금부서의 일이라 모금부서로 전화가 연결되었고, 모금부서 중 우연하게도 A대리가 받아 처리했습니다. 이것은 A대리의 성과로 기록되는 것이 맞을까요? 나아가 이것이 모금부서의 성과가 맞을까요? 나아가, 기부금 수입에 대한 성과급이나 상여금을 책정한다면 그 비율산정의 근거는 무엇으로 설정해야 할까요.

성과평가를 제대로 하지 않았다면 연봉제는 연공제의 또 다른 말일 뿐입니다. 성과가 아닌 물가인상에 의한 의례적 조정이라면 연봉제란 용어 변경에 불과합니다. 직무급 도입도 장애인복지관이나 여성폭력상담소처럼 10개 내외의 직무군이 함께하는 조직이라면 간단치 않습니다. 일부 기업처럼 영업1팀, 영업2팀, 영업3팀이라는 단순분업 직제가 아니라면 섬세한 설계가 필요합니다. 이렇듯 비영리성을 가진 조직에게 보상·포상이란 고려할 요소가 의외로 많습니다. 보상이나 포상 모두 많을수록 좋다는 점에는 이견이 없을 것입니다. 그러나 의미와 가치를 중요시하는 현장에서 빠질 수 없는 보상은, 자신이 중요한 일을 하고 있고, 조직에서 꼭 필요한 인재라는 사실을 알게 하는 일입니다. '인력관리'의 관점은 급여로 만족하는 존재가 사람이라는 철학에, '인재관리'의 관점은 성장으로 만족하는 존재가 사람이라는 철학에 기반합니다.

·인재관리와 육성·

🔷 인재육성(HRD)-a.니즈파악

	공통교육 (기본교육)	직급교육 (리더십교육)	직무교육 (전문성교육)
교육사례	• 신입·신규 교육 • 승진자 교육 • 소통·서비스·윤리 등 공통사항 교육	• 담당자 교육 • 직책자 교육 • 관리자 교육	• 부서 교육 • 직군 교육 • 전문 교육
역량요인	종합역량요인 (competency)	능력요인 (capacity)	기술요인 (skill)

인재육성(HRD)의 역할을 요약하면 역량(competency) 강화를 위한 교육훈련 업무라 할 수 있습니다. 바람직한 교육훈련 계획은 조직의 인재상에 의해 설계되므로 인재육성(HRD)의 목적은 모든 조직 구성원을 조직의 인재상에 닮도록 지원하는 일이 됩니다. 이를 위해 구성원은 직급, 직무에 관계없이 '공통된 역량'을 함양해야 합니다. 이는 종합적인 역량요인으로, 누구나 학습해야 하는 기본적인 공통교육(기본교육)으로 정의할 수 있습니다. 공통교육은 각자의 업무에 임하는 전반적인 자세와 관점을 아우르며 흔히 태도요인(attitude)을 포함합니다.

한편 인재상에 맞는 사람이 되기 위해 또 다른 역량이 필요합니다. 바로 '직급과 직무에 따른 역량'이 그것입니다. 먼저 직급교육입니다. 직급이 올라감에 따라 위치에 걸맞는 능력(ability)이 요구되는데 바로 남을 이끄는 능력, 리더십입니다. 이는 리더십교육에 해당합니다. 한편 직무교육은 '직무에 적합한 전문역량'을 일컬으며 기술(skill)로 수렴되니 기술교육에 해당합니다. 이로써 공통교육(기본교육), 직급교육(리더십교육), 직무교육(기술교육)의 기본체계를 완성할 수 있습니다. '공통교육'의 세부역량 요인은 소통·협력, 문제해결, 자세·태도, 노력·열정, '직급교육'의 세부역량요인은 리더십, 전략기획, 후배육성, 성과관리, 의사결정, 팀빌딩, '직무교육'의 세부역량요인은 전문지식, 기획능력, 자기계발, 업무개선이 각각 해당합니다.

　교육을 구체적으로 설계하기 위해 ISD(instructional system development, 교수체제 설계) 방법이 널리 사용됩니다. 그 구체적 방법은 분석, 설계, 개발, 실행, 평가라는 절차의 앞글자를 딴 'A.D.D.I.E 프로세스'로, 1990년대 미국 공무원 및 교원 교과과정 개발의 모델이 되었고, 2000년대 삼성전자의 역량기반 인재육성 시스템의 참조가 되기도 했습니다.

> **A.D.D.I.E 프로세스**
>
> ① 분석(Analysis) 단계: 학습과 연관된 요인들을 분석
>
> 　대상, 수준, 특성, 기대사항 파악. 가용자원 및 환경분석. 학습 준비상황 점검
>
> ② 설계(Design) 단계: 앞 분석결과를 기반으로 제반 사항 설계
>
> 　수행목표를 실행용어로 구체화. 평가도구, 교수전략, 교수매체 선정
>
> ③ 개발(Development) 단계: 실행계획서 초안 개발 및 보완·완성
>
> 　교수자료 초안 개발과 형성평가. 프로그램 보완 수정 후 완성
>
> ④ 실행(Implementation) 단계: 현장 적용 및 관리
>
> 　개발된 교육훈련프로그램을 실제 현장에 사용하고 지속 유지·관리
>
> ⑤ 평가(Evaluation) 단계: 실행과정의 모든 결과 평가
>
> 　교수자료, 프로그램, 교수매체 등의 적합성, 효과성 평가. 보완 시사점 도출

인재육성(HRD)-b.교육기획

요소	ISD 교수체제 설계 instructional system development	CBC 역량기반 과목설계 competency based curriculum
정의	학습자의 직무수행, 현안 해결에 필요한 요구를 파악하여 이를 해결할 수 있도록 설계한 학습체계	조직의 성과창출에 요구되는 직무역량을 파악하여 누구나 가능한 수준으로 향상될 수 있도록 설계한 학습체계
목표	적정수준 이상의 업무 수행능력 배양	조직의 사업전략 달성 수행능력 배양
장점	• 교육목표 명확 • 업무현장의 즉각적 문제해결	• 광범위한 상황에서 발휘되는 효과 • 핵심인재 육성 가능

앞선 교수체제설계(ISD)는 학습대상자의 직무수행과 현안 과제 해결에 필요한 요구를 파악하여 이를 학습체계로 구성한 결과라 할 수 있습니다. 그런데 현장의 역동과 변화가 이러한 전통적인 교육설계만으로 충족되지 못하는 결과가 발생합니다. 그 반대급부로 CBC(competency based curriculum, 역량기반 과목설계)가 등장합니다. CBC는 본래 우수성과자의 역량과 행동을 지표로 만들어 교육을 설계한 방법입니다. CBC는 조직의 성과창출을 더욱 주시하는 접근법으로, 성과창출에 요구되는 직무역량을 구성원이 갖추도록 설계하는 방식입니다. ISD는 직무수행과 현안과제를 해결하기 위해서, CBC는 성과창출에 요구되는 직무역량을 향상시키기 위해서 사용되는 설계방식입니다.

CBC는 이따금 DACUM(developing a curriculum)설계법과 혼용됩니다. 직무를 분석하여 교육을 체계화한다는 측면에서 CBC와 유사한 성격을 갖지만 특정 성과우수자를 모델링하여 핵심역량 향상에 초점을 맞춘 CBC는 개인의 역량에 좀 더 집중하는 접근인 반면 DACUM은 직무분석을 바탕으로 지식, 기술, 태도의 관점에서 필요한 전반의 직무역량을 교육으로 개발하는 방식이라 신속하고 포괄적이라는 차이점이 있습니다.

교육체계와 ISD & CBC 연계

공통교육	직급교육	직무교육	기타
• 신입·신규 교육 • 승진자 교육 • 소통·스마트워크· 서비스·윤리 등	• 담당자 교육 • 중간관리자 교육 • 최고관리자 교육	• 직군A 직무교육 • 직군B 직무교육 • 직군C 직무교육	• 법정교육 • 외부교육 • 학습동아리 등
ISD 위주	ISD 위주	CBC·DACUM 위주	–

ISD는 때로 딱딱한 교육체계로 설계될 수 있어 구성원들의 욕구(needs) 반영 여부가 성공의 관건입니다. CBC와 DACUM은 핵심역량이 무엇인지에 대한 판단이 필요한 접근이라 조직이 배양하고자 하는 씨앗(seeds)에 대한 정의와 판단이 선행되어야 합니다. 구성원들이 요청하는 교육만 할 수 없듯이 조직이 필요로 하는 교육만 강요하기란 고된 일입니다. needs와 seeds의 조화를 통해 ISD, CBC, DACUM의 균형을 도모한다면 HRD는 성공으로 향합니다. 다만 최근의 변화무쌍한 업황으로 인해 기업들은 HRD의 전통적인 문법에서 변주를 가하기 시작했습니다. 1년 단위의 경직된 교육훈련에 대한 기계적 수행이 아니라 시장의 변화, 이해관계자의 요청 등 필요에 따라 맞춤형 교육을 수시 기획하고, 상시적인 피드백을 통해 성장을 도모하는 방식이 그것입니다.

인재육성(HRD)-c.교육실행

	내부교육 On the job training	외부교육 Off the job training
장점	• 조직 환경과 특수성에 적합한 맞춤형 교육 가능 • 사내강사 발탁으로 인재육성, 조직문화 개선 가능성	• 전문성이 보장된 양질의 학습 가능 • 근무환경을 벗어나 전념 가능한 학습 환경 보장
단점	• 외부강사 초빙 시 조직 현장과 동떨어진 내용 전달 가능성 • 의무적 참여권유와 업무환경 분리 불가로 효과성 저하	• 근무시간 감소와 추가적인 경제적 비용 부담 • 단기적 효과에 치중된 한계 발생

앞선 교육의 설계를 충실히 완료했다면 교육실행의 단계는 비교적 수월하게 풀어갈 수 있고 가시적인 성과도 기대할 수 있습니다. 교육실행의 형태는 내부교육, 외부교육의 이분법으로 인식되어 왔습니다. 교육이 실행되는 공간이 내부인지, 외부인지에 의해 쉽게 분별할 수 있습니다.

내부교육은 효과성과 편의성 측면에서 장점이 있지만 외부강사를 초빙할 때 현장의 이해도가 높은 전문가인지 선별하는 일이 변수입니다. 만일 사내강사를 활용한 교육을 진행한다면 현장밀착형 내용을 전달할 수 있어 교육 효과가 크고 사내강사를 육성할 수도 있어 다방면에서 유익합니다. 다만 내부교육은 일터에서 이루어지므로 교육과 업무의 공간이 분리되지 않아 집중도가 떨어질 수 있음을 고려해야 합니다.

외부교육은 외부에서 개최하는 교육에 참석하는 행위로 정의됩니다. 과거에 참석했던 사람들의 평가를 청취하여 교육기관의 전문성을 사전에 검증할 수 있고, 근무환경을 벗어나 학습에만 열중할 수 있다는 점은 장점입니다. 다만 외부교육은 별도의 시간 소요, 교육비 지출의 부담이 발생하고 신체적 피로감을 동반합니다. 또한 가시적 효과에만 치중된 직무·기술교육이 많아 근본적인 역량개발에 한계가 나타나기도 합니다.

교육의 4대 운영요소

주체		실무	
학습자	교수자	홍보·모집 활동	현장 운영·지원
교육성과를 창출하고 평가를 통해 교육을 개선하는 학습당사자	조직이 지향하는 기획의도를 현실로 구현하는 학습파트너	학습자의 기대를 어떻게 교육으로 구현했는지 알리는 행위	기획 의도대로 성과를 창출하기 위해 실무적으로 지원하는 행위

최근 실천현장도 변화를 맞이하고 있습니다. 고정된 교육방법을 탈피하여 변화된 상황에 적극적으로 대응하자는 취지입니다. 온라인 교육방식 병행, on-demand(요구가 있는 경우 즉시 설계) 교육, 특정 직무에 대한 베스트 프랙티스 중심의 실용적 교육, 공동의 관심사를 중심으로 모인 자율학습공동체(community of practice, CoP) 운영 등을 기존 교육체계에 가미할 수 있을 것입니다. 그럼에도 사무실에서 일을 통해 배우는 실전보다 더 효과적인 교육을 찾기란 어려운 일입니다. 업무를 통해 지식과 경험을 습득해가는 과정은 고난이도의 액션러닝(action learning)이자 가장 다이나믹한 플립러닝(flip leaning)입니다.

🔷 인재육성(HRD)-d.교육평가

	성과 지표(사례)	측정 방법	비고
정량 성과	• 교육 횟수 • 참석자 수 • 수료자 수	• 데이터 수집 • 수치화	직접측정
정성 성과	• 결과 정합성, 내용 효과성, 업무 적용성 • 내용 만족도, 강사 만족도, 환경 만족도 • 교육의 긍정 요인 및 개선 요인 등 총평	• 설문 조사 • 인터뷰·토론 • 사례 조사	질적측정

이윤이 아닌 사회적 가치를 추구한다면 관계된 교육의 메뉴는 더 다채로울 것이라 예상할 수 있습니다. 이 영역에서 역량의 정의는 기술과 유능함뿐 아니라 관점과 태도까지의 확장을 권유합니다. 이상과 현실 양쪽을 균형감 있게 성장으로 이끄는 일은 간단하지 않습니다. 이런 상황에서 교육 종료 후 참가자들에게 '만족도'만 조사하는 일은 애써 설계한 양질의 교육성과를 섣불리 단순화하는 불찰일지도 모릅니다. 사회적 가치를 표방한 조직이 수행하는 교육이 복합적이라는 사실은 그 결과물인 교육의 성과도 복합적임을 암시합니다.

소위 '만족도 조사'로 통칭하는 행위는 엄밀한 의미에서 학습자 의식조사라는 설문기법을 교육평가지(educational evaluation form)로 활용한 사례에 해당할 것입니다. 앞 표와 같이, 정량성과와 정성성과를 분류하고 정량성과를 통해 정성성과로 도출하는 인과관계를 구성함으로써 측정하기 난해한 교육의 효과성을 입증하여 성과의 설득력을 증진합니다. 특별히 설문기법은 숫자와 글자 모두를 제공하므로 인포그래픽과 스토리텔링으로 활용할 수 있어 쓸모가 많습니다.

이 방식은 가장 대중적이고 친근한 평가방식에 속하지만 평가자의 인식과 환경에 따라 편향을 겪을 수 있다는 한계점이 있습니다. 교육의 본질적 요소보다 운영방식과 편의사항에 치중된 평가로 왜곡할 수 있고 장기적 시점의 평가가 불가하기에 이 부분을 고려해서 설계하는 것이 좋습니다.

Y기관 교육평가지 사례(주관식 질문 생략)

평가항목	세부항목	⇐ 아니다 그렇다 ⇒
종합평가	**(만족도 항목)** 강의에 대해 전반적으로 만족합니까?	① ② ③ ④ ⑤
	(성장도 항목) 강의 전과 비교할 때 역량이 성장했습니까?	① ② ③ ④ ⑤
a.내용평가	**a-1. (적절성 항목)** 강의주제는 사전에 기대한 바에 부응합니까?	① ② ③ ④ ⑤
	a-2. (효과성 항목) 강의내용은 고민의 해결에 도움이 되었습니까?	① ② ③ ④ ⑤
b.강사평가	**b-1. (전문성 항목)** 강사의 전문성과 준비상태는 양호합니까?	① ② ③ ④ ⑤
	b-2. (전달력 항목) 강사의 전달력과 운영능력은 좋습니까?	① ② ③ ④ ⑤
c.운영평가	**c-1. (운영력 항목)** 전반적인 강의의 운영은 적절합니까?	① ② ③ ④ ⑤
	c-2. (환경적 항목) 전반적인 강의장 환경은 우수합니까?	① ② ③ ④ ⑤

·인재관리와 육성·

McClelland 역량모델(1973), Spencer&Spencer(1993), 역량의 구조, 재구성

경력(經歷)이나 이력(履歷) 모두 '밟아온 길'을 뜻하는 한자입니다. 영어의 career도 마차바퀴 자국을 뜻하는 라틴어 carrãria에서 비롯되었습니다. 미래의 자신이 어떤 사람일지 알려면 과거와 현재 어떤 길을 밟아왔고 또 밟아 나아갈지를 파악하면 됩니다. 이런 면에서 경력개발이란 승진승급이라는 지위 차원의 주제로 축소해서는 안 되고, 평생학습의 관점에서의 자기계발을 뜻한다고 보아야 할 것입니다.

McClelland 등 역량에 대해 연구한 학자들의 이론을 재구성한 원모양의 역량모델을 살펴봅니다. 역량모델에서의 역량 내면은 trait(기질)과 motive(원동력)가 깊숙이 자리잡고 있습니다. 기질은 타고난 일관적 특질이며 유전적 정보와 관계있는 개념입니다. 원동력은 특정한 행동의 의욕과 계기로 심리와 관계있는 개념입니다. 그다음으로 정체성, 가치관이 있습니다. 정체성은 자아상과 자기개념이며 자신이 자신을 어떻게 인지하고 있는가의 문제입니다. 가치관은 사고방식과 세계관을 의미하며 삶을 대하는 자세와 태도입니다. 원의 끝자락엔 지식과 기술 등이 위치합니다. 지식은 특정 분야에 대한 체계적 정보이고 기술은 과제를 수행하는 실천적 능력을 뜻합니다.

기질과 원동력은 원 내부에 감춰져 있어 개발이 더디고 잘 드러나지 않는 편입니다. 지식, 기술과 같이 외부에 위치하여 드러날수록 인지가 쉽고 개발이 용이한 편입니다. 현대사회의 교육은 대다수가 직무교육입니다. 직무교육은 역량의 원 밖에 위치한 지식과 기술 등의 요소에 해당합니다. 교육효과를 측정하기 쉽고 교육내용 역시 가시적인 방법론이 주류를 이룹니다. 반면 원 내부의 역량요소는 교육으로 설계하기 까다롭고 그 효과를 가늠하기도 쉽지 않습니다. 문제는, 내부의 역량요소를 배제한 채 외부의 역량요소만 개발하는 데에는 성장에 한계가 생긴다는 점입니다. 진정한 경력개발이란 성찰과 자기객관화를 통해 자신의 부족한 점을 바르게 인지하는 일에서 시작합니다.

경력개발계획(career development program, CDP)의 구성 사례

구성항목	세부내용(자기평가방식)
직무기술서	담당하는 주요과업과 평가
직무명세서	직무에 요구되는 역량과 평가
종합평가	종합적인 성과와 시사점 등
경력개발 계획	성장경험과 계획 등 자기성장 기술서
제안사항	자유 제안 및 희망직무

· 인재관리와 육성 ·

Wrap-up Q&A

인사평가 항목	항목 특성	접근 방법	고려요소
성과 평가 performance	정량적 측정	측정(measurement)	결과, 실적, 업적
역량 평가 competency	정성적 평가	평가(evaluation)	태도, 능력, 기술
종합 평가 overall	종합적 판단	사정(assessment)	

1. 공정한 인사평가란 가능할까?

조직의 모든 성과를 정량화하는 일은 불가능하거나 무의미합니다. 그럼에도 조직의 성과는 정량화가 필요할 때가 많습니다. 하지만 개인의 영역인 인사성과란 직무의 성격에 따라 정량화가 쉬운 경우가 있고 그렇지 못한 경우도 있습니다. 부서의 인프라에 따라 성과가 비교적 손쉽게 창출되는 부서도 있지만 척박한 여건의 부서도 있습니다. 이 모든 변수를 숫자로만 환치하려는 무리수가 불공정의 근원입니다. 우리사회는 1997년 국제금융위기 이후 성과주의라는 명목에서 평가의 정량화·계량화를 꾸준히 적용해 왔습니다. 이후 성과가 나타나지 않은 업무는 기피대상이 되었고, 부서는 서로 경쟁하고 견제하는 부작용이 생겼습니다. 인사평가의 공정성에 대한 의구심도 더욱 팽배해졌습니다.

2. 인사평가, 객관적인 지표는 없을까?

객관화의 목적은 공정성입니다. 공정성을 위한 객관성 강화는 정량화 기법으로 손쉽게 귀결되곤 합니다. 문제는 정량화를 통한 객관화의 시도가 오히려 공정성의 걸림돌이 되기도 한다는 점입니다. HR(인사)의 영역은 주관의 개입되는 동시에 변수가 작용하는 영역입니다. 인사평가의 두

축인 성과(performance)평가와 역량(competency)평가에서 성과는 실적, 업적, 결과라 정량화가 쉽지만, 역량은 기여, 태도, 능력이라 정성적 요인이 개입합니다. 이를 정량지표로 단순화하면 공정성에 균열이 시작됩니다. 절대적으로 객관적인 지표란 존재하지 않는 개념입니다. 지표의 객관성 자체가 정답은 아닙니다.

3. 주관적 평가란 정당한 것일까?

위 표와 같이 인사평가의 세 가지의 경로는 평가의 주관성을 객관화하기 위한 구성적 차원의 접근입니다. 성과(performance)는 척도에 의한 계량이 가능하니 측정(measurement)으로 수행하고, 역량(competency)은 정성적 요소를 포함하니 가치를 담는다는 뜻의 평가(evaluation)로 수행하며 이를 종합해 사정(assessment, 조사하여 결정함)으로 마무리하는 방식입니다. 평가의 객관성을 위해 결과를 점수로 표기하는 배점방식(scoring)이 일반화되었습니다. 배점행위란 인간의 주관적 인식을 숫자로 표현하는 일에 지나지 않습니다. 인사평가에서 주관적 견해가 반영되는 현상은 피할 수 없는 일이거나 자연스러운 현상입니다. 조직의 경영철학과 인재상 모두 비과학인 동시에 주관적인 가치입니다. 정량화는 객관화의 요건일 뿐 공정함의 전체가 아닙니다. 부당한 주관성은 개선해야 할 부조리지만 올바른 관점의 주관성이라면 현장과 맞지 않는 객관성보다 나은 점이 많을 것입니다. 주관적이냐 객관적이냐가 핵심이 아닙니다. 우리 조직에 맞는 지표로 평가했는가가 핵심입니다. 실리콘밸리의 잘 나가는 기업일수록 인사평가를 간명화하거나 자기평가(self-assessment)로 대신하는 트렌드가 무엇을 의미하는지 생각해 볼 일입니다. 인사평가를 정량적 제도로 축소하지 말고 조직문화 차원으로 끌어올려야 한다는 교훈을 그들은 실천하고 있습니다.

· 인재관리와 육성 ·

IV

인재관리와
리더십

사명 중심의 인사

인재관리와 육성

성장을 돕는 리더십

HR의 변화와 리더십의 부각

Manager 관리자	Leader 리더
• 상사에 의한 업무 분배 • 계획 관리, 규칙 준수 • 관리 감독 • 평가를 통한 보상 제공 • 보고와 지시	• 독립적 직무 보장 • 영감 제공, 사고 촉진 • 상시 피드백 • 경험을 통한 성장기회 제공 • 모니터링과 동기유발

Carson derrow, 2015, Entrepreneurshiplife.com/leadership-management-debate,
Leadership Versus Management Debate, 재편집

높은 직위의 힘을 이용하여 이끄는 능력을 headship이라 하고, 지위와 관계없이 이끄는 능력을 leadership으로 가름합니다. head란 서열상 위쪽에 있는 책임자를 의미하고 경영에 관여하면 manager라 부릅니다. 반면 leader란 head의 의미를 뜻하기도 하지만 그러한 직위와 무관하게 영향력을 행사하는 존재를 뜻합니다. 현대사회는 갈수록 위계가 간명해지고 직위도 유연해지고 있습니다. 변화를 거듭하는 현장은 전통적인 관리자(conventional manager)의 역할보다 리더(leader)의 역할을 더욱 원하고 있습니다. 리더가 아니어도 리더십이 필요한 세상이 되었습니다. 과거 Peter Drucker는 '이제 조직은 supervisor(감독자)가 아니라 manager(관리자 혹은 경영자)가 필요하다'고 말했지만 시대는 어느덧 manager를 넘어 leader로 향하고 있습니다.

전통적인 조직관리 관점에서 사람은 하나의 인력에 지나지 않았고 생산수단에 불과했습니다. 하지만 리더십이라는 개념이 태동하기 전부터 인력관리의 역할은 절대적으로 필요했습니다. 인력관리의 개념은 아직도 현대경영에 유물처럼 남아있습니다. 위에서 지시받은 일을 아래에 잘 분배하고 관리감독하며 계획대로 준수되는지를 평가한 후 합당한 임금을 지급하는 메커니즘입니다. 한때 과학적 관리(scientific management)로 불리던 이 방식은 어느 순간부터 성과창출의 걸림돌로 지목되기 시작합니다. 독립적인 직무를 보장하여 주도성을 제공하고, 담당자 스스로 활로를 열어갈 수 있도록 영감을 제공하며, 상시적인 피드백을 통해 동기유발하는 방식이 생산성에 더 유익하다는 사회적 실험이 공감을 얻기 시작했습니다. 사람을 관리의 대상이 아니라 해결과 혁신의 주체로 보는 시각의 등장입니다. 이러한 흐름은 리더십에 대한 폭발적 관심으로 이어지게 됩니다.

1960년대 심리학자였던 McGregor는 '인간은 게으르고 이기적인 존재라 관리감독과 통제로 경영해야 한다'는 X이론을 발표하며, '인간은 목표달성과 자기성장을 위해 자발적으로 움직이는 존재라 자율성과 동기부여를 통해 경영해야 한다'는 추가된 가설, Y이론을 발표했습니다. 이는 피터드러커가 제시한 MBO에서 분수령이 되었습니다. 기존까지 산업의 주류였던 제조업을 벗어나 무형의 상품을 다루는 지식노동자의 관리방안을 분석적으로 다루었던 까닭입니다. 이어서 MBO를 보완하기 위해 KPI(key performance indicator)와 BSC(balanced score cards)가 제시되었고 실리콘밸리를 중심으로 현재 OKR(objective key results)이 정착되었습니다. 이 거대한 변화의 매듭마다 조직 내 상사(head)의 역할은 점차 진화해 갔습니다. 과거 '관리자(manager)'의 정체성이 현대사회에서 '리더(leader)'로 진화되어온 근저에는 '인간은 어떤 존재인가'라는 철학적 인간관(human condition)이 절대적인 변수로 작용했습니다.

·성장을 돕는 리더십·

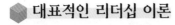
대표적인 리더십 이론

전통적 리더십 1930~1970년		현대적 리더십 1970년~현대	
위인이론	거래적 리더십		교환이론
특성이론	변혁적 리더십		셀프 리더십
행동이론	헌신적 리더십		윤리적 리더십
상황이론	카리스마 리더십		협력적 리더십

　리더십 연구의 시조새는 위인(great man)이론입니다. 역사적으로 위대한 인물은 애초에 천부적인 특성이 있다는 시각입니다. 이는 특성(trait)이론과 함께 묶어 분류되기도 하는데, 리더는 지능, 결단력, 성실성 등 특정한 요인을 선천적으로 타고난다는 시각입니다. trait란 선천적으로 타고난 특질(特質)이나 기질을 뜻하며 성공적인 리더에서 발견되는 독특성을 연구합니다. 이에 대한 반발로 행동(behavioral)이론이 제기되었습니다. 리더십은 타고난 특성이 아니라 주어진 상황에서 리더가 보이는 행동유형이 변수라는 이론입니다. 성공한 리더십의 행동을 훈련으로 습득할 수 있다는 인간관입니다. 이후 제기된 상황(contingency)이론은 타고나는 행동양식만으로 보편적 리더십을 단정할 수 없고 리더십의 상황적 요소가 리더십 성공 여부를 결정한다는 이론입니다. 이러한 상황요소 중에는 리더와 팔로워의 특성, 과업의 성격, 집단의 구조 등이 있습니다. 널리 알려진 Fiedler의 상황이론은 '과업지향적 리더십'이냐 '관계지향적 리더십'이냐로 구분하는 프레임으로 현재까지 족적을 남기고 있습니다.

　거래적(transactional) 리더십은 리더의 지시에 팔로워가 순응하는 형태로 일정한 보상을 활용합니다. 목표를 설정한 후 팔로워들의 결과에 따른 명확한 판단으로 보상과 징벌을 실행합니다. 거래적 리더십은 명료한 목표, 확실한 평가기준, 뚜렷한 보상과 징벌이 준비될 때 높은 생산성으로 이어집니다. 변혁적(transformed) 리더십은 거래적 리더십의 교환관계를 벗어나 리더와 구성원 사이에 동기유발과 도덕성을 지향합니다. 조직의 비전과 가치를 강조하여 팔로워의 가치체계를 변화시키고 내재적 보상을 통해 몰입도를 향상토록 합니다. 변혁적 리더십은 비전과 영감을 통해 팔로워의 잠재력을 자극하고 혁신을 도모합니다.

헌신적(servant) 리더십은 타인을 위한 섬김과 봉사를 통해 모범이 되고, 팔로워들의 자율성과 인격존중을 통해 팔로워가 스스로 기여하도록 만듭니다. 리더는 목표를 공유하고 팔로워의 성장을 지원하며 신뢰를 구축합니다. 경청과 공감, 통찰력과 비전의 형상화, 청지기정신(stewardship)과 성장지원, 치유와 공동체 형성 등이 요건입니다. 셀프리더십은 스스로의 행동과 생각을 바꿔 스스로 통제하고 몰입하는 리더십입니다. 셀프리더십은 자기인식, 목표설정, 자기관리, 내적 동기 등이 요건입니다. 교환(leader membership exchange) 이론은 리더와 팔로워가 친밀한 관계일 때 그렇지 못한 관계보다 높은 직무만족과 성과를 보인다는 이론으로, 상호 교류의 질이 높아질수록 더 많은 긍정적 성과를 창출한다는 이론입니다. 이 이론은 리더와 팔로워의 일대일 관계를 전제로 하며 관계성이 깊어지면 둘은 파트너 관계로 발전한다는 시각입니다.

이외에도 리더의 개인적인 매력과 강한 지도력에 의존하는 카리스마(charisma) 리더십, 성과에 집착하지 않고 도덕적 규범을 준수하여 선한 행동으로 공동이익을 추구하는 윤리적(ethical) 리더십, 목표에 공감하는 행위자들이 공동의 성과·가치 창출을 위해 공동과정에 참여하도록 유도하는 협력적(collaborative) 리더십이 현대 리더십의 주요 이론에 속합니다.

🔷 성공적인 팀빌딩을 위한 리더십

　수평적 조직문화가 정답처럼 여겨지는 사회분위기는 마치 리더가 사라져야 한다는 목소리와 동일한 것처럼 여겨지기도 하지만 리더를 없애는 실험은 대부분 기대했던 것과 다른 결말로 끝났습니다. 리더가 사라지면 민주적이고 수평적인 조직이 될 것이란 믿음은 대부분 환상에 지나지 않았습니다. 리더가 사라지는 것이 대안이 아니라 리더의 역할 변화가 대안입니다. 수직이건 수평이건 책임과 권한이 조화로운 역할이 조직문화로 정착되는 것도 중요합니다. 리더십을 지위가 아닌 역할의 문제로 바라볼 때 건강한 리더십이 싹틀 수 있습니다.

　조직사회의 리더는 비전을 제시하고 의사결정에 관여함으로써 고유한 역할을 증명합니다. 리더는 조직에 관계된 규정규칙을 해석하여 실제적인 적용점과 해석을 제시하는 등 시스템을 초월하는 언행을 보이기도 합니다. 리더는 보상제공과 동기유발을 통해 구성원들을 행동하게 만들어 직무범위를 넘어선 성과를 창출합니다. 한마디로, 리더의 언행은 구성원의 정서, 사내 분위기, 조직문화에 무시할 수 없는 영향을 미칩니다. 이러한 리더의 역할과 영향은 직무기술서와 직무명세서로 제한할 수 없는 광범위한 범위로 뻗어 나가기도 합니다.

2012년 구글은 사내 180여개의 팀 중 가장 생산성 높은 팀의 비밀이 무엇인지 알기 위해 4년간 200회 이상의 인터뷰를 통해 공통요인을 분석하고, 이 데이터를 참조하여 성과를 창출하는 팀의 5가지 요소를 발표했습니다. 일명 Project Aristotle(아리스토텔레스 프로젝트)로 알려진 이 연구에서 발표한 5개 요소 중 최우선으로 손꼽히는 것은 psychological safety(심리적 안전)로, 실패해도 두렵지 않은 환경을 가진 팀이었습니다. 팀리더는 팀원의 발언권을 보장하고 프로젝트의 실패에도 개인에게 책임을 추궁하지 않는 분위기를 만들어 자유롭게 아이디어를 개진하고 의욕적으로 업무를 주도할 수 있었다는 결과입니다. 이러한 팀은 '알고 있으면서도 모른 척하는 지식은폐' 현상이 없었습니다.

이보다 앞선 구글의 Project Oxygen(산소프로젝트 실험)은 생산성 높은 팀리더의 덕목을 8가지로 발표했습니다. 권한을 위임하고 세부관리(micro-teaching)하지 않는 리더, 팀원의 커리어 개발에 관심을 두고 지원하는 리더, 경청과 소통으로 좋은 코치의 역할을 하는 리더가 대표적입니다. 이러한 법칙이 모든 현장에 다 들어맞을 수는 없을 것입니다. 세상엔 창의와 자율이 요구되는 업종만 존재하지 않으며, 당위적 업무, 위험한 업무, 긴급성을 다투는 업종도 많습니다. 창의와 자율이 귀중한 만큼 당위와 사명도 귀중한 곳이 공익의 현장이라 하겠습니다.

· 성장을 돕는 리더십 ·

심리적 안정성 실천단계

	Step1. 토대 만들기	Step2. 참여 유도하기	Step3. 생산적으로 반응하기

리더의 역할	**업무의 프레임 구성하기**
	– 실패, 불확실성,
	  상호의존에 대한
	  기대치를 설정하고
	  문제제기의 필요성을
	  명확히 하기
	
	목적 강조하기
	– 무엇이 중요하고
	  무엇이 문제이며
	  누구를 위한 일인지
	  분간하기
		상황에 따라 겸손하기
		– 모르는 부분 인정하기
		
		적극적으로 질문하기
		– 좋은 질문 하기
		– 경청하는 문화 만들기
		
		구조와 절차 만들기
		– 구성원 제언을 위한
		  장만들기
		– 토론을 위한 지침
		  제공하기
			가치 인정하기
			– 구성원의 목소리
			  주시하기
			– 문제제기 인정,
			  감사표현하기
			
			실패라는 오명 제거하기
			– 미래지향적 태도로
			  바라보기
			– 필요한 도움 제공하기
			– 다음 단계의 작업을
			  위해 적극적으로
			  의논하기
			
			규칙 위반 시 제재하기

성과	구성원들이 가지는 기대치와 의미를 공유할 수 있음	개인의 목소리가 중시된다는 확신을 제공할 수 있음	지속적인 학습을 위해 교육 기회를 제공할 수 있음

Amy C. Edmondson, 2018, The Fearless Organization: Creating Psychological Safety in the Workplace for Learning, Innovation, and Growth, Wiley, 재편집

이 분야를 평생 연구해 온 하버드대 경영대학원의 종신교수 Amy는 조직 내에 심리적 안정성에 대해 역설한 대표적 학자입니다. 현대사회와 조직이 그만큼 불안정한 시대적 상황에 노출되어 있다는 방증이기도 합니다. 그의 연구는 이처럼 불안한 상황으로 인해 조직과 사업의 지속가능성을 확신하지 못할 때 잊으면 안 되는 것이 무엇인지 되묻고 있습니다.

그는 두려움 없는 조직을 위해 리더의 역할을 강조하고 있습니다. 첫

단계로, 불확실한 시대에서 실패의 가능성을 열어놓고 업무를 설계하며 목적의식을 강조하라고 합니다. 실패해도 어떤 교훈을 얻는지에 대해 고심하라는 말입니다. 이렇게 상호 간의 기대치에 대해 사전공유하는 과정을 통해 불확실한 업무성과에 대한 불안감을 일부 해소할 수 있습니다.

다음 단계는 팀원들의 몰입도를 올리는 단계입니다. 지시하는 관리자의 포지션에서 벗어나 모르는 것을 물어보며 팀원들의 답을 이끌어내는 일은 업무의 과정 속에서 참여를 장려하고 과정에 동참시키는 효과적인 방법입니다. 이때 '좋은 질문'은 생각정리에 도움이 되고 공감대 형성에 보탬이 됩니다. 마지막이 하이라이트입니다. 업무결과에 대한 단편적인 칭찬이나 지적이 아니라 가치에 대해 인지하고 인정하는 리더의 자세가 중요하다는 것입니다. 칭찬받아도 불안하고 지적받아도 불안한 존재가 사람입니다. 긍정적인 관점, 부정적인 관점 모두 불안한 요소를 내포하고 있지만 오로지 가치를 알아보는 지지적 관점과 수용적 태도만은 심리적 안정감을 제공합니다.

사회문제는 갈수록 복잡해지고 복합적으로 변해갑니다. 조직 내의 업무도 이러한 불안정한 상황에 노출되어 있습니다. 유독 실천현장의 변화는 예측하기 힘들며 오늘 또 어떤 문제가 터질지 아무도 모릅니다. 이러한 복잡계에서 살아가는 다수의 조직은 이 상황을 개선하고 극복하기 위해 어떻게 대처해 왔을까요. 협업의 문화를 키우기보다 분업을 제도화했고, 이해관계자를 확보하기보다 이용자를 찾아나섰으며, 모금능력을 키우기보다 보조금 확보를 위해 노력했다면 이제 진정한 조직의 힘이 어디서 나오는지에 대해 숙고할 차례가 아닐까요?

·성장을 돕는 리더십·

🔲 만족과 몰입의 관계

만족요인 **Hygiene factor**		몰입요인 **Motivation factor**
조직의 정책과 행정 보수, 지위, 안전 대인관계, 작업환경 직무안정성	⟺	직무 자체의 보람 성취감, 사명감 인정, 승진 성장가능성
외재적 요인		내재적 요인

Herzberg, 1950, Two factor theory(motivation-hygiene theory)

1950년대 Herzberg와 그의 동료들은 11개 산업에서 선발한 약 200명의 직장인을 대상으로 폭넓은 인터뷰를 실시했습니다. 직장 내에서의 행복요인과 불행요인을 찾고자 함이었습니다. 연구결과 그는 조직 내 구성원들에게는 두 개의 욕구가 존재하는데 그것은 행동에 각각 영향을 미친다고 결론 내렸습니다.

그가 사전에 설정한 가정은 hygiene factor와 motivation factor입니다. '위생'을 뜻하는 hygiene은 '직장에서 발생하는 불쾌한 상황을 제거한 좋은 환경'이라는 뜻으로, 불만이 제거되는 요인인 '만족요인'으로 해석가능합니다. motivation factor는 자아실현과 자기성장을 촉진하는 동기요인이니 '몰입요인'이라 바꿔 부를 수 있을 것입니다. 만족요인은 조직에서 주어지는 조건에 해당합니다. 조직의 정책, 개인의 보수나 지위, 작업환경 등입니다. 몰입요인은 직무 자체의 보람, 성취감, 인정과 성장가능성 등입니다. 전자는 객관적 조건에 대한 선택이므로 외재적 요인이고 후자는 스스로 만들어내는 것이라 내재적 요인에 비유가능할 것입니다.

실험결과는 흥미롭습니다. 만족요인을 아무리 올려봤자 불만이 해소되는 상태에 머무를 뿐 만족도가 끝없이 상승하지 않는다는 사실입니다. 더군다나 만족도를 계속 올린다고 해도 몰입도에 변화를 주거나 몰입요인을 끌어올리는 식의 연관성도 찾을 수 없다는 것입니다. 만족요인과 몰입요인은 상호 독립적으로 움직이며 서로 영향을 주는 식의 상호작용을 하지 않는다는 게 그의 결론입니다. 구성원들의 몰입도를 높이려면 몰입도 향상 자체에 조직이 관심을 가져야 한다는 뜻으로도 이해할 수 있는 맥락입니다. 그의 실험은 현대 동기부여 이론을 한 단계 발전시켰습니다.

최근의 기업들은 인재관리를 위해 'EVP(직원가치제안)' 설계에 관심이 큽니다. 급여상승, 복리후생 확장, 근무여건의 개선처럼 대부분이 만족요인입니다. 구성원이 존중받고 대우받는 조직문화는 환영할만한 일입니다. 이를 통해 조직이 기대하는 바는 구성원들의 몰입도 향상일 것입니다. 70년 전의 Herzberg는 그렇게는 작동하지 않는다고 역설한 인물입니다. '조건에 충족하는 만족감'이 올라간다고 해서 '조직과 자신이 연결되어 있다는 일치감'까지 동반상승하지 않는다는 것입니다. 많은 리더들이 구성원들의 능동성 향상, 헌신과 기여, 책임의식에 의한 일처리, 자기계발 등의 몰입도 향상을 바라며 만족요인을 끌어올리려 애쓰고 있습니다. 만족도를 올려줬는데도 몰입도가 안 오르면 사람이 미워집니다.

직원가치제안(employee value proposition, EVP)의 3C

보상(compensation)	경력(career)	문화(culture)
금전/비금전 복리후생	성장기회 제공 경력개발 지원	근무환경 유연근무 등 워라밸

평가에서 피드백으로

평가보다 피드백이 필요한 시대라는 견해는 어제오늘의 화두가 아닙니다. 이는 평가를 중단하라는 말이 아닙니다. 경직된 평가제도가 조직을 망칠 수 있다는 경고입니다. 이러한 변화가 지향하는 바는 '문제상황에 대한 개선'이라 할 수 있습니다. 그렇다면 평가와 피드백이 어떤 면에서 다른지, 그리고 현장에서 어떻게 적용되고 있는지 살펴보겠습니다.

평가는 업무를 분배한 후 그 결과물에 대한 판단을 내리는 행위인 반면, 피드백은 협업의 과정에서 발생하는 의사소통입니다. 평가는 상사와 부하를 '하청관계'로 만들기 쉽지만, 피드백은 리더와 팔로워를 팀빌딩의 파트너 관계로 만듭니다. 미국인들이 역사상 가장 존경하는 리더는 2차 대전의 영웅 Marshall 장군과 제네럴일렉트릭(GE)의 CEO였던 Sloan입니다. 이 연구에 의하면 둘의 공통된 리더십은 2개로 압축됩니다(Uldrich Jack, 2005).

1. 누군가에게 일을 맡길 때는 그 일에 관계된 의사결정권도 함께 위임한다.
2. 만일 그가 실패했다면 그에게 위임결정을 내린 나의 잘못이라고 생각한다.

평가의 언어 vs 피드백의 언어

평가에 가까운 언어	피드백에 가까운 언어
① 일방향적인 흐름	① 쌍방향적인 흐름
② 결과단계에서의 대화	② 과정단계에서의 대화
③ 단정적 결과 전달	③ 맥락에 맞는 내용 제시
④ 주어가 '너'	④ 주어가 '우리'
⑤ 단편적인 칭찬 위주	⑤ 인정과 지지적 관점 위주
⑥ 평어로 대화 단절	⑥ 좋은 질문으로 대화 지속

위임(entrust)은 신뢰(trust)를 포함한 단어입니다. 단편적인 일 분배나 업무지시에 국한되지 않습니다. 위임이란 '분업을 통한 협업으로의 여정'이며 신뢰에 기초한 개념입니다. 평가가 무조건 나쁜 것도 아닙니다. 피드백이라고 무조건 좋은 말만 하라는 것도 아닙니다. 대상자의 등급화가 필요하면 평가가 낫습니다. 대상자의 성장을 바란다면 피드백이 낫습니다. 서열을 중시하는지, 서사를 중시하는지에 따라 쓰임새가 다를 뿐입니다.

노벨문학상을 받은 이집트의 소설가 Naguib Mahfouz는 '상대방이 얼마나 똑똑한지는 대답을 보면 알 수 있지만, 얼마나 현명한지는 질문하는 것을 보면 알 수 있다'고 했습니다. 인공지능 시대의 유능함이 프롬프트에 얼마나 양질의 질문을 할 수 있는가로 판단되듯, 세대를 아울러 함께 일하는 건강한 조직을 위해 좋은 질문을 만들어내는 역량은 근미래 리더십의 필수역량입니다. '안녕하세요?', 'how are you?', 'おげんきですか (잘 지내세요?)' 등 인류의 모든 언어는 대화를 시작할 때 상대방의 안부를 '물으며' 시작한다는 점에서 예외가 보이지 않습니다. 소통을 위한 개통은 이렇게 질문으로 시작하는 인사말이 대부분입니다.

🔷 소통의 열쇳말, 좋은 질문

• 질문을 하면 답이 나온다	• 질문은 공감대가 확인된다
• 질문을 하면 생각을 자극한다	• 질문에 답하면 스스로 설득된다
• 질문은 마음을 열게 한다	• 질문은 행동의 변화를 촉진한다
• 질문은 귀를 기울이게 한다	• 질문은 해결하는 힘을 키운다
• 질문을 하면 대화가 이어진다	• 질문은 라포를 형성한다

도로시 리즈, 2000, 질문의 7가지 힘. 더난출판, 재편집

코로나 이후 세상의 불안지수는 급증했습니다. 관점보다 기술, 사고하는 힘보다 꿀팁, 긴 호흡보다 단타를 선호하는 대중의 심리는 코로나 이후 더욱 도드라졌습니다. 불안감은 조직의 리더들도 흔들어 놓았습니다. 불안한 리더는 조직 내면의 근원적 변화보다 가시적 시스템을 통한 확실한 통제를 선호합니다. 불안한 리더는 조직의 규정규칙과 제도를 신설하고 더욱 세분화함으로써 합리적 절차와 공정함을 내세우지만 구성원들을 소진시켜 수동적 인재로 만듭니다. 불안한 리더는 신중한 의사결정에 필요한 인내심을 저버리고 서둘러 결정하는 속단을 선택합니다. 불안한 리더는 상대방의 말을 끝까지 듣지 않거나 묻지 않으며 자신의 솔루션을 제시함으로써 대화를 서둘러 마무리 짓습니다.

언젠가부터 조직 내의 커뮤니케이션은 '지시와 보고'가 기본값이 되었습니다. 질문하고 토론하며 공감을 만들어갔던 기존의 소통문화는 자취를 감추었습니다. 최근 조직에 질문이 사라지고 있습니다. 묻기도 싫어하고 답하기도 싫어합니다. 질문의 힘은 지금까지 배워왔던 그 어떤 커뮤니케이션의 기법보다 강한 힘을 가지고 있습니다. 조직이 잃어버린 활기를 찾기 위해서는 긍정의 변화를 불러오는 '좋은 질문의 힘'이 필요한 때입니다.

'좋은 질문'이란
① 업무 점검이 아닌 생각과 의견을 묻는 질문
② 답을 정해놓거나 유도하지 않는 질문
③ 단답형보단 열린 대답을 이끄는 질문
④ 자문자답하지 않고 답을 기다려주는 질문
⑤ 개인에게 책임을 추궁하지 않는 질문
⑥ 정답보다 해답을 찾자는 질문
⑦ 옳고 그름뿐 아니라 좋고 싫음을 묻는 질문
⑧ 지지적 피드백과 공감이 이어지는 질문

더러 질문에 대한 피로감을 우려하는 시각도 있습니다. 구성원들에게 자주 질문을 던지는데 좀처럼 답을 하지 않아 포기하게 되었다는 하소연도 있습니다. '좋은 질문'이란 친밀감 형성을 위해 사생활을 캐물으라는 말과는 다릅니다. 인격을 존중하며 업의 본질과 연결된 질문을 할 수 있어야 합니다. 이때 필수적인 선행요소가 경청입니다. 자기확신을 내려놓을 때 경청이 가능합니다. 경청의 반대말은 산만함이 아닙니다. 경청의 반대말은 판단과 분석입니다. 상대방의 말을 다 듣지 않고 섣불리 재단하니 좋은 질문을 만들기도 어렵습니다. 마치 재료도 확보하지 않고 요리를 만들려는 상황과 같습니다.

이처럼 준비를 제대로 하지 않은 채 만들어진 질문은 젊은 실무자를 부담스럽게 만들기에 충분합니다. 업무 파악도 벅찬데 갑자기 조직의 방향성에 대해 말해보라니 호러영화가 따로 없습니다. 그런 상황이라면 누구든 할 말을 잃을 것입니다. '실어증'과 '싫어증'의 동시 치료를 위해 소소한 질문부터 빌드업하는 꾸준함과 인내심이 필요합니다.

· 성장을 돕는 리더십 ·

신뢰의 관계, Rapport

신뢰 확인, 감사하기

감정 묻기, 공감하기

의견 묻기, 공유하기

소소한 대화, 알아가기

공손한 대화, 환대하기

'좋은 질문'이란 특정한 방법론이 아니라 상대를 대하는 태도에 대한 습관입니다. 이를 기계적으로 실천하면 오히려 상대방은 추궁당한다는 오해를 하게 됩니다. 커뮤니케이션의 기술이란 '상대방을 누구라고 생각하는가'라는 관점 아래 위치합니다. 상대방을 환대하는지, 우대하는지, 아니면 홀대하는지, 하대하는지, 심지어 적대하는지에 따라 사람을 대하는 태도의 기준과 언어의 온도가 결정됩니다. 상담학에서 중요개념으로 다뤄지는 라포(rapport)는 현대사회의 인간관계에서 신뢰의 형성이 어떻게 작동하는지 설명하는 개념으로, 본래 상담사와 내담자의 신뢰 관계를 뜻하는 개념이었습니다. 언젠가부터 일터의 인간관계가 과도한 친밀감이나 혹은 건조한 사무관계로만 설정되는 양극단의 편향이 보여 라포에 대한 의미를 되새겨 볼 필요가 있겠습니다.

대화를 시작할 때 언어적 환대나 비언어적 환대가 보이지 않는다면 관계 자체를 의심하거나 회의하게 됩니다. 가장 좋은 환대는 상대방에게 인사를 '제대로' 하는 시작에 있습니다. 매일 보는 사이라도 제대로 된 인사는 상대에 대한 환대의 표현이자 존중의 의사표시입니다. 이후 이어가는 소소한 일상의 대화는 어떤 주제이든 공감대를 끌어내기에 좋습니다. 친목도모가 목적인 관계는 아니지만 원활한 대화의 시작을 위한 스몰토크는 서로의 긴장도를 낮추는 데 도움을 줄 것입니다. 이때 스몰토크가 헤비토크가 되지 않도록 주의가 필요합니다.

어느정도 분위기가 빌드업 되었다면 본주제에 진입할 수 있습니다. 이때 필요한 것은 의견을 묻고 사실관계에 대해 공유하며 일치된 인식선상에 서도록 노력하는 일입니다. '좋은 질문'은 이 상황에 전적으로 중요한 비중을 차지합니다. 사실관계 저변엔 예외없이 감정과 정서의 영역이 존재하므로 상대방의 기분을 묻고 공감을 표시하여 다방면의 신뢰를 이끌어낼 수 있습니다. 대화를 마무리할 때는 감사를 표현함으로써 이 대화가 얼마나 의미 있었는지를 표출하는 것이 좋습니다.

사람들은 신뢰를 형성하기 위해 대화의 내용 자체에 많은 공을 들입니다. 내용에 틀림이 없다면 나머지는 부수적인 형식으로 여기는 듯합니다. 그러나 소통이란 언어·비언어로 표현되는 가시적 형식을 배제할 수 없는 행위입니다. 자신이 존중받고 있다는 판단은 상대방의 태도와 말투를 통해 확인되고, 자신이 인정받는 일원이라는 효능감과 소속감은 상대방의 환대를 통해 확인되며, 자신이 대화의 상대로서 가치가 있는 존재인지는 자신을 불러주는 정확한 호칭과 공손한 인사로부터 확인됩니다. 형식은 관점에 기인하며 관점은 형식을 규정합니다. 내용만 좋다면 형식은 아무래도 좋다는 믿음이 폭력적인 대화를 정당화하곤 합니다. 소통은 태도가 반입니다.

·성장을 돕는 리더십·

● Leadership과 Followership의 동행

Kelly의 follower 유형(1992)		Chaleff의 follower 유형(2006)	
모범형	독립적, 능동적, 적극적	파트너	강한 지지, 강한 비판
실무형	순응적, 안정 지향적	실천가	강한 지지, 비판 없음
순응형	순응적, 복종적, 적극적	개인주의자	낮은 지지, 강한 비판
소외형	독립적, 비판적, 수동적	의지자	지지 없음, 비판 없음
수동형	방관적, 무관심, 수동적		

지금까지 리더십에 대해 간략히 살펴보았습니다. 조직에서 리더의 역할이 얼마나 중대한지 이해하는 계기였습니다. 그런데 리더 입장에서 일면 억울한 상황도 있는 듯합니다. 조직문화에 얽힌 이슈가 튀어나올 때마다 무조건 리더십 이슈로만 단정해 버리는 습관입니다. 조직의 모든 문제를 온전히 리더의 책임으로만 떠넘기는 시도는 일종의 편향입니다. 설사 그것이 사실이라 해도 산적한 문제를 리더 혼자서 완벽하게 해결할 가능성은 희박합니다. 최근 다수의 HR 전문가들은 이런 식의 '과중한 리더십 이슈(overloaded leader)'가 조직 발전에 도움이 되지 않는 비판이라며 지적하기도 합니다. 고통받는 리더를 지켜보며 일하는 팔로워들 역시 건강한 리더로 성장하기 어려워, 조직의 인재육성 프로세스는 악순환으로 접어들기 쉽다는 것입니다. 그러함에도 리더십 이슈가 조직의 성장과 문화에 있어 결정적 변수라는 점을 부인하기 쉽지 않습니다.

리더는 팔로워가 존재함으로 성립합니다. 위대한 리더십은 위대한 팔로워십을 필요로 한다는 뜻입니다. 리더의 꿈을 실현시켜주는 존재도 팔로워입니다. 리더의 비전이 아무리 거창해도 그것을 알아듣지 못하거나 동조하지 않는 팔로워만 있다면 리더의 비전은 개인의 망상일 뿐입니다. 팔로워가 리더를 의지한다고 생각하기 쉽지만 실상은 리더가 팔로워를 의지한다고 말할 수도 있습니다.

조직 내에서 리더의 역할만 하는 사람은 극소수입니다. 팔로워가 다수입니다. 주목할 점은 그 팔로워들이 리더의 역할도 겸하고 있다는 사실입니다. 직급상 '윗사람' 앞에서는 팔로워지만, '아랫사람' 앞에서는 리더가 됩니다. 그런데도 팔로워십에 대한 사회적 관심과 연구는 대단히 미약합니다. Kelly는 팔로워의 사고가 독립적인지 의존적인지, 행동유형이 능동적인지, 수동적인지의 매트릭스를 통해 5개의 유형을 제시했습니다. 한편 Chaleff는 리더에 대한 지지와 비판의 매트릭스를 통해 4개의 유형을 제시했습니다. Kelly는 팔로워의 특성과 성격을 규명하고자 했고 Chaleff는 어떤 팔로워가 더 조직에 유익한가에 관심을 가졌습니다. 이러한 연구는 팔로워의 유형으로 사람을 단정해보라는 것이 아니라 스스로 어떤 팔로워인지 성찰해 보라는 권유처럼 들립니다.

잘 되면 내 덕, 안 되면 상대 탓을 하는 파트너십은 단명합니다. 전문 연주자가 악기 탓을 하지 않듯이 갑질도 을질도 없는 조직이 건강한 조직입니다. 리더도 그렇듯 팔로워 역시 절대선의 존재가 아닙니다. 현재의 훌륭한 리더는 과거에도 훌륭한 팔로워였을 것입니다. 리더가 선호하는 커뮤니케이션의 장르가 슈퍼비전이든, 멘토링이든, 코칭이든 간에 리더와 팔로워가 서로에게 필요한 상호의존적 관계임은 부인할 수 없는 사실입니다. leadership과 followership이 동행하는 아름다운 동료의식, fellowship이 필요한 시대입니다.

· 성장을 돕는 리더십 ·

V
성과평가와
임팩트

"같은 물을 먹어도 소가 먹으면 우유가 되고
뱀이 먹으면 독이 된다"

화엄경

성과평가의 원리

비영리조직의 설립

비영리조직의 변화

🟦 성과평가의 층위

	층위	기대결과
성과의 영역	조직평가 (영향평가)	영향, 평판
	부서평가 (사업평가)	성과, 업적
	개인평가 (인사평가)	성과, 역량
성찰의 영역	청렴평가	청렴도
	윤리평가	윤리성
	근무평가	만족도

　사회적인 가치를 추구한다는 뜻은 목표달성을 위해 노력하는 동시에 윤리준수나 절차공정성도 신경써야 하는 이중성을 상징합니다. 조직과 사업의 목적·목표의 추상수준이 높아 성과를 증명하는 일도 까다롭습니다. 성과의 영역과 성찰의 영역을 나누어 바라보는 시도는 이러한 복잡성에 관한 대안 중 하나가 됩니다. 성과의 영역은 변화를 측정하는 영역입니다. 성찰의 영역은 곧 점검의 영역입니다. 성과의 영역은 결과를 서술하고 성찰의 영역은 미래를 서술합니다. 성과의 영역은 조직을 성장으로 이끌고 성찰의 영역은 조직을 성숙으로 이끕니다.

　'성과평가'를 층위적으로 구성해보면 조직의 성과, 부서의 성과, 개인의 성과가 존재합니다. 조직성과와 부서성과는 각각 조직평가와 부서평가를 통해 창출됩니다. 조직평가는 미션, 비전, 핵심목표, 연간목표에 대한 평가를 의미합니다. 부서평가는 부서의 사업에 대한 평가로 사업평가와 동일시되기도 합니다. 한편 개인평가는 앞선 평가들과 성격이 다른 인사평가입니다. HR 차원의 인사평가란 개인의 성과 및 역량 등을 대상으로 하는 복합적 평가입니다. 주로 객관적인 결과에 대해 주목하는 앞선 성과평가와는 결이 다릅니다. 그러므로 엄밀한 시각에서 '성과평가'의 범주는 인사평가를 제외한 나머지 영역, 조직평가와 부서평가입니다.

현실적으로 조직평가를 수행하는 일은 그리 간단한 작업이 아닙니다. 조직의 미션과 같은 주요선언문, 조직의 핵심목표 혹은 중장기목표, 연간목표 등에 대한 평가작업은 상당한 행정력을 소요하므로 사업평가로 갈음하는 것이 보통입니다. 사회적 가치 등 사회적인 목적과 목표를 추구하는 조직의 진정한 성과는 사업의 성과를 넘어 조직의 성과로 조망할 때 풍성해집니다. 단일 사업의 성과만으로 특정 임팩트를 창출했는지 기술하려 한다면 설득력은 저하될 것입니다. 대부분 단위사업이란 1년에서 3년 이하의 주기를 가지고 있어 근원적인 변화를 증명할 때 한계가 나타나기 때문입니다.

조직이 창출한 임팩트를 설명해내기 위해, 사업의 성과를 부서로 연결하고 부서의 성과를 조직으로 연결하는 작업은 평가체계에 설득력을 강화합니다. 이를 위해 모든 단위사업의 목적·목표는 부서수준의 상위 목적·목표와 연결되어야 하며, 이는 다시 조직수준의 상위 목적·목표와 연결합니다. 각 단위는 해당 레벨에 맞는 핵심성과지표(KPI)가 필요합니다. 사회적 가치를 추구하는 현장의 경우 목표설정과 성과지표의 개발이 어려워 측정이 가능한 정량목표에 치중하거나 단기적인 사업에 몰두하는 경우가 많습니다. 이러한 한계를 보완하기 위해 구성원들의 참여를 통한 목표합의와 지표개발이 권장됩니다.

측정 및 평가의 개념

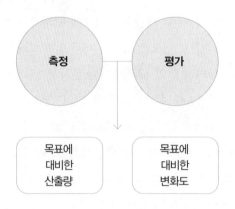

어느 조직이나 성과를 창출하는 일은 조직의 존재이유를 증명하는 필수적인 작업입니다. 투명성을 중시하는 민주사회에서 이 의미는 더욱 강조되고 있습니다. 공익조직이 성과를 창출하는 일은 사회적인 임팩트가 확장되는 의미 외에 실질적 차원의 의미도 있습니다. 성과의 창출은 공익을 모토로 하는 조직이라면 외면할 수 없는 책무성 준수의 경로인 동시에 이해관계자들에게 신뢰를 증명함으로써 조직의 지속가능성을 선언하는 일과 같습니다.

조직이 선언한 목적지까지 얼마나 도달했는지 가늠하는 행위에 대해 유사한 용어가 많습니다. 측정(測定, measurement)은 '측량하여 결정하다'는 뜻입니다. 영어에서 measure는 '표준단위로 재다'라는 뉘앙스가 있으므로 측정이란 주로 눈금과 같은 객관적인 기준, 즉 척도(measure)를 활용한 접근으로 이해할 수 있습니다.

평가(評價, evaluation)는 '값어치를 매기다'는 뜻입니다. 영어에서

evaluate는 '가치(value)를 부여하다'라는 뉘앙스가 있으므로 평가란 정성적인 판단을 포함한 접근으로 이해할 수 있습니다. 참조로, 사정(査定, assessment)은 세금을 매긴다는 뜻의 assess에서 기원했고 '조사하여 결정하다'는 뜻으로 정착되었습니다. 사정이란 용어는 특정 주제에 대한 조사와 판단을 의미하므로 임팩트 창출을 위한 구조적 설계에서 잘 사용하지 않는 다른 결의 개념입니다.

'측정'과 '평가'는 앞으로 평가체계에서 주되게 다뤄질 개념입니다. 전자는 주로 양적인 접근을, 후자는 주로 질적인 접근으로 이해되고 있지만, 상황에 따라 측정이 평가에 포함되는 개념으로 여겨지기도 하고 측정과 평가를 정교하게 분류하지 않은 채 편의에 따라 사용되기도 합니다. 향후 펼쳐질 인과적 구조의 성과창출 프레임워크는 양적인 성과와 질적인 성과의 균형을 설정하되, 양을 통해 질로 전개되는 개연성의 논리를 통해 측정과 평가의 관계를 상호보완적 개념으로 바라보는 방식입니다.

측정행위를 통해 목표에 대비한 '산출량'을 획득할 수 있고, 평가행위를 통해 목표에 대비한 '변화정도'를 획득하는 기본개념의 전제이지만, 산출을 통해서 변화를 창출한다는 연쇄적 논리의 구축이 구조의 설득력을 강화하므로 양과 질을 인과적 관계로도 볼 수 있는 확장된 시야가 필수적입니다. 양은 양대로 늘리고 질은 질대로 높이는 접근은 임팩트 중심의 관점이 아닙니다. 어떠한 활동을 얼마나 많이 했는지 늘어놓는 활동 중심의 접근은 임팩트 중심의 관점이 아닙니다. 활동 중심의 접근이란 다량의 투입을 통해 많은 생산물이 도출되었다는 뜻과 같아 효과성이 아닌 성실함을 증명하는 행위와 같습니다.

· 성과평가의 원리 ·

양과 질의 인과성

　잠시 엉뚱한 상상을 해보겠습니다. 사업의 성과를 입증하기 위해 사진 자료를 확보하는 일은 중요합니다. 성과를 잘 드러내기 위해 사진기사를 두 분 섭외했다고 가정해 보겠습니다. 사업담당자는 두 분의 사진기사에게 성과를 나타낼 수 있는 사진촬영을 요청했고 행사 종료 후 담당자는 제출된 사진을 확보하게 되었습니다. 사진기사 한 분은 사람이 많이 참석한 행사장의 전경을 촬영해 제출했습니다. 다른 사진기사는 심히 감동해서 눈물을 흘리고 있는 참석자 한 명을 촬영해 제출했습니다. 한눈에 봐도 결이 다른 사진이지만 사진기사 두 분은 성과를 표현하는 가장 대표적인 장면을 촬영했다며 자신있게 사진을 제출했습니다. 그렇다면 이 사업의 담당자는 어떤 사진을 성과로 생각해야 할까요?

　사람이 꽉 찬 풍경은 현상을 스케치한 사진입니다. 현상을 잘 묘사하면 외연의 결과물을 증명하기 쉽습니다. 참석자의 숫자 등 외연의 결과물은 대부분 숫자로 나타납니다. 이 정량성과는 사업이 종료된 후 즉시 드러나는 성과입니다. 반면 감동의 눈물을 흘리는 참석자의 사진은 현상이 아니라 변화에 관계된 효과성입니다. 사람을 많이 모으자는 목표가 행사의 본래 목적은 아닙니다. 사람들이 행사에 참여함으로써 기뻐하고 감동하는 변화가 근원적인 목적일 것입니다. 이에 두 번째 사진은 변화를 강조하려는 의도의 사진이므로 정성성과로 분류할 수 있습니다. 정성성과는 즉시 증명하기 어렵고 숫자로 표현할 때 제약이 따르지만 본연의 목적에 더욱 근접한 결과물입니다.

이렇듯 성과를 정량(量)과 정성(質)으로 판별하는 일은 1차적 접근입니다. 그러나 정량과 정성을 도식적으로만 분리한다면 분절된 결과물로 인식되어 설득력이 저하될 때도 있습니다. 정량을 도출함으로써 정성을 창출했다는 논리구조를 강화한다면 무형의 성과를 설명하기 쉽습니다. 정량과 정성을 인과적으로 연결해야 '숫자를 셀 수 있는지 없는지'의 판별을 넘어 '무엇이 선행이고 무엇이 후행인지'의 고차원적 기준으로 이동할 수 있을 것입니다. 따라서 정량, 정성이 아닌 산출(output), 변화(outcome)로 바라보는 습관이 필요합니다. 산출을 통해 변화를 창출한다는 인과적 관계를 설정하지 않으면 양은 양대로 늘리고 질은 질대로 늘려야 하는 개미지옥에 빠지게 됩니다. 진정한 성과란 산출(양)과 변화(질) 두개 모두를 잘하는 접근이 아닙니다. 이 둘에 인과적 관계를 부여함으로써 핵심성과를 설득력있게 나타내는 임팩트 관점이 필요합니다.

산출(output)	변화(outcome)
목표에 대한 결과 제시 즉시적으로 확인 가능 주로 정량적으로 도출 성실함 증명	행동에 대한 원인 설명 중장기적으로 확인 가능 주로 정성적으로 도출 영향력 증명

· 성과평가의 원리 ·

🔲 성과 창출의 3단계

기획 *Plan*	실행 *Do*	평가 *Check*
성과관리		**성과측정**
MBO		Monitor
BSC		Interview
Logic Model		Survey
ToC		Direct Measure

앞장에서 제시되었던 성과평가의 층위적 분류, 평가와 측정의 정의, 산출(output)과 변화(outcome)의 관계 등 기본적인 이해를 통해 전반의 구조를 다뤄보는 시간입니다.

제대로 된 평가는 제대로 된 기획부터 출발합니다. 기획을 건너뛰고 평가부터 한다면 근거 없이 성과를 도출하는 모양과 같습니다. 기획단계는 목적·목표를 수립하는 과정으로 보통 이해되지만, 평가의 시각에서 보자면 성과목표를 수립하는 평가의 사전과정이기도 합니다. 기획을 '성과관리'의 과정이라고도 부르는 이유입니다. 이후 사업의 실행이 종료되면 본격적인 평가단계로 접어듭니다. 기획단계에서 수립했던 성과목표에 얼마나 도달했는지 가늠하는 '성과측정'의 과정이 그것입니다. 총 3단계의 기획, 실행, 평가의 일반적 순서는 다른 말로 '성과관리'로 시작한 후 '성과측정'으로 이어지는 구조와 일치합니다.

성과관리에 해당하는 기획단계(plan)는 주로 목적·목표를 체계적으로 수립하는 과정과 그에 결부된 전반적인 설계를 수행하는 일에 해당합니다. MBO 및 BSC는 주로 목적·목표 수립 자체에 주목하며, 로직모델(logic model) 및 변화이론(ToC, theory of change)은 성과목표를 통해 나타나는 변화의 흐름에 주목합니다. 제시된 모든 접근방식의 공통점이 있다면 성과의 대전제가 목적·목표에 있음을 시사하고 있다는 사실입니다.

각 단위의 목적·목표를 체계화하는 과정을 통해 필요한 핵심지표들을 도출하는 것은 기획단계에서 마무리되는 것이 좋습니다. 평가행위 자체는 평가단계에서 수행할 일입니다. 만일 기획단계에서 평가지표를 미리 정돈하지 않은 채 사업을 실행한다면 평가단계에서의 혼란은 불가피할 것입니다. 기획이란 목적이나 목표를 나열하는 단선적 과정이 아니라 사업의 시작부터 끝까지 일련의 과정 전체를 설계하는 총체적 작업임을 주지할 필요가 있습니다. 기획단계를 순조롭게 마무리하면 평가단계도 수월해집니다.

성과측정에 해당하는 평가단계(check)는 기획단계에서 설정한 목적·목표에 얼마나 도달했는지 혹은 얼마나 달성했는지에 대해 이미 약속한 지표대로 가늠하는 과정입니다. 기획단계를 통해 지표를 이미 완비했으므로 평가단계에서는 그 지표대로 수행하면 될 일입니다. 이를 돕는 방법론으로 monitoring(관찰), interview(면담), survey(설문법), direct measure(직접측정 혹은 계수) 등이 널리 활용되고 있습니다. monitoring, interview, survey는 주로 변화(outcome)를, direct measure는 주로 산출(output)을 측정할 때 유용하다고 할 수 있으나 방법론의 선정은 정해진 것이 없으며 맥락에 맞게 구사하기 나름입니다.

·성과평가의 원리·

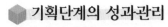

기획단계의 성과관리

MBO (Management by Objectives)	수립된 목표의 정합적 결과를 도출하기 위해 전략적으로 목표를 체계화하는 방식
BSC (Balanced Scored Cards)	MBO를 보완하는 접근으로, 조직의 비재무적 영역과 미래지향적인 장기목표를 관리하는 방식
Logic model (논리모형)	전체적인 흐름을 한눈에 파악하기 위한 접근으로, 구성요소를 논리적으로 나열하는 방식
Theory of Change (변화이론, ToC)	결과요소를 연결하며 비판적 통찰로 변화가 나타나는 이유를 발굴하는 인과적 접근 방식

1954년 발표된 MBO는 지금의 경영현장에 표본이 되었습니다. 모든 조직이 비전체계를 수립하여 전략적 목표관리를 수행하는 이 당연한 일은 과거엔 당연한 일이 아니었습니다. MBO는 조직 전체의 목표를 정의한 후 각 단위의 계획과 실행을 관리하는 방식입니다. 상위목표부터 하위목표까지 층위적으로 정렬된 체계는 조직이 무엇부터 해야 할지에 대한 전략적 우선순위와 의사결정의 타당성을 제공합니다. MBO를 보완하기 위해 1981년 SMART 개념이 제안되었습니다(George). 목표수립 시 specific(구체성), measurable(측정가능성), achievable(달성가능성), relevant(적합성), time-bound(시의성)을 고려하라는 관점입니다. 1988년 좀 더 명확한 핵심성과를 도출하기 위해 핵심지표로 설정하는 KPI(key performance indicator)가 제시되었습니다. 이로써 보완할 부분이 사라진 것은 아닙니다. 목표의 결과인 성과라는 개념은 과거의 산물입니다. 과거를 평가하여 미래를 예측하고 싶지만 사회과학의 영역은 100%를 장담하기 어렵습니다.

이에 미래지향적 시점을 반영한 BSC 개념이 1992년 제기되었습니다 (Kaplan & Norton 외). 기업의 성과는 '얼마의 수익을 올렸는가'에 대한 대답으로 요약됩니다. 이러한 재무적 성과는 과거의 결과입니다. BSC는 재무적 관점만으로는 미래를 예측할 수 없다는 지적을 합니다. 재무, 고객, 업무프로세스, 학습 및 성장 관점의 균형적인 성과표(score cards)를 평가하며 성과를 관리할 때 미래의 성장가능성과 지속가능성까지 예측할 수 있다는 점을 강조합니다.

1960년대부터 등장한 로직모델은 사람들에게 평가도구로 인식되어 있습니다. 로직모델은 성과를 관리하기 위해 관계된 요소를 시간의 순서대로 나열하여 성과를 관리하는 방식입니다. MBO에 영향을 받아 만들어진 로직모델은 조직의 비전체계도가 논리적으로 구성된 것과 같이 성과도 논리적 구성에 의해 관리해야 한다는 일정한 원리를 적용합니다. 한편 변화이론은 1990년대에 부각되었습니다. 로직모델이 해당 요소를 순차적으로 전개하는 데 비해 변화이론은 기대결과를 먼저 설정한 후 필요한 요건을 역순으로 발굴해 간다는 점에서 다릅니다. 로직모델과 변화이론은 특정한 학자에 의한 것이 아니라 현장에서 자연스럽게 형성된 이론들입니다. 시대를 거쳐 보완되어 버전과 종류가 많고 부르는 명칭도 상이합니다. 로직모델과 변화이론이 어떠한 관계인지도 여전히 학계의 논쟁거리입니다. 무엇이 맞든 이 두 개의 이론이 논리성, 인과성, 개연성의 구조 위에 존립한다는 사실엔 이론의 여지가 없습니다.

로직모델, 변화이론, MBO, BSC 모두 기획단계에서 사용하는 프레임워크입니다. 평가를 염두하지 않은 기획은 실상 없는 허상입니다. 목표의 다른 이름이 성과목표임을 이해한다면 기획과 평가의 연결고리(missing link)를 찾을 수 있습니다.

· 성과평가의 원리 ·

로직모델과 변화이론 비교

투입 input	과정 process	산출 output	변화 outcom
예산 인력	교육 수행	50명 수료	역량 성장

  로직모델은 전체적인 흐름을 한눈에 볼 수 있도록 시간순에 따라 논리적으로 나열한 접근입니다. 흔히 투입(input), 과정(process) 혹은 활동(activity), 산출(output), 변화(outcome)로 구성하는 방식이 흔한 구성입니다. 로직모델은 시계열로 전개하는 방식이라 이미 확인된 요소들을 잘 정리해주는 성격이 강합니다. 기존사업의 구조를 나열한 후 각 요인들의 개연성을 리뷰하며 임팩트 강화를 제고할 수 있겠지만, 새로운 사업을 대입한다면 적용이 쉽지 않습니다. 즉 로직모델은 신규사업이 아니라 이미 안정된 기존사업에 적용할 때 그 활용도가 더 크다고 할 수 있습니다.

  반면 변화이론은 로직모델의 역순입니다. 기대하는 결과를 먼저 성과목표로 설정한 후 충족을 위한 선행요건을 도출해가는 전개 방식입니다. 변화이론을 전개해갈 때 다수의 변수가 개입하므로 가정에 대해 비판적으로 통찰하고 결과와 개입의 인과관계를 면밀하게 따져가는 접근이 필요합니다. 로직모델이 단선적인 선형의 구조로 펼쳐지는 반면 변화이론은 분석하고자 하는 범위와 깊이에 따라 역동적으로 펼쳐지므로 반복적인 검토가 필수적입니다.

변화이론의 예시

변화 outcome	중간 결과 intermediate outcome	조건 output
역량 성장	80명 참석	홍보 10회 진행
		지원자 100명 확보
	50명 수료	교육 5회 실시
		안내문자 8회 발송

가령 로직모델은 투입, 과정, 산출, 결과의 구조를 크게 벗어나지 않는데 비해 변화이론은 성과목표를 이루기 위한 선행조건의 요소를 여러 개로 도출할 수 있고 심지어 선행조건을 2개 혹은 3개의 단계로 확장할 수도 있습니다. 이러한 측면은 신규사업의 방향성과 임팩트를 설계할 때, 장기적인 변화와 성과를 구상할 때 적용성이 더 높은 접근이 변화이론이라는 견해에 힘을 싣습니다.

최근 기업현장에서 주목받는 OKR 역시 논리적 구조를 따르고 있습니다. HR 차원에서 OKR은 정량적 평가제도보다 상시적 피드백으로 점검하고 동기부여하는 조직문화 차원의 장치에 근접합니다. OKR을 평가제도로만 강제하면 구성원들은 목표치를 최대한 낮게 잡으려 할 것입니다.

OKR의 예시

목표 objective	핵심결과 key results
역량 성장	교육 5회 실시 80명 참석 50명 수료

🔷 성과의 논리구조: 임팩트체인(impact chain)

단계	개념	구성 적용의 예	비고
투입 Input	예산, 인력 등 필요한 자원의 양을 나타내는 투입지표	• 투입 예산 • 투입 인력 • 투입 시간	구조평가
과정 Process	사업 진행과정 상의 중간물을 나타내는 과정지표	• 준비 상태(준비물, 공간마련여부) • 진척상황(예산집행율, 자문회의수) • 응모자수, 참여지원 경쟁률	과정평가
산출 Output	사업 완료 후 나타나는 1차적 산출물을 나타내는 실적지표	• 프로그램 참여자수, 소요시간 • 홍보콘텐츠개발, 조회수 • 결과물 배포 건수	결과평가
변화 Outcome	1차적 산출물을 통해 도출되는 궁극적인 변화지표	• 내용, 강사, 시설 만족도 • 현업 적용 정도 • 인식 개선 정도 • 선호도, 재구매 여부	

　　사회적 가치나 공익활동의 성과를 고민할 때 논리구조를 활용한 평가체계의 설계는 타당성과 설득력 확보를 위한 전략적 접근에 해당합니다. 논리구조의 핵심은 각 요인들의 인과성입니다. 인과성은 원인과 결과의 개연성에 기초합니다. 만일 투입단계(input)에 N이 투입되어 변화단계 (outcome)에서 N-1이 창출된다고 했을 때 이 과정을 100번을 반복해도 결과값에 변함이 없다면 과학의 영역일 것입니다. 그러나 현장은 실험을 통해 입증할 수 없는 영역이며 오로지 인간의 사고에 의해 가정과 검증을 반복하는 시도만이 유효합니다.

현장은 예측할 수 없는 변수가 개입하기에 이러한 법칙은 예외성을 마주합니다. 그러므로 논리구조 자체에 의존할 것이 아니라, 비판적 관점으로 통찰하고, 사람들의 참여와 소통으로 심층적 검증을 반복하며, 현장의 경험을 통해 배우고 개선하는 프로세스가 살아 숨쉬어야 합니다. 변화를 꿈꾸는 조직이라면 성과평가체계를 설계할 때 로직모델로 대표되는 논리구조가 유일한 대안인 것처럼 여겨지는 판단에 현혹되기도 하지만, 정작 핵심은 논리의 '구조' 자체가 아니라 이를 숙의하는 참여자들의 소통과 문화일 것입니다. 지표의 객관성이란 과학적 실험의 산물이 아니라 참여자들의 합의에 기인한다는 명제는 이를 입증합니다.

로직모델이 처음 발표된 이후 많은 전문가들에 의해 수정보완되어 온 결과, 현장마다 적용의 디테일이 조금씩 달라졌습니다. 부르는 명칭도 로직모델, 임팩트맵, 임팩트 프레임워크, 임팩트 조감도, 임팩트 내비게이터, 임팩트 파이프라인 등 수없이 많습니다. 모두 인과성을 공통의 원리로 적용한 성과창출의 논리구조(impact chain)인 셈입니다.

'임팩트체인'의 구조는 투입(input) 단계로부터 시작합니다. 투입은 목표를 이루기 위해 요구되는 자원입니다. 투입 다음의 과정(process) 단계는 실행의 중간 지점 및 상황입니다. 임팩트체인의 다른 버전에서는 과정을 활동(activity)으로 정의하기도 합니다. 다음은 실행이 종료된 후 즉시 확인할 수 있는 결과물, 산출(output) 단계입니다. 끝으로, 산출(output)을 통해 도출되는 궁극적인 성과, 변화(outcome) 단계입니다. 순서대로 투입지표, 과정지표, 실적지표, 변화지표로도 적용할 수 있으며 각각 구조평가, 과정평가, 결과평가의 관점으로도 접근할 수 있어 그 활용도가 대단히 높습니다.

🔹 성과의 실무구조: 프랙티스체인(practice chain)

사업목적	핵심지표	주요성과
산출목표	산출지표	산출성과
변화목표	변화지표	변화성과

로직모델을 근간으로 한 '임팩트체인'을 실무에 대입할 때 최적의 대상은 단위사업입니다. 최근 현장의 분위기는 중복적인 사업 등으로 인해 사업의 차별화가 어려워지고 그에 따라 성과를 도출할 때 어떠한 임팩트를 창출했는지 자부하기 힘들어졌습니다. 이렇듯 환경변화에 의한 구조적 문제는 단기간에 개선되거나 해결되지 않는 사안입니다. 이때 성과창출을 위한 실무구조(practice chain)에 개연성을 강화한다면 긍정적 효과를 기대할 수 있을 것입니다.

'프랙티스체인'은 목표, 지표, 성과의 구조를 가집니다. 가장 첫 단계인 목표단계는 사업목적을 정의하는 단계입니다. 사업목적은 왜 이 사업이 존재하는가에 대한 답일 것입니다. 대체로 공익적 목적의 사업은 문제해결에 대한 방향성을 목적으로 채택하게 되고 이는 올바른 문제정의에 기인합니다. 사업목적을 구체화하려면 사업의 종합적 의의나 방향을 산출목표(output goal)와 변화목표(outcome goal)로 세분화하는 것이 좋습니다. 이로써 목표단계가 완성되었다면 목표를 어떻게 평가할 것인지 핵심지표(key performance indicator, KPI)를 설정할 수 있습니다. 핵심지표는 산출지표(output indicator)와 변화지표(outcome indicator)로 세분화할 수 있습니다. 끝으로, 주요성과(key performance)가 무엇인지에 대해 산출성과(output performance)와 변화성과(outcome performance)로 세분화합니다. 지금까지의 과정을 통해 '프랙티스체인'의 전 과정을 마무리할 수 있습니다.

어떤 사업이나 기본적 흐름은 목표수립, 지표설정, 성과도출일 것입니다. 다만 각 단계에서 산출(output)과 변화(outcome)로 세분화하는 습관은 논리구성에 좋습니다. 이러한 인과성은 성과 자체를 더욱 증폭하는 효용성에서 그치지 않고 담당자로 하여금 매 단계의 업무 마일스톤이 어떠한 의미를 갖는지 스스로 깨닫게 만드는 순기능도 제공합니다.

현장마다 다른 번역사례

	Output	Outcome
목표 번역사례	1. 양적 목표	2. 질적 목표
	A. 산출목표	B. 변화목표
	가. 목표	나. 목적
지표 번역사례	1. 이행지표	2. 달성지표
	A. 산출지표	B. 변화지표
	가. 실적지표	나. 성과지표
성과 번역사례	1. 1차 성과	2. 2차 성과
	A. 산출결과	B. 변화성과
	가. 실적	나. 결과

· 성과평가의 원리 ·

🔷 임팩트체인과 프랙티스체인의 매트릭스

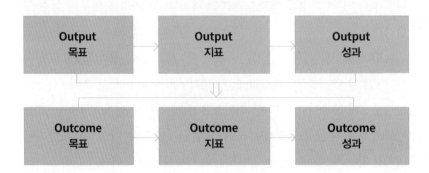

논리적 평가체계의 세계에선 '임팩트체인'과 '프랙티스체인' 두 개의 흐름이 병행한다는 사실을 알게 되었습니다. '임팩트체인'의 구조는 투입, 과정, 산출, 변화의 흐름이 있고, '프랙티스체인'의 구조는 목표, 지표, 성과의 흐름이 있었습니다. 이 둘을 교차하여 위와 같은 통합 매트릭스를 완성할 수 있습니다.

이제 사업을 하나 적용해 보며 이해해볼까요? 맨 처음 할 일은 사업의 output목표를 수립한 후 outocme목표를 수립하는 일입니다. 다음은 사업의 output지표와 outcome지표를 도출하는 일입니다. 이를 통해 사업의 output 성과와 outcome 성과를 예상할 수 있습니다. 대략의 순서가 숙지되었다면 실제 교육사업을 예시로 대입하며 고민해 봅니다. 우선 교육사업의 output목표와 outcome목표를 수립해야 합니다. output목표는 참석자 50명, 수료자 40명 등이 가능할 것입니다. outcome목표는 참석자의 역량강화와 성장(효과성), 현업의 적용(실용성), 주변 추천 여부(확산성) 등이 가능할 것입니다. 그럼다면 지표단계는 어떨까요. 먼저 output지표를 생각해 봅니다.

앞선 output목표가 참석자 50명, 수료자 40명이었다면 output지표는 '참석자가 50명이었는지, 수료자가 40명이었는지' 질문지표로만 전환하면 되니, output목표와 output지표는 사실상 같은 개념이라 할 수 있습니다. output 트랙은 목표와 지표가 자동환치되니 별도의 지표를 개발할 필요가 없어 direct measure(직접측정) 방식이라 할 수 있습니다.

다음으로, outcome목표였던 참석자의 역량강화와 성장, 현업의 적용, 주변 추천 여부 등은 즉시 파악도 어려울뿐더러 별도의 지표를 개발해야 합니다. outcome지표를 개발하기 위해서는 outcome목표의 의미를 확실히 정의한 후 그 핵심요인을 도출하는 순서가 필요합니다. 가령 역량의 강화(성과목표)는 정확히 무엇을 의미하며(효과성) 그 핵심 요건(CSF, critical success factor)은 무엇으로 확인가능한지, 그래서 어떤 기준(KPI)으로 측정할 것인지입니다. 역량이 강화되면 관련된 보조금 제안서가 통과될 가능성이 크니 '제안서 합격률'로 하나 설정해보겠습니다. 심지어 역량이 강화되면 승진에 유리할테니 '승진율'도 추가 설정합니다.

이렇듯 하나의 outcome목표를 확인하기 위해 복수의 outcome지표를 동원하는 일이 통상적입니다. 다만 outcome이라는 질적 변화는 현장에서 곧바로 측정할 수 있는 변화가 아닙니다. 장기적으로 관찰추적할 수 있는 긴 호흡이 필요합니다.

outcome 지표개발 순서

| 성과목표 설정 performance goal | → | 기대효과 정의 expected effect | → | 핵심요인 파악 CSF | → | 핵심지표 개발 KPI |

·성과평가의 원리·

Outcome 측정방법론의 종류

	방법	방법론 예시	표현어	확보데이터	결과활용
질적 측정	관찰	결과보고서, 모니터링	글자	qualitative data	스토리텔링
	인터뷰	IDI, FGI, 간담회	글자		
	토론	평가회, 성과공유워크숍	글자		
양적 측정	설문	만족도조사, 인식조사	글자·숫자	quantitative data	인포그래픽
	계수	계량지표 개발	숫자		
	기타	비용편익분석, 비용효과분석	숫자		

앞선 문제의식에 의하면 outcome지표를 성공적으로 도출했다 해도 즉시 측정에 사용할 수 없는 한계가 발견되었습니다. 보조금 제안서나 승진이 몇 개월 뒤에 일어날 일일지, 몇 년 후에 일어날 일일지 예측이 불가합니다. outcome이 정성적 변화를 의미하기에 장기적 추적이 필수적이지만 일반적인 현장은 1년 단위의 사업을 수행하니 부실화로 이어질 수도 있습니다. 앞에서 제시된 monitor, interview, survey, direct measure 등의 측정도구를 '질적 측정'과 '양적 측정'으로 분리해 구사한다면 해법 도출에 유용합니다.

outcome을 측정하기 위해 '질적 측정'의 영역부터 알아봅니다. '관찰'의 대표적인 접근은 보고서입니다. 담당자가 작성하는 결과보고서는 훈련된 담당자의 판단을 객관적인 측정으로 보는 사회적 약속, '훈련된 판단(trained judge)'에 기반합니다. 모니터링은 객관성을 보완하는 좋은 방법입니다. 만일 체크리스트 방식을 접목한다면 모니터링의 객관성은 더욱 증진됩니다. '인터뷰'는 앞선 관찰의 방법을 더욱 객관화하기 위한 개선방식입니다. 타인의 의견을 청취해 보고서에 인용하는 식입니다. 사업의 참가자, 전문가, 관계자 등의 의견을 청취하는 일로, 개인적인 면담(IDI, in-depth interview)과 집단적인 면담(FGI, focus group interview)으로 나눕니다. '토론'은 인터뷰의 일환이며 객관의 의견을 집단적으로 수집하는 방식입니다. 인터뷰가 인원의 제약이 있다면 토론은 수십명 이상 단위가 참여가능하므로 객관성 보완에 더욱 유리합니다. 평가회, 성과공유 워크숍이 이에 해당합니다.

'양적 측정'은 객관성을 더욱 심화합니다. '토론'의 규모는 잘해야 100명 남짓입니다. 만일 비대면으로 질문지를 작성할 수 있다면 범위를 광범위하게 확장할 수 있습니다. 평가질문을 서면으로 배포하는 '설문(질문법)'은 대규모의 데이터 확보와 동시에 통계작성을 가능케 합니다. 리커트 척도 등의 배점(scoring)을 통해 정량화가 손쉽고 주관식 질문에 의한 의견까지 수집하니 활용도가 높습니다.

예로, 역량강화의 확인을 위해 '제안서 합격'과 '승진'을 기다리는 것이 아니라, '교육을 통해 역량강화가 되었다고 생각하는지'를 당사자에게 직접 질문함으로써 사람의 의식을 객관적인 숫자로 표현케 합니다. 만일 '제안서 합격률'이나 '승진율'과 같이 특정한 지표개발에 성공했다면 수치로 확인할 수 있는 측정방식이므로 앞서 제시된 조사방법에 해당하지 않는 '계수(count)'로 구분합니다. 계수는 정성적 내용을 정량화된 데이터로 전환하는 계량화 작업입니다. 이를테면 돈의 가치를 금리(金利)라는 계량지표로 계수하는 식입니다. 이를 위해서는 목표와 지표 사이의 개연성에 대한 비판적 고찰과 확인작업이 뒤따라야 합니다.

· 성과평가의 원리 ·

🔷 사업의 성과에서 조직의 성과로

비용편익분석(cost-benefit analysis, CBA), 비용효과분석(cost-effectiveness analysis, CEA)은 본래 경제적 가치를 평가하는 방법론으로 투입비용에 따른 편익이나 효과를 산출합니다. 두 방법론 모두 투입단계를 금액 등의 수치로 환산한다는 공통점이 있습니다. 비용편익분석은 성과까지 금액화하는 반면 비용효과분석은 성과는 건수, 횟수 등으로 대체한다는 차이가 있습니다. 그러나 금액화에 있어 객관성과 신뢰도 확보가 쉽지 않고, 모든 성과를 경제적 측면으로 단순화하다보니 윤리적인 논란에 휩싸일 수도 있습니다. 이에 진일보한 SROI(social return on investment, 사회적투자수익률)가 2000년에 제시되었습니다. 가치평가(valuation)를 통해 사회적 가치를 금액화(화폐화)하는 방식입니다. 금액화 과정에서 발생하는 복잡다단한 논란을 보완하기 위해 이해관계자와의 소통을 시도하기도 합니다. 성과의 범위를 투자자나 소비자로 국한하지 않고 이해관계자까지 확장하는 사회적 회계(social accountability) 관점이 접목되는 경우도 있습니다.

IMP(impact management project)와 같이 정량화(금액화)를 탈피하여 15

개의 지정된 항목을 서술하며 사회적 가치를 증명하려는 시도가 없었던 것은 아니지만, VBA(value balancing alliance), CBA(contingent valuation method) 등 정량화(금액화)를 위한 수많은 실험이 아직도 현재진행형이라는 사실은 가치 측정이 난해함을 방증합니다. 이렇듯 변화를 객관적으로 증명하는 방법엔 절대적인 해답이 없습니다. 특히 '사업의 성과측정은 가능해도 조직의 성과측정은 난해하다'는 문제의식은 변화에 대한 증명이 쉽지 않음을 나타내는 현장의 정서입니다. 단위사업의 성과는 조직의 성과보다 하위개념의 임팩트입니다. 조직의 성과를 측정할 수 있다면 조직이 창출할 수 있는 가장 높은 수준의 임팩트를 설명할 수 있다는 말입니다. 그러나 금액화·정량화를 위한 무리한 시도와 부작용, 이해관계자와의 합의 미흡, 평가비용 확보의 실패, 평가에 대한 심리적 거부감이 단위사업의 성과로만 매몰되는 현상을 타파하지 못하는 원인이 되고 있습니다.

이러한 현장의 고질적 딜레마를 개선하기 위해 특정한 방법론을 이식하려 하지 말고 현장에서 수행할 수 있는 현실적 부분에 더 몰두하려는 움직임도 있습니다. K공공기관의 사례가 대표적입니다. 공공의료기관인 이곳은 조직의 성과를 측정하려면 조직의 목표인 미션·비전을 평가해야 하는데 이것이 현실적으로 쉽지 않은 사안이라 미션·비전 대신 그 하부 단위인 핵심목표를 평가하고 있습니다. 단위사업의 평가지표 중 핵심목표에 적용가능한 몇 개의 지표를 대표적으로 추출하여 이를 조직의 대표 지표로 차용함으로써 미션비전의 평가를 갈음하는 방식입니다. 이를 통해 조직은 복잡한 분석수식을 동원하지 않고도 기관이 선포한 사회적 목적을 명료하게 증명할 수 있다는 장점이 있습니다. 정량화(bean counting)로 효율만 추구하다 경쟁력이 저하된 GE, Boeing, Intel의 사례는 사회적 가치를 표명하려는 조직에게 많은 것을 시사합니다.

·성과평가의 원리·

Wrap-up Q&A

	MBO	OKR
접근방향	하향식 합의제	상향식 혹은 수평적 합의제
연동방향	성과평가 및 보상(KIP기반)	동기부여 및 피드백(KR기반)
강조점	목표달성을 위한 계획과 실행	도전적 목표 수립과 몰입
주요의미	인사평가 연동	과정을 통한 성장 추구
점검주기	연간	수시(주로 프로젝트)

1. MBO, OKR은 대립적 개념일까?

현장의 혼란 중 하나는 MBO를 폐기하고 OKR로 이행하는 일이 혁신처럼 인식된다는 점입니다. MBO와 OKR은 대립적 개념이 아닙니다. OKR이 MBO에 대한 대항적 의미로 제기되었지만 완전한 대체를 뜻하지 않습니다. MBO는 조직 전반의 목표관리를 위한 각 단위별 목표체계라 계획수립과 실행을 통한 목표달성을 중시합니다. 전통적 MBO와 달리 OKR은 도전적인 목표를 설정하여 조직의 각 단위가 성장하도록 유도하고 장려합니다. 이런 관점에서 MBO를 하향식, OKR을 상향식에 비유하기도 합니다. MBO를 통해 수립된 목표체계는 각 단위마다 KPI가 설정되어 있고 OKR은 KR(key result)이 그 역할을 합니다. MBO는 로직모델에 가깝고 OKR은 변화이론에 가깝습니다. 따라서 MBO는 성과평가, 인사평가와 연동하기 좋아 안정적인 시스템 형성에 일조하나 형식화되기 쉽고, OKR은 변수가 많아 소통을 촉진하고 긍정적 조직문화 형성에 일조하나 강제성이 약합니다.

2. 지원부서는 어떻게 평가하나?

인사팀 · 회계팀 · 교육팀 · 홍보팀 등은 흔히 현장이 없는 부서로 분류됩니다. 기업으로 치면 비매출 부서입니다. 실천현장도 이처럼 현장부서(front office)가 성과를 창출할 때 비현장부서(back office)는 현장부서를 지원하는 임무를 일임해 지원부서로도 부릅니다. 비현장부서도 원칙적으로 비전체계에 정렬함이 맞지만, 반복되는 업무를 현장부서처럼 해마다 증량해야 한다면 현장과의 괴리가 발생하게 됩니다. MBO가 가진 이러한 한계를 보완하기 위해 비재무적 성과의 중요성을 강조하는 BSC가 1990년대 등장했습니다. 비현장부서를 비재무적 영역인 고객, 업무프로세스, 학습과 성장의 관점에서 바라볼 수 있어야 하고 이러한 시각에서 성과를 점검할 수 있어야 합니다. 혹은 비현장부서의 업무가 반복·유지업무라는 점에 착안, 생산절차관리 프로세스인 QCDMS의 적용을 검토할 수 있습니다. 각 단어가 뜻하는 의미를 변형하여 quality(품질), cost(효율), delivery(기한준수), morale(의욕), safety(안정감) 등으로 적용할 수 있을 것입니다. 비현장부서는 성과의 유무를 단정적으로 평가하는 것보다 피드백을 통해 지원업무의 '생산력'에 문제가 없었는지, 현장부서에 얼마나 기여했는지 등을 점검하는 접근이 적합합니다.

3. 작은 단체도 적용할 수 있을까?

소규모 조직이 성과평가제도를 도입하기 어려운 것은 현실입니다. 작은 지역단체나 소규모 기관이라면 성과평가를 추가된 업무로 여기거나 불편감을 호소할 수도 있습니다. 만일 성과평가를 무미건조한 제도로만 구현하고자 한다면 이 고충은 사라지지 않을 것입니다. 성과평가를 제도가 아닌 '성과를 확인하는 소통의 형태'로 어떻게 구조화할 것인지에 초점을 맞추는 것이 좋습니다. MBO나 OKR 모두 절대선이 아닙니다. 조직문화 맥락에 맞춰 선택되는 도구입니다.

V

성과평가와
임팩트

성과평가의 원리

평가체계의 실제

성과보고서 작성

사업성과 설계사례-1. 교육사업

성과		성과지표		측정방법
산출		교육 횟수	직접측정	① 해당 데이터 수집 ② 지표에 따른 계수 *인포그래픽 비주얼화
		참석자 수		
		수료자 수		
변화	효과성	내용효과성, 결과적절성, 업무적용성	질적측정	① 설문조사(척도로 계량화) ② 개별 인터뷰(스토리텔링) ③ 평가토론회(의미/시사점)
	만족도	내용만족도, 강사만족도, 환경만족도		
	혁신성	교육 긍정·부정 요인, 향후 개선 방안		

　제시된 표는 사업성과에 대한 설계사례입니다. 그 내용은 교육사업입니다. '임팩트체인'의 첫 대분류에서 산출과 변화로 성과의 종류를 규정했습니다. 전자는 output, 후자는 outcome에 해당할 것입니다. 산출성과를 교육 횟수, 참석자 수, 수료자 수로 분류했고, 정량화가 가능한 측정이라 직접측정으로 설정했습니다. 맥락적으로 볼 때 교육 횟수, 참석자 수, 수료자 수는 목표이자 지표입니다. 다른 말로 성과목표이자 성과지표가 됩니다. output 트랙은 목표가 곧 지표와 동일한 개념이라는 것을 이해할 수 있습니다. 하여, 목표와 지표를 별도로 분리하지 않고 통합한 상황입니다. 측정방법은 데이터 수집, 지표에 따른 계수 등입니다.

　변화는 outcome에 해당하며 이 교육사업의 근원적인 성과를 측정하는 단계로 이해할 수 있습니다. 교육사업이 기대하는 변화성과는 효과성, 만족도, 혁신성입니다. 효과성이라는 성과목표를 위한 성과지표는 내용효과성, 결과적절성, 업무적용성입니다. 만족도라는 성과목표를 위한 성과지표는 내용만족도, 강사만족도, 환경만족도입니다. 혁신성이라는 성과목표를 위한 성과지표는 교육 긍정부정 요인, 향후 개선 방안입니다. 그러나 측정의 난해함을 고려하여 질적측정으로 설정했습니다. 그 내용은 설문조사, 개별 인터뷰, 평가토론회 등입니다.

일반적으로 교육사업을 평가측정하기란 쉬운 일처럼 보이면서도 어려운 일입니다. 교육의 효과성이 교육종료 후 바로 표출되지 않는다는 점은 평가의 어려운 요인으로 작용합니다. 역량의 강화와 성장이 즉시 나타날지, 1년 후에 드러날지 예측이 불가합니다. 이에 많은 현장에서 '만족도조사'를 진행하고 있지만, 교육의 목적이 만족도가 될 수 없으므로 교육의 목적을 더욱 분명히 정리하는 선행작업이 필요합니다. 사람들을 만족시키기 위함이라면 좋은 교육이 아니라 재미있는 교육을 제공해야 맞습니다. 교육의 목적은 교육효과 측면에서 제시할 수 있어야 합니다. 이 표에서는 효과성, 만족도, 혁신성으로 설정했지만 조직의 성향에 따라 다각도로 변주하는 것도 좋습니다.

임팩트 체인의 전체 흐름은 input, process, output, outcome으로 설정할 수 있습니다. 이장에서는 실제 성과가 창출되는 단계인 output과 outcome을 위주로 다루고 있습니다. 각별히 현장부서의 경우 변화를 추구하니 output, outcome의 설계가 핵심이라 할 수 있습니다. 반면 지원부서의 경우 유지업무가 많아 input, process 등 준비상태, 구조와 과정 위주로 구성하여 적용해 볼 수 있을 것입니다.

·평가체계의 실제·

🔲 사업성과 설계사례-2. 협력사업

목적 Goal	목표 Strategic goal	현황 Output	변화 Outcome	사례 Case
기반 측면	기반 조성	위원회 개최 횟수	기반조성 목표달성도	제도적 측면
		서포터즈 육성수		
	정책 연계	참여사업 횟수		
		결과공유 횟수		
문화 측면	리더십 구현	도출 의제 수	협력성과 시민만족도	문화적 측면
		참여기관 수		
	문화 활성화	성과공유 횟수		
		교육수행 횟수		
사업 측면	공론절차이행	공론장 개최 횟수	사업성과 목표달성도	실행적 측면
		참여시민 수		
	참여 활성화	자원봉사자 참여 수		
		기부 금액		

이번표는 협력사업에 대한 사업성과 설계사례입니다. 가령 민과 관이 협력하는 사업이라면 맞춰가야 할 것이 한두가지가 아닙니다. 이렇게 전혀 다른 주체가 만나 파트너십을 형성해 가는 과정 속에 수행하는 협력사

업은 중장기적 관점에서 조망할 필요가 있을 것입니다. 표의 1차 분류인 목적이 기반적 측면, 문화적 측면, 사업적 측면으로 분류되어 있는 원인은 오로지 사업적 측면만 보아서는 안 된다는 균형적 시각이 반영된 결과일 것입니다.

임팩트체인의 첫 단계인 output을 현황, 두 번째인 outcome을 변화로 규정했습니다. 마지막은 case라는 항목이 있고 이는 사례로 규정했습니다. 즉 현황을 통해 변화를 만들어 가는데 그 증거를 사례(case)로 제시하겠다는 논리구조입니다. 가령 협력사업의 첫 번째 목적은 기반적 측면에서 인프라를 조성하고 정책을 연계하는 방향입니다. 이를 확인하기 위해 위원회 개최수, 서포터즈 육성수, 참여사업횟수, 결과공유 횟수가 산출되어야 합니다. 이를 통해 기반조성의 목표가 달성되는 변화가 창출되어야 합니다. 이러한 변화를 증명하기 위해 제도적 측면의 우수사례를 발굴함으로써 기반적 측면의 임팩트가 얼마나 창출되었는지를 강조할 수 있습니다.

일부 현장에서 output, outcome의 다음 단계로 impact를 설정하고 있지만, impact는 특정한 항목이 아닌 서사적(narrative) 개념으로 이해하는 것이 좋습니다. impact의 본질과 작동원리를 잘못 이해하면 마치 output, outcome과 같이 특정 단계로 설정하게 되는데 이때 논리의 비약이 발생합니다. 또한 현장은 1년 주기로 단위사업을 수행합니다. 실제 사업기간은 6개월 가량입니다. 6개월만에 창출하는 결과를 impact로 단언하기에 무리가 따릅니다. 창출된 outcome을 impact의 관점에서 설명(narrate)하는 접근이 자연스럽습니다.

· 평가체계의 실제 ·

핵심성과 설계사례-1. 노인복지관

핵심목표	사업명	Output	Outcome			
		목표 및 지표	목표	지표	목표치	측정방법
핵심목표1	A	어르신 식사 제공100명, 10회	어르신 가정 복귀	어르신 복귀 수	90% 이상	직접측정
				복귀 후 취업률	60% 이상	직접측정
	B	어르신 안전 교육	안전한 환경 마련	안전사고 감소율	10% 감소	직접측정
				가족 만족도	80% 이상	설문/FGI

조직에서 핵심적인 성과란 조직을 대표하는 성과입니다. 조직을 대표하는 성과는 한두개 단위사업의 성과로 국한할 수 없습니다. 대표적인 단위사업의 성과가 성공적으로 도출되었다 해도 조직 레벨로 끌어올려 더 큰 언어로 설명해야 합니다. 이 표에서 명시한 핵심성과 역시 조직의 성과를 대신하여 사용한 용어입니다. 조직의 핵심성과를 찾는다면 조직 차원의 성과일 것이고 이때 핵심성과는 임팩트와 가장 가까운 개념일 것입니다.

위 표를 설계한 조직은 비전체계로부터 시작해 복수의 핵심목표를 도출한 것으로 보입니다. 여기서는 그중 핵심목표1만 다루고 있습니다. 핵심목표1의 성취를 위해 사업A와 사업B가 존재합니다. 사업A의 output 목표와 지표는 어르신의 식사 제공입니다. 목표치를 100명, 10회로 설정하여 구체성을 더하고 있습니다. 이를 통해 창출하고자 하는 변화인 outcome은 어르신의 가정 복귀입니다. outcome 목표가 성취되었는지 알 수 있는 지표는 어르신 복귀수, 복귀 후 취업률입니다. 이역시 각각 목표치가 설정되어 있습니다. 이어서 측정방법도 설정되어 있습니다. 두 번째 사업B도 유사한 논리로 전개됩니다.

위 표를 볼 때 사업A, 사업B의 사업 목적은 무엇일까요. 요약한 표라 자세히 제시되어 있지 않습니다. 그럼에도 사업A와 사업B의 목적을 찾으라면 outcome에서 찾아야 합니다. outcome 목표로 제시된 어르신 가정 복귀, 안전한 환경 마련이 각각 사업A, 사업B의 목적에 근접한 내용입니다. 사업기획서 전체문서에는 어르신 가정 복귀, 안전한 환경 마련을 개괄적으로 담고있는 개요와 목적문이 있을 것으로 보입니다.

목적, 목표는 어떤 것이 큰 개념일까요?

흔히 목적이 크고 목표가 작은 개념으로 이해됩니다. 그런데 '성과평가를 하려는 목적은 최고의 조직이 되려는 목표가 있기 때문'이라는 문장은 어떤가요? 마치 목표가 큰 것처럼 들립니다. 목적과 목표는 크기를 중심으로 등급화하는 개념은 아닙니다. 다만 목적은 의도, 취지 등 추상의 의미를 담을 수 있고 목표는 도달점, 기준점 등 구체적 의미를 담을 수 있어 흔히 목적이 크고 목표는 작은 것이라 사고됩니다. 이는 철칙이 아니라 예외가 있는 상대적 개념입니다. 맥락에 맞는지 살펴보며 유연하게 적용하지 않으면 혼란이 야기됩니다. 이러한 혼란은 국제사회에서도 마찬가지입니다. purpose(목적), goal(목표), objective(목적·목표)도 상황에 따라 언제든지 해석이 달리 되는 상대적 개념이므로 맥락에 따른 독해가 요구됩니다.

핵심성과 설계사례-2. 환경단체

	Outcome	Output(누적)	측정방법
활동	도시숲의 다양성 강화 (증가율, %)	수종 증가 수	직접측정
		나무 본 수	직접측정
		흉고지름 분포 수	직접측정
	산림프로그램 활성화 (성장률, %)	수혜자 수	직접측정
		참여 만족도	설문기법
		재참여 의사	설문기법
운영	소액후원의 활성화 (증가율, %)	후원 요청 수	직접측정
		개인 회원 수	직접측정
		소액회비 금액	직접측정
	리더십그룹 성장 (신뢰도, %)	전문위원 수	직접측정
		운영 연계 수	직접측정
		기관 운영 신뢰도	설문기법
관계	숲 공공정책 확장 (확장률, %)	지역주민 유입 수	직접측정
		자원활동가 참여 수	직접측정
		정책 제안 수	직접측정

환경시민단체의 핵심성과(조직의 성과) 설계사례입니다. 위 임팩트체인은 변화이론의 순서와 같이 성과목표(outcome)을 먼저 설정한 후 해당하는 요건(output)으로 전개되는 구조가 특징입니다. 특히 앞에서 소개되었던 참여형 내부역량 진단(Participatory self assessment of NGO capacity, Fowler)의 활동, 운영, 관계 프레임을 활용해 구조화했습니다. 아마 이 단체의 핵심목표 역시 활동, 운영, 관계의 프레임으로 배치되어 있을 가능성이 큽니다. 이 경우 미션, 비전에서 핵심목표로 전개되고 핵심목표가 다시 핵심성과목표(outcome)로 전개되니 인과성이 강한 편이라 할 수 있겠습니다.

또 하나의 특색은 outcome, output 모두를 정량화함으로써 측정방법이 직접측정(direct measure)으로 정리되어 간편함이 커졌습니다. 예로, outcome의 모든 지표를 퍼센트(%)로 전환하는 지표를 개발함으로써 측정의 간편함뿐 아니라 기준의 일관성을 강조할 수 있습니다. 또한 output의 수치에 '누적' 개념을 적용하여 현실을 반영했습니다. 예산, 인력 등의 투입량(input)은 늘지 않으면서 이에 대한 성과를 매해 증량하는 일은 불가능에 가깝습니다. 누적의 개념을 차용하여 이러한 딜레마를 일부분 해소할 수 있을 것입니다.

·평가체계의 실제·

핵심성과 설계사례-3. 중간지원조직

목표 및 항목		측정방법	핵심성과지표 (KPI)	세부측정지표
운영의 공공성	Output	현황(계수)	미션/비전 현황	미션/비전 점검 참여자 수
			참여채널현황	사람들의 참여 채널 수
			재무운용현황	후원자/후원기관의 수
	Outcome	인식(설문)	정책 개방성	조직의 의사결정 개방성 정도
			의사 반영도	의견수렴에 대한 개방성 정도
			정보 접근성	정보의 정보접근 편리성
	Impact	사례(FGI)	우수사례	*관련 변화 조사/발굴
활동의 효과성	Output	현황(계수)	전체 사업 규모	사업 종류 및 사업 수
			참여 인원 현황	전체 사업에 참여한 사람 수
			신규 입문자 현황	새로 발굴된 시민 활동가 수
	Outcome	인식(설문)	사업 실효성	욕구 기반 사업 설계 여부
			사업 지속성	사업참여 후 활동 지속 여부
			사업 확장성	인지도·연계 등 사업확장 여부
	Impact	사례(FGI)	우수사례	*관련 변화 조사/발굴
공익의 확산성	Output	현황(계수)	사업 추진현황	추진사업의 전체적인 달성률
			연계자규모	창립 후 이용자, 참여자 합계
			홈페이지 접속 규모	홈피 접속량, 관련 키워드 양
	Outcome	인식(설문)	공익활동 지속성	참여자의 공익활동 지속 여부
			공익활동 활용도	참여자의 공익활동 적용 여부
			공익활동 파급력	이해관계 공익활동 경험 정도
	Impact	사례(FGI)	우수사례	*관련 변화 조사/발굴

이 중간지원조직은 핵심목표(혹은 핵심성과목표)를 운영의 공공성, 활동의 효과성, 공익의 확산성으로 설정한 사례입니다. 이 3개의 핵심목표는 각각 output, outcome, impact로 일정하게 구조화되었습니다. output은 현황을 숫자로 계수합니다. outcome은 인식을 설문으로 조사합니다. 이에 output, outcome을 정량적 데이터로 축적할 수 있습니다.

사례를 발굴해 impact를 설명(narrate)하려는 시도는 설득력이 있습니다. output과 outcome의 증거가 될만한 주요 사례를 제시함으로써 논리구조의 완결성에 긍정적으로 기여합니다. 각 임팩트체인의 단계마다 해당하는 KPI(key performance indicator)가 설정되어 있고 이는 다시 세부측정지표로 설명가능합니다. 이러한 흐름을 입증할 수 있는 사례를 FGI(focus group interview)로 발굴하여 impact를 입증하려는 접근입니다.

중간지원조직이 겪는 고질적인 난관은 자기현장이 없는 구조적 상황입니다. 성과와 밀접한 관계가 있는 의사결정은 재원을 제공하는 '상급기관'에서 관장합니다. 정작 성과가 창출되는 현장은 중간지원조직의 '수혜자'에 해당하는 지원대상 기관의 현장입니다. 중간지원조직의 입장에서 이 현장을 자기현장이라 인식하기엔 무리일 것입니다. 이러한 상황은 중간지원조직을 관료화, 관행화, 관변화하는 주된 요인으로 작용하기 쉽습니다. 공적자금을 통해 성과를 선명하게 창출할 수 없다면 이러한 경향은 더욱 가속화되기도 합니다. 중간지원조직에서 왜 성과평가가 더 중요한지에 대해 환기할 수 있는 대목입니다.

· 평가체계의 실제 ·

종합체계 설계사례-1. 공공기관

핵심목표		
학습 문화 조성	학습 인프라 강화	학습 역량 증진
비공개	비공개	비공개
output	output	output
측정방법: 직접측정(계수)	측정방법: 직접측정(계수)	측정방법: 직접측정(계수)
개 과목수/콘텐츠수	개 기관수/프로그램수	개 과목수/커뮤니티수
건 연계건수/프로젝트수	건 연계건수/방문건수	건 연계건수/결과물수
명 참여자수/강사수	명 수혜자수/강사수	명 참여자수/강사수
outcome	outcome	outcome
측정방법: 의식조사(설문)	측정방법: 의식조사(설문)	측정방법: 의식조사(설문)
성장 역량성장 관련지표	성장 역량성장 관련지표	성장 역량성장 관련지표
신뢰 콘텐츠신뢰 관련지표	신뢰 콘텐츠신뢰 관련지표	신뢰 콘텐츠신뢰 관련지표
변화 사회변화 관련지표	변화 사회변화 관련지표	변화 사회변화 관련지표
impact	impact	impact
측정방법: 사례발굴(조사)	측정방법: 사례발굴(조사)	측정방법: 사례발굴(조사)
–	–	–

이 공공기관의 표는 3대 핵심목표인 학습 문화 조성, 학습 인프라 강화, 학습 역량 증진을 필두로 각각 output, outcome, impact의 임팩트체인의 흐름을 구조화했습니다. 이 기관의 특징은 output 성과를 측정하기 위해 표준단위(standard unit)을 설정했다는 점과 outcome 성과를 측정하기 위해 공통기준(criteria)를 설정했다는 점입니다. output의 표준단위는 개, 건, 명입니다. 횟수, 건수, 명수를 의미합니다. output의 결과물이 결국 횟수, 건수, 명수로 카운트되기 때문입니다. 마찬가지로 outcome의 공통기준은 성장, 신뢰, 변화로 설정했습니다.

이러한 표준화 시도는 모든 측정의 비용과 시간을 간소하게 만들어 주어 성과평가의 피로감을 덜어줍니다. 다만 이렇게 표준화를 할 수 있으려면 이 공공기관과 같이 특정한 의제를 위해 존재하는 조직이어야 합니다. 이 공공기관의 본업은 '교육'입니다. 교육업의 결과물은 output에서 개, 건, 명으로 구조화하기 좋고, outcome은 성장, 신뢰, 변화로 구조화하기 좋습니다. 이러한 표준화는 해마다 반복되는 결과를 분석하여 공통요인을 발굴했기에 가능한 결과일 것입니다.

본업이 뚜렷하고 해마다 반복되는 결과가 도출되는 조직이라면 성과 측정의 항목과 단위 등을 표준화하여 효율화를 도모할 수 있습니다. 매해 사업이 반복되는 공공기관의 경우, 경영평가 등 외부평가를 위해 지표의 설득력을 강화하는 일은 불가결한 과정입니다. 이를 위해 지표의 중요성, 적합성, 도전성을 반영하려 하지만 이는 지표 자체만으로 설명하기 어렵습니다. 지표를 설정하기 전 성과평가의 전체 구조를 개연성, 타당성, 체계성에 기반해 수립했는지 점검하며 검토해야 가능한 일입니다.

·평가체계의 실제·

🔷 종합체계 설계사례-2. 시민단체

우리는 누구인가?
시민의 자발적인 참여와 연대로 참된 주민자치를 실현하는 OOO입니다

우리는 어떤 사회를 꿈꾸는가?	
시민이 참여하는 민주사회	인간 존엄의 인권 존중사회
삶의 질이 보장되는 사회	정직과 양심이 우선되는 사회

시민과 함께하는 5대 핵심목표				
정책 과정의 투명성 확보	시민의 직접감시 확대	다양한 주체와의 연대	지속가능한 재정기반 마련	전문성 있는 활동가의 육성

사회변화의 기준(핵심성과지표)				
산출지표	산출지표	산출지표	산출지표	산출지표
위원회 공개 여부 회의록 공개목록	정보공개 청구량 공익신고 수	신규 영역 연대 상호행사 참여수	평균연령 감소 회비 증가	외부활동 참여 학위/자격증 유무
변화지표	변화지표	변화지표	변화지표	변화지표
위원회 구성의 다양성 공개 양식 변화	행정 시민 감수성 시민 제보 수	파트너십 깊이 상호 긍정적 영향	후원구조 다각화 지속적 수입 상향	예산투입 비율 활동가 임금

이 시민단체는 미션, 비전부터 핵심목표, 핵심성과지표를 모두 확인할 수 있습니다. 현장의 눈높이에 맞추어 미션, 비전 등의 무거운 표현도 완화했습니다. 미션 대신 '우리는 누구인가', 비전 대신 '우리는 어떤 사회를 꿈꾸는가' 등입니다. 이하 핵심목표, 핵심성과지표 역시 '시민과 함께 하는 5대 핵심목표', '사회변화의 기준: 핵심성과지표'로 표현하여 친근감을 높였습니다.

핵심목표 5개는 각각 산출지표(output)과 변화지표(outcome)로 전개되며 이는 각각 산출성과와 변화성과로 이해할 수 있습니다. 임팩트체인의 산출지표는 대체로 숫자로 표현가능하고 변화지표는 숫자를 포함하여 정성의 영역을 아우릅니다. 문서에 측정방법이 공개되어 있지 않으나 대시민 공개의 용도라면 가독성 차원에서 장점으로 여겨질 수도 있습니다. 이와 별개로 종합체계도를 세밀하게 규정한 내부문서를 별도로 관리하는 경우가 많습니다.

비전체계를 목표체계로 국한하지 않고 평가체계까지 포함한 종합체계로 구성했다는 사실은 높은 수준의 전략적 접근입니다. 종합체계도의 현장 적용성을 높이기 위해 연말 시점에서 차년도를 구상하는 기획단계를 잘 활용하는 것이 좋습니다. 기획단계에서 성과평가에 대한 고려를 충분히 함으로써 구성원들이 1년 후 어떠한 성과를 남겨야 할지 스스로 이해할 수 있습니다.

V

성과평가와
임팩트

성과평가의 원리

평가체계의 실제

성과보고서 작성

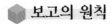 **보고의 원칙**

임팩트 보고서	지속가능성 보고서
① 포괄성의 원칙 ② 투명성의 원칙 ③ 접근성의 원칙 ④ 검증의 원칙 ⑤ 보고의 원칙	① 궁극적 목적 기술 ② 중장기적 지향점 정의 ③ 정렬된 활동 ④ 결과의 설명 ⑤ 증거의 제시 ⑥ 시사점 기술

GRI, Principles of Good Impact Reporting for charities and social enterprises, 발췌 및 재편집, www.acevo.org.uk, knowhow.ncvo.org.uk

지금까지 성과평가에 대해 알아보았습니다. 성과평가를 하는 목적 중 하나는 조직의 이해관계자와의 커뮤니케이션입니다. 그중 피할 수 없는 책무는 연차보고서(annual report)를 통해 1년간의 결과를 소상히 알리는 일입니다. 연차보고서 발간을 위해 가장 먼저 무엇을 시작해야 할지 생각해 보겠습니다.

보고서의 첫 시작은 '왜 보고를 하는지'에 대한 질문에 답하는 일입니다. 무엇을 위해 보고를 하는지 그 취지와 목적에 대한 확인이 필수적입니다. 또한 보고서를 발간한 후에 어떤 효과를 기대하는지, 보고서를 통해 얻고자 하는 효과가 무엇인지 확인해야 합니다. 이 작업이 종료된 후 실제 착수에 임한다면 보고서의 롤모델을 설정하여 더욱 양질의 구조를 벤치마킹할 수 있습니다. 해당 조직에 적합한 보고서의 종류는 무엇이고 어떤 구성과 원리를 활용하면 적합할지 판단하며 기획할 수 있을 것입니다. 이러한 기획과정을 통해 조직에 상응하는 보고서의 주요 목차를 정리해냅니다. 각 보고서의 원칙에 대해 살펴보겠습니다.

임팩트 보고서(social impact report, 사회영향보고서)는 조직 스스로가 선언한 목적·목표(아젠다)에 대한 변화의 결과를 기술하려는 보고서입니다. 보고부터 평가수행까지 발간과정에 다양한 이해관계자의 참여를 보장하며, 보고서의 기획부터 평가수행까지 진행과정과 결과를 공개함이 원칙입니다. 보고서에 관계된 정보를 누구나 접근할 수 있도록 다방면의 커뮤니케이션 채널을 구비합니다. 이러한 정보는 외부의 검증을 받을 수 있을 정도로 개방성이 있어야 합니다.

지속가능성 보고서(sustainability report)는 UN의 SDGs 등 지속가능성에 대한 국제사회의 아젠다가 이미 세팅된 상황에서 그 실천성과를 설명하고 증명하려는 보고서입니다. 조직의 존재이유와 궁극적 목적과 중장기적 목표에 대해 정의하고, 이해관계자가 바라는 변화의 방향을 반영하며, 목적 성취를 위한 효과적 활동, 자원, 결과가 무엇인지 고려해야 합니다. 조직이 성취한 결과에 대해 보고할 때 합리적 증거가 무엇이고 이해관계자들과 공유되고 있는지도 설명합니다. 이해관계자가 적시에 정보를 사용하여 현명한 의사결정을 할 수 있도록 정기적인 보고가 이루어져야 합니다.

기관과 목적에 따라 보고의 원칙과 보고서의 구성은 달라질 수 있습니다. 심지어 어떠한 보고서를 꼭 선택해야 할 의무란 존재하지 않습니다. 다만 각 보고서의 장단점을 살펴보지 않은 채 섣불리 보고서 작성에 착수한다면 현장에 적격인 보고서가 아니라 피상적인 보고로 그칠 수 있을 것입니다. 조직이 이해관계자와 소통하려는 의지와 진정성이 보고서의 원칙을 실효적으로 만드는 힘입니다. 다음 장부터는 많은 조직이 사용하고 있는 몇 가지 보고서들의 사례와 구체적인 작성방법에 대해 알아보겠습니다.

·성과보고서 작성·

🔷 임팩트 보고서(social impact report)

OUR GLOBAL RESULTS
FROM 2019

Impact at a Glance

Community Engagement 39,360 678,569		Childhood Success	73%	708,011	644,669
		Youth Success	88%	2,386,913	84%
		Economic Mobility	1,286,762	472,231	40%
		Access to Health	7,245,430	72%	79%

2019 United Way Impact Report, 2020, United Way Worldwide 홈페이지, 발췌

임팩트 보고서는 변화를 지향하는 조직이 그 인과성을 입증할 수 있는 대중적인 보고서입니다. 임팩트 보고서는 조직이 생산하는 직간접적인 변화결과 중 사회·경제 파급효과에 대해 이해관계자의 관점에서 보고합니다. 임팩트 보고서는 조직이 수행한 활동의 목적을 중심으로 인과적 모형에 의하여 변화의 흐름을 체계적으로 평가하고 보고합니다. 즉, 사회적인 변화를 원하는 조직이라면 그 형태와 종류에 관계없이 모두 적용가능한 보고서라 정의할 수 있습니다. 가령 사회복지기관, 자원봉사단체, 각종 단체와 비영리법인 등 공익적 활동을 통해 특정한 사회적 가치를 주장하고자 하는 조직의 입장에서 선언한 지향점에 얼마나 도달했는지 평가하고 보고할 때 부합합니다.

임팩트 보고서의 특징은 다음과 같습니다. 변화를 위한 투입 혹은 임팩트 투자를 통해 창출한 사회문제의 해결이 무엇인지에 대한 비재무적 성과를 단순 결과가 아닌 중장기적 관점에서 서술합니다. 단순 결과는 단순 수치로 표현되나 중장기적 관점은 변화의 흐름과 추이를 설명할 수 있습니다. 나아가, 조직이 바라는 사업과 활동의 목적이 단선적 결과로 그치지 않고 근원적인 변화를 창출하도록 하는 인과적 관점의 보고서라 할 수 있습니다. 조직의 장기적 성과 창출을 위해 인과관계를 상세히 추적하며, 각 단계에서 어떠한 일이 일어났는지 자세히 보고하는 방식입니다. 이러한 흐름은 자연스럽게 조직이 무엇을 원하는지 그 아젠다(목표)를 수립하는 일의 중대성으로 수렴되며 이해관계자를 결집하는 영향력으로 발현됩니다.

세계최대의 비영리 임팩트기관 United Way Worldwide는 오랜기간 동안 임팩트 보고서를 발행해 온 대표적인 기관입니다. 2010년대 초반 기관의 총모금액이 50억불(한화 약 6조원)을 초과하는 시점에서 United Way는 근원적인 사회변화에 대한 모델로 community impact를 장려했습니다. 국가와 지역의 격차를 고려해 임팩트의 창출을 가능하게 만드는 community impact 캠페인은 각 지역 현장의 아젠다에 따라 약간씩 변형된 내용으로 진행되었습니다. 이 방식은 각 국가와 지역사회마다 가지고 있는 특성을 고려하되 표준화된 임팩트체인의 모델을 적용하는 형태로 발전되었고, 그에 따라 각 현장이 어떠한 변화의 마일스톤을 밟아왔는지 비교검토할 수 있는 뜻깊은 계기가 되었습니다. 이러한 각 현장의 임팩트는 United Way가 천명했던 3대 핵심아젠다인 교육(education), 의료(health), 소득(income)으로 수렴되었습니다. 현재 임팩트 보고서를 발간하는 대표적인 기업은 Tesla, Nike, Starbucks입니다.

·성과보고서 작성·

임팩트 보고서의 구성

보고 항목	보고 내용
회고	• 사회환경의 변화 리뷰 • 변화 속에서의 조직의 노력 • 요약된 성과와 감사 표시
비전체계	• 조직의 비전체계에 대한 안내와 올해 사업의 적용 주안점
핵심목표	• 핵심목표(전략목표, 중장기목표) 제시
핵심성과	• 핵심목표(전략목표, 중장기목표)에 대한 주요성과 보고
단위사업	• 단위사업·활동 안내 • 단위사업 output, outcome 목표 보고
사업성과	• 단위사업별 output, outcome 성과 보고
시사점	• 결과에 대한 교훈과 개선방안, 전망과 기본계획 보고 • 이해관계자의 조언, 사례를 통한 시사점 보고

 임팩트 보고서의 구성은 논리적 구조를 따르고 있습니다. 조직이 선언한 비전체계를 바탕으로 핵심목표(전략목표 혹은 중장기목표)가 무엇인지 제시한 후, 핵심목표가 얼마나 성취되었는지 보고하는 부분이 임팩트 보고서의 핵심성과(impact at a glance)라 할 수 있습니다. 이를 위해 하부영역인 단위사업의 성과가 기틀이 됩니다. 임팩트 보고서는 단위사업의 성과만을 보고하지 않습니다. 단위사업의 성과를 통해 핵심목표가 얼마나 성취되었는지를 제시함으로써 미션·비전에 대한 기여를 보고함이 최종적인 지향입니다. 그러나 실제 보고서는 이러한 논리구조를 현장에 맞추어 유연하게 적용하는 경우가 다수입니다.

임팩트 측정 종류

	표준 지표 이용	합의 지표 설정
평가 성격	표준지표	가이드라인
평가 접근	Top-down	Bottom-up
관련 기관	GIIRS, BPI	SROI
평가 주체	외부기관	자가평가
평가 관점	규칙 기반	원리 기반

임팩트 보고서는 미션과 비전 등 조직이 원하는 본질적이고 근본적인 방향을 위해 사업의 방향과 성과를 정렬시켜 평가할 수 있다는 점, 논리적 인과관계에 의한 개연성 부여로 조직이 창출하고자 하는 변화를 추적할 수 있으므로 신뢰도가 높다는 점, 근원적 변화를 위한 임팩트 투자 대비 성과를 측정하므로 투자에 대한 효율성과 함께 결과의 효과성을 동시에 평가할 수 있는 장점이 있습니다. 임팩트 보고서는 변화를 추구하는 조직에 최적화되어 있습니다. 보고서의 전체 프레임이 로직모델이나 변화이론으로 대표되는 임팩트체인의 원리에 영향을 받고있는 배경입니다.

임팩트 보고서가 개선해야 할 과제도 있습니다. 자기보고를 통해 보고서를 작성할 경우 자가평가를 수행하게 되므로 모호성과 객관성 이슈가 제기될 수 있습니다. 이러한 문제를 개선하고자 외부평가를 한다면 조직 현장의 특수성이 경시될 수 있습니다. 각 현장의 격차를 반영하지 않은 채 획일적인 평가를 진행한 후 등급화를 시도한다면 형평성과 객관성에 대한 논란은 그치지 않을 것입니다.

지속가능성 보고서(sustainability report)

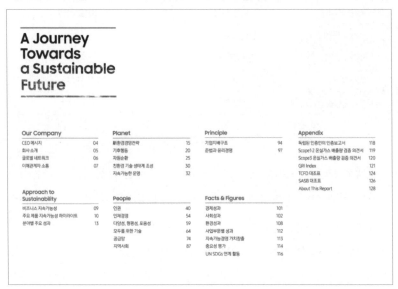

2023 삼성전자 지속가능성보고서, 2022, 삼성전자 홈페이지, 발췌

　지속가능성 보고서는 기업현장의 대표적인 보고서로 발간되고 있지만 각종 민간 단체나 법인처럼 이윤을 창출하지 않는 기관과도 부합합니다. 지속가능성 보고서는 현세대의 발전에 있어 다음 세대를 염두하여 경제·사회·환경의 균형적 접근과 이해관계자의 동참을 고려한 성장을 보고합니다. 지속가능성 보고서는 기업의 경영 및 사업성과뿐 아니라, 비재무적 요소라 할 수 있는 사회적·환경적 측면의 성과를 지속가능성 관점에서 평가하고 보고합니다. 지속가능성 보고서는 UN Global compact, UN SDGs, ISO26000 등에서 실행 가이드라인으로 핵심의제를 다루고 있어 보고의 지향점이 명료한 편입니다.

지속가능성 보고서는 주주·투자자, 고객·소비자, 시민·지역사회, 직원 등 일단의 이해관계자들과의 상생을 위해 이해관계자의 관점에서 평가한 종합적 보고라고 할 수 있습니다. 또한, 지속가능성 보고서는 경영 결과인 경제효과를 포함한 재무 관점뿐 아니라 사회공존을 위한 환경, 사회의 균형잡힌 평가를 포괄하여 보고하는 사회적 책임의 관점을 지닌 보고서입니다. 지속가능성 보고서는 조직의 미션·비전을 중심으로 조직의 효과적·효율적 운영, 사회의 책임 있는 일원이 되려는 노력 등을 보고하는 미래지향적 보고서이기도 합니다.

기업 맥락에서 지속가능성 보고를 한다는 행위는 기업의 지향점이 더이상 재무적 성과에만 국한되지 않음을 의미합니다. 경제적 가치와 사회적 가치의 균형적 의미란 단지 기계적이고 형식적인 요건의 준수가 아니라 실제 기업의 경영전략으로 간주되어야 한다는 뜻입니다. 예로, 2010년 발표된 ISO 26000은 기업과 조직의 사회적 책임과 그 가이드라인을 제공했습니다. 이곳에는 환경 책임, 지배구조 책임, 지역사회 책임 등 총 7개의 핵심주제가 제시되어 있으며 ESG와의 연결성을 담고 있습니다.

1997년 창립 이후 보고의 표준을 주도하는 GRI(Global Reporting Initiative)는 2020년 전후로 전통적인 산업군까지 지속가능성에 대한 보고 가이드(GRI standards)를 확장하는 등 보고의 대상 영역을 속도있게 확장하고 있습니다. 첨단을 이끄는 선도적 기업에 국한하지 않고, 석유·가스 부문, 농업, 수산업, 광업과 같은 전통적인 산업군까지 지속가능성 보고의 표준을 제시함으로써 기업경영은 더욱 거대한 변화를 예고하고 있습니다.

·성과보고서 작성·

🔷 지속가능성 보고서의 구성

보고 항목과 내용			
공통	• 조직 프로필 • 전략 • 윤리 및 청렴 • 거버넌스 • 이해관계자 참여	사회	• 고용, 노사관계 • 산업안전보건 • 훈련 및 교육 • 다양성 및 기회균등 • 차별금지 • 결사 및 교섭의 자유 • 아동노동 • 강제노동 • 보안관행 • 인권평가 • 지역사회 • 공급망 관리 • 공공정책 • 고객 안전보건 • 고객정보 보호
경제	• 경제적 성과, 시장 지위 • 반부패 • 반경쟁적 행위 • 세금		
환경	• 원재료 • 에너지 • 생물 다양성 • 폐수 및 폐기물 • 공급업체 환경평가		

GRI(Global Reporting Initiative) 국제 가이드라인, 요약편집

　지속가능성 보고서의 장점은 다음과 같습니다. 지속가능성 보고서는 평가 주체의 단독적인 평가가 아니라 DEI(diversity, equity, and inclusion) 원칙에 따른 다각적인 이해관계자의 시선을 고려하여 조직의 성과에 대한 입체적 평가를 진행합니다. 재무적 결과에 대한 평가뿐 아니라 비재무적 항목에 대한 평가를 진행하게 되어 기업의 사회적 책임에 대한 현장의 시선을 반영할 수 있습니다.

　참여를 통한 평가방식은 일방적인 방식에 비해 수용도가 높을 뿐

아니라 조직에 대한 관심을 유발하여 이해관계자가 소속감을 강화할 수 있다는 점 역시 장점입니다. 특히 유럽의 지속가능성보고지침, CSRD(corporate sustainability reporting directive)는 인권, 사회, 고용, 환경, 반부패 등에 대한 내용을 2025년부터 의무 공시토록 강제하는 법안으로, 모든 상장기업과 비상장 대기업을 해당 대상으로 확장했습니다. 이러한 흐름은 미국, 일본, 중국에서도 유사한 흐름이라 가히 기업의 정체성을 바꿀만한 정도의 변화입니다. 우리정부는 2026년 이후부터 2조원 이상 규모의 기업에게 지속가능성보고를 의무화하도록 추진 중입니다. 그러나 세계경제의 침체로 인해 불확실성이 커지고 있습니다.

지속가능경영 가이드라인 비교

실행 가이드라인		보고 가이드라인	
ISO 26000	지속가능경영 7개 과제 제시	GRI	글로벌 보고 표준 제시
OECD	다국적기업 가이드라인 제시	ESRS	유럽 보고 표준 제시
UN Global Compact	지속가능 10대 원칙 제시, SDGs 연계	CDP	지속가능성 평가지표 제시

지속가능성 보고서를 적용할 때 주의할 사항도 있을 것입니다. 가령 비재무적 지표의 무리한 정량화 시도가 대표적입니다. 데이터가 축적되는 기업현장과 달리 공익의 현장은 그렇지 못한 경우도 많습니다. 자칫 피상적 보고로 그치거나 부실한 근거를 제시함으로써 보고서 전체의 신뢰도를 떨어트릴 수 있기에 면밀한 검토와 적용이 요구됩니다.

ESG 보고서

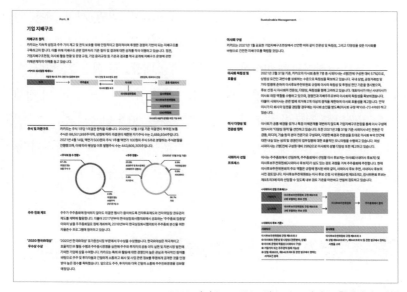

2020 카카오 ESG보고서, 2021, 카카오 홈페이지, 발췌

ESG 보고서는 지속가능성보고서의 핵심요소인 환경, 사회, 지배구조를 특정하여 구체화한 보고서로 조직의 핵심과제를 다룬 보고서입니다. ESG는 지속가능성의 담론으로 수렴되기에 지속가능성보고서 개념과 혼용되는 경우도 많습니다. 최근 기업현장에서 주목받고 있는 ESG는 이해관계자 자본주의와 지속가능사회의 키워드라 할 수 있습니다. 지속가능성보고서가 자발성에서 출발했다면 ESG보고서는 평가체계에 의한 당위성이 더 강조된 모양새입니다.

2020 카카오 ESG보고서는 보고서 앞단에 '본 보고서는 국제 지속가능성 보고 표준인 GRI(Global Reporting Initiative) Standards의 핵심적

부합 방법(core option)과 미국 지속가능성 회계기준인 SASB의 internet media& services에 따라 작성하였으며..'를 명시하고 있습니다. 이렇듯, 현재 많은 기업들이 GRI의 표준을 참조하여 보고서를 작성하고 있지만, GRI의 표준은 인증이 아닌 가이드라인(GRI Standards, ESRS, CDP 등)이라 표준화가 어렵고 불리한 항목을 축소 보고할 소지가 있습니다. ESG는 이 문제의 해결을 표준화(ISSB, TCFD, SASB 등)에서 찾고자 합니다. 항목과 형식을 표준화하면 제도화를 통해 의무화로 갈 수 있습니다. 나아가 상호비교를 통한 등급화도 가능해짐을 의미합니다. 기업가치와 직결되는 결정적 흐름인 셈입니다.

ESG 보고서는 기업 목적 측면, 자본 조달 측면, 지속가능성 측면에서 평가하여 미래사회 기업가치 제고, 다각적 투자유치, 기업의 사회적 책임 구체화를 목표로 합니다. ESG 보고서는 비재무적 성과를 계량적으로 측정하려는 시도를 통해 기업의 사회적 책임과 지속가능경영의 모호성을 구체적으로 체계화한 평가보고서라 할 수 있습니다. 지속가능성 보고서는 재무적 보고를 포함하는 반면 ESG 보고서는 비재무적 보고에 더 비중을 두고 있습니다. 지속가능성 보고서는 광범위한 이해관계자와 대중을 대상으로 하는 한편 ESG보고서는 주로 투자사를 대상으로 한다는 차이도 있습니다. 기업의 진정어린 노력이 없다면 어떤 보고서든 겉모습만 그럴듯한 워싱(washing)으로 그칠 수 있습니다. 그린피스는 국내 대기업과 그 계열사가 운영하는 소셜미디어의 게시글 중 40%가 그린워싱에 해당할 수 있다고 경고했습니다(2023). 다수의 업종은 에너지 · 화학, 건설 · 기계와 같은 전통적인 산업군이며 대체로 자연의 이미지를 이용해 친환경적인 기업이미지를 강조한 것으로 나타났습니다.

ESG 평가방법

	주요 평가항목
Environment	• 기업 탄소량 및 온실가스 감축 • 에너지 효율성 및 신재생 에너지 사용 • 자원관리 및 오염 관리 • 생물 다양성 및 생태계 보호
Social	• 인권 및 노동권 보장 • 안전한 근무 환경 • (지역)사회 참여와 공익활동 • 제품 안전과 소비자 보호
Governance	• 기업 지배구조 및 의사결정 투명성 • 경영진 보상체계 • 반부패 • 주주와의 소통

　ESG가 투자용어에서 시작된만큼 ESG 평가는 국가, 기관, 용도에 따라 다르게 나타납니다. 공통적으로 고려되는 평가항목은 위 표와 같습니다. 이러한 평가방법을 딜로이트 컨설팅에서 분류한 결과로 구체적인 사항을 확인할 수 있습니다. 평가플랫폼 기반 평가는 질문지에 답변한 내용을 근거로 평가하는 방식이고 공시정보 기반 평가는 공개된 정보를 근거로 평가하는 방식입니다. 두 방식 모두 장단점이 있습니다. 질문지를 통한 자기평가보고 방식이 더 풍성한 보고를 가능케 하지만 주관적이고 임의적인 접근으로 치우칠 우려가 있습니다. 한편 공시정보를 근거로 평가 보고한다면 객관적일 수는 있으나 도식적으로 지표 충족만을 겨냥할 경우 형식화로 흐를 우려가 있습니다.

이렇듯 ESG를 평가하는 기관과 방식은 하나가 아닙니다. 각 기관마다 다른 형태로 제시되어 평가 신뢰도의 한계도 있습니다. 정보의 정확성 검증과 투명성 강화가 향후 ESG평가에서 더욱 고려할 사항으로 지목되고 있습니다.

ESG 평가체계 및 종류

평가명	평가항목	평가방법
EcoVadis 공급업체 CSR 평가	일반, 환경, 노동 및 인권, 비즈니스 관행, 지속가능한 조달 등 5개 항목 총 39개 질문으로 평가	평가플랫폼 기반 평가
다우존스지속가능경영지수 (DJSI) S&P	지배구조, 윤리경영, 리스크 관리, 환경성과 등 공통항목 및 ESG프레임워크 구축 등 산업별 항목 평가	
탄소정보공개프로젝트(CDP)	기후변화(온실가스 등), 삼림(원자재 의존도 등), 물(수자원 사업 등)의 3개 항목의 질문으로 평가	
모건스탠리캐피탈인터내셔널 (MSCI) ESG 평가	환경, 사회, 거버넌스의 3개 항목의 이슈 총 37개 지표로 평가	공시정보 기반 평가
Sustainalytics ESG 리스크 평가	지배구조, 주요 ESG 이슈 등 각 산업별 70개 항목으로 평가	
블룸버그 ESG 평가	에너지, 폐기물, 여성임원, 이사회 독립성 등 ESG 정보공시에 대해 평가	
ISS Quality Score	이사회 구조, 보수, 주주권리, 리스크 관리 등 4개 항목 총 230개 지표로 평가	

딜로이트 분석, 2020, ESG 평가종류 및 체계, Deloitte Insights

· 성과보고서 작성 ·

📦 보고서의 공통목차

보고서 목차	가능한 내용
개요	보고서의 배경, 보고의 목적
원칙	보고서의 구성, 보고의 특성
체계	조직의 종합 체계도, 중장기 로드맵, 연간계획
내용	보고 세부 내용 및 핵심결과, 시사점과 전망
기타	이사회를 비롯한 주요 이해관계자 명단, 정관 등 규칙과 제도와 같은 참조자료

보고서 구성은 보고의 목적과 조직의 특성 등에 따라 달라집니다. 어떠한 보고서를 준비하든 빼놓지 말고 구성해야 할 공통적인 요소가 있습니다. 우선 보고서의 배경과 목적입니다. 왜 보고서를 발간하려는 지에 대한 질문은 결국 '왜 보고를 하는가'라는 근본적인 질문에 대한 답입니다. 이 대답의 근원지는 주로 사회경제적인 변화상황, 조직과 이해관계자들의 욕구 및 변화에서 찾아야 할 것입니다. 두 번째로 무엇을 보고하는가에 대한 정의입니다. 보고서를 통해 어떠한 취약점을 보완하고자 하고 무엇을 성취하고자 하는지에 대한 강조점을 보고서의 주목적으로 기술합니다.

여기까지 정돈이 되었다면 이제 보고서의 구성에 대해 고민할 순서입니다. 해당하는 보고서는 어떠한 프레임워크를 사용하고 있는지에 대한 안내와 그것이 왜 해당 조직에 적합한지에 대해 기술합니다. 프레임워크는 조직이 가진 세계관, 경영관과 밀접하게 얽혀있습니다. 임팩트의 관점을 강조할 것인지, 지속가능성의 관점을 강조할 것인지, 그 외 다른 가치를 강조할 것인지 등에 따라 보고서의 정체성이 결정되며 평가와 보고방법도 달라집니다. 이어서 조직의 비전체계가 반드시 제시되어야 합니다. 조직의 주요선언문인 미션 · 비전 · 가치 및 전략 · 사업 등을 구성한 종합 비전체계를 제시하는 것이 좋습니다. 이어 중장기목표체계, 보고 해당연도의 연간계획을 공개할 수 있습니다.

목적을 선언했다면 어떻게 평가하여 무엇을 보고할 것인지로 연결되어야 합니다. 조직이 어떠한 성과지표체계로 평가하고 무엇을 성과로 보고할 것인지 기술하는 부분입니다. 설정한 체계에 따라 진행 경과, 결과물, 향후 전망, 습득한 정보 등을 보고하며 사례를 추가할 수 있습니다. 이어 조직이 얻게 된 교훈은 무엇이며 이를 조직의 성장과 어떻게 연결할 것인지를 보고함으로써 최소한의 보고 순서를 마무리 지을 수 있습니다.

종전까지 조직의 정형화된 성과를 담아왔던 연차보고서(annual report)가 이미 새로운 형식으로 변화를 맞이한 지 한참입니다. 애초 재무적 상태를 보고하기 위해 탄생했던 기업의 연차보고서는 시간이 지나 다양한 영역으로 전파되었고 내용 역시 풍성해졌습니다. 기업현장은 연차보고서를 지속가능성보고서 등의 통합보고서(integrated report)로 대체한 지 오래입니다. 어떠한 보고서를 롤모델로 삼을 것인지는 조직의 의사결정에 달려있습니다. 다만 모든 보고서에서 발견되는 공통의 요소는 명징합니다. 이해관계자를 대상으로 고려한 보고 내용, 평가와 보고서 작성 과정에서 이해관계자들의 참여, 재무적 요인과 비재무적 요인의 균형, 단순결과가 아닌 긴 시야에 무게를 둔 미래지향적 보고 등이 그것입니다.

· 성과보고서 작성 ·

보고서의 체계화-1. MECE frame

기획서, 보고서로 명명하는 문서들은 일정한 질서를 가지고 있습니다. 구조화, 체계화라는 원리에 따라 질서정연하게 보이는 상위 목차, 중간 목차, 작은 목차와 같은 질서입니다. 이러한 질서는 왜 만들어졌고 보고서 작성 시 어떠한 시사점을 가지는지 알아봅니다.

그림과 같이 피자 한 판을 상상해 봅시다. 피자를 8등분 해봅니다. 단순한 이 상황에서도 추론할 수 있는 정보는 의외로 많습니다. 첫째 피자를 8등분으로 분류할 수 있다는 것, 둘째 8등분은 서로 중복되지 않는 배타성을 가지고 균등한 크기로 분류된다는 것, 셋째 다시 8개의 조각피자를 합치면 전체 피자 한 판과 일치한다는 것입니다. 이러한 법칙을 문서 작성에 대입해 보면 어떨까요?

비영리조직이나 사회적경제조직 모두 사회적 가치를 열망한다는 데에 공통점이 있는 조직입니다. 사회적 가치는 변화를 증명함으로써 설명할 수 있지만 추상적 성격을 완전히 배제하기란 불가능합니다. 조직의 미션, 비전 등의 목적문은 대개 추상수준이 높아 보편성이 있는 동시에 모호성을 지닙니다. 모호한 의미를 이해하기 위해 잘게 세분화하여 이해하는 방법이 도움이 될 때가 많습니다.

행복이라는 추상적 개념도 세분화하면 건강, 인간관계, 감정, 소득으로 구성되어 있다는 말입니다. 아무리 큰 개념도 세분화하다 보면 이해하기 쉬운 작은 단위로 나뉘어진다는 것입니다. 이러한 환원론적(reductionism) 시각은 문서작성 기법에도 영향을 미쳤습니다. 이와 연관된 대표적 사고법이 MECE(mutually exclusive collectively exhaustive)입니다. 어떤 개념을 설명하고자 할 때 분류하여 이해할 수 있다면 분류된 세부요인은 서로 배타성을 가져야 하면서도 그 총합은 원개념과 일치한다는 사고법입니다.

1960년대부터 사용된 MECE 프레임은 맥킨지 컨설팅의 컨설턴트였던 Barbara Minto가 개발했고 컨설팅 분석기법에도 큰 발자취를 남겼습니다. 이후 어떠한 복잡한 개념을 설명할 때나 문서작성을 할 때 설득력을 향상하는 방법으로 애용되어 지금까지 이르고 있습니다. 현대를 살아가는 직장인들이 사용하는 대부분의 문서 형식과 양식은 이 원리를 적용한 결과라고 보아도 과언이 아닐 것입니다. 다만 MECE는 논리적으로 설명이 어려운 경우 논리의 과장이나 왜곡이 발생할 수 있고, 원개념을 벗어나는 범위를 설명하고자 할 때 적용이 힘들다는 한계를 가지고 있습니다. 같은 도구라도 누가 사용하는가에 따라 달라지는 변수는 결국 실력으로 판별되며 실력은 경험이 초석이 되니 익숙해지는 것이 먼저입니다.

🟦 보고서의 체계화-2. Pyramid frame

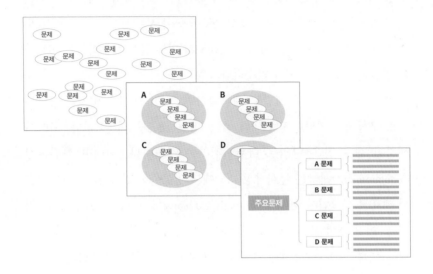

    비슷한 시기에 Minto는 또 하나의 사고법을 활용하곤 했습니다. 피라미드 사고법입니다. 먼저 산적한 문제를 상상해봅시다. 문제가 30개나 흩어져 있다면 기억 자체도 힘들겠지만 무엇부터 해결해야 할지 판단하기도 애매합니다. 문제를 해결하기 위해 제일 먼저 해야 하는 일은 유사한 것끼리 묶어 보는 유형화(grouping)입니다. 이를 통해 30개의 문제는 4개로 압축되었습니다. 다음으로 할 수 있는 일은 4개의 유형에 인과관계를 구성하여 우선순위를 정해 보는 일입니다. 이러한 항목화를 통해 30개의 흩어진 문제는 4개로 요약되었고, 4개의 문제 중 어떤 문제가 제일 근원에 해당하는 사안인지를 판단할 수 있게 되었습니다. 이러한 구조가 피라미드의 형태와 흡사하여 붙여진 이름이 피라미드 프레임입니다.

    보고서를 작성하는 목적은 보고서를 읽는 독자의 공감을 획득하기 위함입니다. 이 공감은 행동의 변화를 자극하는 주된 요인입니다. 공감은 이해가 되지 않고서는 불가능한 일입니다. 1년에 한 번 받아보는 복잡한 보고서를 쉽게 이해시키려면 일목요연한 구조가 필요합니다. 상대방의 이해를 높이려는 노력보다 자신이 알리고 싶은 것만 쏟아내는 방식이라면 상대방은 혼란스러울 것입니다.

피라미드 프레임 개념도

체계화를 위해, 원개념을 세분화로 분류하며 수직적인 구조를 형성하는 한편, 분류된 요소를 MECE의 관점에서 검토 및 적용함으로써 수직 및 수평의 체계를 단단히 할 수 있습니다. 위 그림과 같이 항상 표로 구성할 필요는 없습니다. 전달하고자 하는 내용의 구성이 얼마나 논리적인지 설명할 수 있다면 완성도는 일정 수준 이상이라 할 수 있습니다. 피라미드 프레임은 각종 보고서 작성이나 프리젠테이션 구성 등에 지속적인 여파를 미치고 있으며 논리적 사고, 논리적 글쓰기 등과 연계되어 일상적 업무의 다방면에서 활용되고 있는 대표적인 사고법입니다.

·성과보고서 작성·

VI
조직문화와
건강성

"그러므로 무엇이든지 남에게 대접을
받고자 하는 대로 너희도 남을 대접하라"

마태복음 7:12

조직문화의 개념

조직형태와 문화

건강한 소통문화

우리사회 조직문화의 시초

대리·과장·부장·상무 등의 직급	정기적인 인사순환 발령
계약직·정규직 제도	하향식 인사평가
신입채용·경력채용 구분	연공서열과 종신고용 문화
공채 제도와 기수 문화	지시와 보고 문화
신입직원 교육과 연수 문화	결재 문화
사수·부사수 문화	회식 문화

위 내용이 익숙하게 보인다면 왜 그럴까요? 우리사회 직장과 일터의 흔한 모습입니다. 일부 사라진 것도 있지만 여전히 운용되는 것도 있습니다. 특정한 직급과 직책이 있고, 계약직과 정규직을 구분해서 채용하며, 공채의 절차를 반드시 거쳐야 하는 제도와 문화는 오랜 세월 동안 아주 당연한 것처럼 인식되어 왔습니다. 또한 상반기 부서 이동 등 매년 정기적인 인사순환이 발표되고, 서열에 따라 인사평가가 진행되며, 지시와 보고를 통한 결재로 실행여부를 판단합니다. 이러한 조직문화는 과연 누가 시작한 것일까요?

1929년 미국발 대공황은 일본경제에 엄청난 충격을 주었습니다. 당시 일본경제의 주력산업이었던 농업과 공업 모두가 심각한 부진의 늪에 빠지게 됩니다. 일본은 군국주의를 통해 경제침체를 타개하려고 마음 먹습니다. 이러한 흐름은 군조직이 사회의 중심으로 서는 결정적인 계기가 되었습니다. 군조직은 사회의 모든 조직체가 보고 따라야 할 표본(role model)으로 등극합니다. 기업, 학교는 군조직의 제도와 문화를 받아들입니다. 이후 1960대 일본기업들을 통해 대거 우리나라로 들어왔고, 우리사회 기업경영의 기본 문법이 되었습니다.

국내 기업현장에 변화를 일으키려는 노력이 없던 것은 아닙니다. 미국의 팀제도, 능력주의 기반 연봉제, 성과주의 기반 평가 도입이 대표적입니다. 뿐만 아니라 직급을 파괴하고 인재를 발탁하며 개인의 성장을 도모하는 등 혁신을 위한 꾸준한 시도도 현재진행형입니다. 물론 모두 성공적인 결과로 이어진 것은 아닙니다.

일본과 미국 기업문화 비교

일본 기업	미국 기업
종신고용 및 직급체계 중심	단기고용 및 직무체계 중심
집단 의사결정과 집단 책임	개인 의사결정과 개인 책임
장기적 평가와 느린 승진	단기적 평가와 빠른 승진
암묵적 통제시스템	명시적 통제시스템
비전문화된 경력개발 경로	전문화된 경력개발 경로
포괄적 관심, 집단적 친밀감	조직 내 역할 관심

William Ouchi, 1973, Z type theory

유연한 프로젝트 단위를 뜻하는 팀(team)제도는 어느새 기존 부서(department)제도에 흡수되어 형식과 이름만 남았습니다. 연봉제는 성과평가에 따른 급여책정이 관건인데 월 단위로 지급되는 급여제의 총합을 뜻하는 용어로 고착되었습니다. 그밖에 직급제 간소화, 평등한 소통문화, 탄력근무제, 스카웃제(수시채용) 등 끊임없는 혁신이 현장에서 시도되고 있습니다. 개중엔 정착된 것도 있지만 형식만 더해지거나 혹은 취지와 달리 변질된 것도 있어 가야 할 길이 멀게 보입니다.

조직문화의 요소

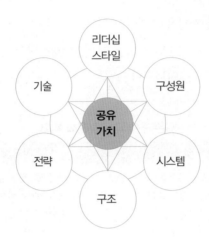

McKinsey 7s Framework

1979년 Pettigrew에 의해 본격적으로 연구의 대상인 된 '조직문화'라는 개념은 1980년대에 들어와 맥킨지 컨설팅의 7S 모형으로 구조화됩니다. 7S 모형은 다양한 조직요소의 진단을 위해 개발된 프레임워크입니다. 복잡한 현대사회의 조직문화를 파악할 때 유용한 이 모형의 요소는 리더십 스타일(style), 직무기술(skills), 전략(strategy), 조직구조(structure), 시스템(system), 구성원(staff), 공유가치(shared beliefs)인 총 7개입니다. 상단의 3S인 스타일, 기술, 구성원은 흔히 'Soft S'로 판단하고, 하단의 3S인 전략, 구조, 시스템은 흔히 'Hard S'로 판단합니다. 이를 모두 묶어주는 그물망의 중심은 공유신념(shared beliefs)입니다.

맥킨지의 7S 모형에서 제시된 7개의 요소는 조직문화를 구성하는 요소로, '구조 자체가 조직은 아니다(structure is not organization)'라는 점을 강조합니다. 조직체계와 조직문화가 동일한 개념이 아님을 암시하는 말입니다. 경영학은 조직문화를 경영전략과 조직행동의 만남으로 이해합니다. 조직문화란 조직행동에 영향을 미치는 비가시적인 가치와 규범인 까닭입니다. 때때로 조직문화란 조직체계나 조직제도 등 시스템으로 일컬어지는 개념과 대조되는 개념으로 이해되는 동시에 시스템을 아우르는 더 폭넓은 개념으로 받아들여집니다.

> 대표적인 조직문화 진단설문지표
> - OCAI(organizational culture assessment)
> - OCS(organizational culture survey)
> - OCP(organizational culture profile)
> - OCI(organizational culture inventory)

비영리현장의 직무는 가시적인 규칙·규범만으로 규정할 수 없다는 특성이 있습니다. 개인의 몰입과 헌신을 완전히 배제하고 언급하기도 난감합니다. 손에 잡히지 않는 암묵지를 형식지로 바꾸려고 해도 끝내 바꿀 수 없는 영역이 조직문화입니다. 조직문화의 개념적 모호성에도 불구하고 모든 국가와 조직은 조직문화가 아니고서는 해석할 수 없는 일관성이 관찰됩니다.

영미권은 조직문화를 organizational culture라 부르고, 일본은 조직문화를 사풍(社風) 혹은 조직풍토라 부릅니다. 나라마다 부르는 이름은 달라도 공통점은 하나입니다. 조직을 실제로 움직이는 '보이지 않는 손'을 조직문화라는 개념을 배제한 채 정의할 수 없다는 시각입니다. 조직문화가 조직의 정체성입니다.

· 조직문화의 개념 ·

🔲 조직문화의 유형

유연성

| 인간관계 모형
Human relation | 개방체계 모형
Open system |
| 내부과정 모형
Internal process | 합리적 목표 모형
Rational goal |

내부지향성 ← → 외부지향성

통제성

Quinn & Rohrbaugh, 1983, Competing value framework

1977년 조직효과성을 측정하기 위해 만들어진 Campbell의 측정지표는 다시 Quinn과 그의 동료들에 의해 구조화되었고 이를 경쟁가치 모형이라 명명했습니다. 경쟁가치 모형은 조직의 유연성과 통제성, 내부지향과 외부지향의 매트릭스로 4분면을 구성해 조직문화의 유형을 진단해 볼 수 있는 모형으로 현장을 진단할 수 있는 개념적 틀입니다.

1분면 인간관계 모형은 집단문화(clan)로 해석이 가능합니다. 인간관계를 중시하고 결집력과 집단주의를 통해 인적자원 확보를 목표로 하는 문화입니다. 집단문화의 동력은 협력입니다. 대표적인 예는 일본기업입니다. 개인은 회사에 충성하고 조직은 개인을 평생 보장하는 독특한 공동체주의는 업무의 몰입도를 높여 확장된 성과를 창출합니다. 2분면의 개방체계 모형은 혁신문화(adhocracy)로 설명이 가능합니다. 창의력을 동력삼는 이 조직은 유연함과 신속성으로 조직의 성장을 꾀하는 모형이며 미국의 NASA가 대표적인 사례입니다. 달 착륙이라는 전대미문의 프로젝트를 성공시키기 위해 과제 중심의 전문가팀을 프로젝트별로 조직하는 방식입니다. 이 모형은 문제해결 여부에 따라 모였다 흩어지는 극도의 유연함을 선호합니다. adhoc−는 즉시·임시라는 뜻으로, 문제해결을 위한 즉각적인 접근과 신속함을 상징합니다.

3분면의 내부과정 모형은 위계문화(hierarchy)로 설명이 가능합니다. 관리와 통제를 통해 안정성과 균형을 찾아가는 문화로 그 동력은 통제성입니다. 위계문화는 시스템을 선호하기에 효율이 좋습니다. 구성원들은 같은 일을 반복하니 단기간에 숙련자가 됩니다. 계획을 통해 예측가능한 결과를 도출하는 위계문화의 안정성은 조직의 차별적 장점이지만 변화에 취약하다는 점이 약점입니다. 대표적인 예는 관료조직입니다. 4분면의 합리적 목표 모형은 마켓문화(market)로 설명가능합니다. 생산성과 이윤을 우선하는 문화입니다. 조직의 동력인 경쟁의 힘을 통해 성과를 창출하고 높은 생산성을 촉진합니다. 이 조직은 모든 관계를 거래로 이해합니다. 이윤의 관점으로 매사를 풀어가는 조직이라 현대사회의 많은 주류 기업들에 비유할 수 있겠습니다.

도장을 기울여 예의를 표시한 일본 결재문서

·조직문화의 개념·

🟦 조직문화의 진화

	늑대	군대	기계	가족	생명
작동방식	지휘	위계	경쟁	가치	자기관리
키워드	분업, 충동	역할, 순종	목표, 성과	참여, 문화	신뢰, 자율

Frédéric Laloux, 2016, Reinventing Organizations; An Illustrated Invitation to Join the Conversation on Next-Stage Organizations

세계적으로 저명한 경영컨설턴트 Frédéric Laloux는 그의 저서에서 인류역사가 밟아온 조직의 모습을 순서대로 그려냈습니다. 10만년 전을 거슬러 올라가는 그의 통찰을 통해 현대사회를 투영해 볼 수 있습니다.

첫 단계의 조직은 '늑대무리'에 비유됩니다. 1만 년 전 무렵 누군가를 이끌어가는 강력한 리더를 중심으로 원시적인 조직이 형성됩니다. 왕국의 형태를 띄는 이 조직들은 근육의 힘으로 군립하는 부족사회의 결과물입니다. 두려움의 힘을 통해 움직이는 이 조직은 강력한 우두머리를 필요로 하며 혼란 속에서 커 갑니다.

늑대무리의 다음 단계는 위계질서가 있는 체계적 '군조직'에 비유됩니다. 수천년 전 경작을 시작한 인류는 식량의 여유가 생기며 거대한 조직을 만들게 됩니다. 근대적 의미의 국가와 문명이 탄생합니다. 이때 강력한 권력자가 등장해 질서가 만들어지고 계급사회로 체계화됩니다. 하향식 의사결정에 의해 통제가 이루어지며 안정성을 추구합니다.

다음은 현대사회에서 흔히 보이는 주류 조직들에 비유됩니다. '기계'로 비유되는 이 단계는 계급조직의 권위에 도전하며 합리적으로 사고하는 인간이 발생하는 시기입니다. 기업에 대입하자면 혁신이라는 목표를 향해 성과주의, 경쟁주의를 채택하는 경우입니다. 이익과 성장이 지상최대의 과제이며 목표는 모든 것의 선행 가치가 됩니다.

다음은 흔히 '가족'에 비유되는 단계지만 또 다른 해석인 다원주의로 바꿔보면 이해가 쉽습니다. 앞선 기계에서 표방했던 성과주의, 경쟁주의에 의문을 제기하는 사람들이 점차 늘어나며 반대세력이 형성됩니다. 조직은 더이상 일방적일 수 없어 동기부여를 중시하고 권한위임을 단행합니다. 이에 개인의 생각을 존중하는 특이한 조직이 하나둘 늘어갑니다. 위계가 아닌 참여, 조직이 아닌 개인의 문화가 주도하는 조직의 등장입니다.

끝으로 가장 이상을 상징하는 '생명'에 비유되며 그의 여정은 마무리됩니다. 개인과 평등이 과하게 강조되다 보니 앞으로 나아가는 것이 점점 힘들어집니다. 이를 해결하려면 상호 신뢰와 자율의 조화를 통해 스스로 절제하는 자기관리가 작동해야 합니다. 분업이 아닌 통섭적 접근, 이익을 벗어나 상향된 목표와 가치, 경영계획보다 섬기는 자세로 움직이는 조직이 인류가 만들어가야 하는 생명의 조직입니다. 그의 이러한 통찰은 인류의 10만년 역사를 조망하고 있습니다.

조직의 진보에 있어 일관된 흐름이 하나 있다면 구체적 방법론에서 보편적 담론으로 이동하고 있다는 사실일 것입니다. 나열된 위 단계에서 공익의 현장은 어디쯤에 해당할지 고민이 깊어지는 순간입니다.

비영리현장의 특성

앞 이론을 통해 조직문화의 요소와 유형을 이해했다 하더라도 현장의 문화적 측면은 고유한 독특성이 있어 면밀한 접근이 요구됩니다. 앞선 장에서도 제시된 바 있지만, 비영리종사자들의 정체성은 근로자 차원의 그것과 활동가 차원의 그것이 혼재되어 있습니다. 더구나 만족도가 향상된다고 무조건 몰입도가 향상되지 않는다는 속성도 있습니다. 사회환경이 변화함에 따라 조직문화도 급변하고 있습니다. 사람들의 인식과 가치관이 변화하는 까닭입니다.

잠시 뜬금없는 상상을 해봅니다. 비영리조직과 UFO와의 공통점이 무엇일까 생각해 보는 일입니다. 전혀 무관해 보이는 이 두 개념은 의외로 공통점이 많습니다.

- 정부가 좀처럼 인정하려 들지 않는다
- 보이는 사람에게만 보인다
- 인류를 구할 것 같은 희망을 준다
- 소수의 추종자들이 늘 존재한다

- 열심히 쫓아다녀도 돈은 안 된다
- 반짝했다가 사라지고 형태가 다양하다
- 그 안에서 뭐하는지 모르겠다
- 그들의 언어를 이해하기 힘들다

비영리조직과 UFO는 안티테제적 개념이라는 데서 유사한 성격을 갖습니다. '확인된 물체가 아니면 모두 UFO'로 정의할 수 있듯이, '영리조직이 아닌 모든 나머지 조직을 비영리조직'이라 정의하는 방식입니다. '무엇이 아니면 나머지 다 해당한다'는 식의 잔여적 개념(residual concept)은 그 정체성 파악을 위한 범위설정이 난해합니다. 이러한 독특성은 비영리조직을 바라보는 사람들의 관점의 차이가 왜 발생하는지를 말해 줍니다. 알 것 같지만 제대로 알지 못하고 있거나, 알고 있다고 하면서 다들 다르게 알고 있는 경우가 그러한 사례입니다.

조직문화를 논하기 전에 조직의 고유한 정체성에 대한 깊은 이해는 소홀히 할 수 없는 과정입니다. 비영리조직과 UFO의 공통점 중 가장 섬뜩한 것은 '존재적 이유에 대해 공감할 수 없다'는 지적입니다. '언어가 달라 말이 통하지 않는다'는 지적도 무심코 넘겨버리기엔 무겁게 다가옵니다. 공익조직의 성장은 양적인 성장만으로 설명할 수 없으며 질적인 성장의 병행을 요구합니다. 자립보다 필요한 것은 고립을 피하는 일입니다. 사업, 예산, 이용자의 증가도 물론 중요합니다. 그러나 이것만으로 모든 요소를 다 나열할 수 없다는 점은 유의할 사항입니다.

질적인 성장이란 이해관계자들의 지지와 참여를 통해 조직의 존재이유가 더 큰 사회적 공감대로 확산할 때 비로소 성립가능한 개념입니다. 구체적으로 조직문화와 가치관, 리더십과 구성원의 역량, 윤리성과 영향력, 잠재력과 존재감 등 좀 더 보편적이고 장기적인 속성의 개념입니다. 질적인 성장은 곧 조직의 성숙으로도 설명이 가능하며, 조직의 지속가능성, 건강성의 관점에서도 설명할 수 있습니다. 지속가능한 조직, 건강한 조직은 이러한 철학 위에서 존재하는 개념입니다.

·조직문화의 개념·

조직을 보는 렌즈, 조직관

한 달 전 신입직원을 채용한 중견기업 A팀장은 당혹스러운 일을 겪었습니다. 유능해 보였던 신입이 자꾸 지각을 하기 때문입니다. 신입이 출근한지 한 달이 지나 적응이 되었을 법도 한데 아침 지각뿐 아니라 업무 처리가 미숙해 A팀장은 스트레스가 이만저만이 아닙니다. 참다못한 A팀장은 신입에게 면담을 요청했고 불성실한 근무태도에 대해 지적했습니다.

지적을 받은 신입은 최근에 허리통증이 심해져서 일시적으로 보여진 것일 뿐 본인은 원래 그런 사람이 아니라고 했습니다. 신입의 '변명'을 듣다가 답답해진 A팀장은 '정말 허리통증 때문이라면 허리에 안 아픈 의자로 바꿔서 일하라'고 쏘아붙였습니다. 다음날 신입은 자신의 돈으로 구매한 고급 안마의자를 사무실로 가져와 무중력상태로 누워서 업무를 보고 있었습니다. 신입의 무릎 위엔 노트북이 올려져 있었고, 귀에는 이어폰이 꽂혀 있었습니다.

이러한 상황을 목격한 사람이라면 무엇이 합리적인 의사결정일지 고민하게 됩니다. 허리가 아프다니 안마의자를 허용하고 근무태도를 더 관찰할지, 형평성과 팀분위기를 고려해서 안마의자를 치우라고 말할지가 그것입니다. 어떤 선택을 하더라도 절대적인 정답으로 주장한다는 일이 쉽지 않습니다. 회사 사규에 안마의자까지 규정되어 있지 않고 사람들의 생각은 저마다 다르기 때문입니다. 그런데 만일 이 사안이 온라인 IT기업이나 스타트업에서 발생한 일이라면 어떨까요? 혹은 IT기업과는 상반된 성격의 조직인, 시민을 만나는 창구나 현장이 있는 대시민 서비스센터나 봉사단체, 복지기관이라면 어떤 결과가 나올까요?

조직문화의 대표학자 Schein은 조직문화를 3개의 층으로 분류했습니다. 1차는 제도, 정책, 로고와 같은 조직의 가시적 상징물(artifacts)입니다. 2차는 조직의 철학, 규범, 목표 등 신봉하는 가치(espoused value)라 했습니다. 3차는 조직원들의 암묵적 가정(underlying assumption)입니다. 이는 당연하다고 여기는 비가시적 신념이자 세계관입니다. 굳이 말하지 않아도 하나의 상황을 볼 때 똑같은 의사결정을 내리는 가치판단의 동질성입니다. Schein이 이 상황을 분석한다면, 신입과 팀장이 안마의자를 보고 갈등을 빚은 상황에서(1차), 안마의자를 규정하는 회사사규가 없었고(2차), 각자의 신념으로 이해하고자 노력했으나(3차) 이것이 동의에 이르지 못해 발생한 갈등으로 진단할 것입니다.

조직문화란 눈앞에 보이는 사안을 합리적으로 토론한 결과물이 아닙니다. 아무리 작은 사안이라도 조직이라는 큰 담론에 연결되어 있기 때문입니다. 조직에 대한 다른 이해, 조직을 바라보는 다른 관점이 있다면 서로간에 확증편향만 거세지며 사사건건 마찰과 불편함을 겪게 됩니다.

🧊 조직 적응의 Key

문화의 차이는 여러가지 측면을 내포합니다. 외국인들의 시선에서 위 세 장의 사진을 받아들이기 쉽지 않을 것입니다. 1번 사진에서 샤워실과 변기가 한 공간에 있는 사진은 그들에게 이상한 일입니다. 2번 사진에서 음식을 가위질한다는 것도 이상한 일입니다. 3번 사진에서 노상에 지키는 사람도 없이 물건을 진열해 놓는 일도 납득할 수 없는 일입니다. 문화는 법제도와 달리 기준점이 불분명합니다. 인간의 반복 경험을 통해 자연스럽게 체화되는 것으로, 경우에 따라 무의식적이고 의례적으로 보이는 특정한 사고방식과 그에 의한 행동패턴과 같습니다.

'조직에 적응한다' 함은 조직문화에 적응한다는 말과 다르지 않습니다. 사람이 새로운 환경에 적응할 때는 상당한 에너지를 소모합니다. 낯선 환경이란 두려운 환경을 의미하니 불안과 예민이 더해져 뇌가 쉴 틈 없이 긴장한 상태입니다. 새로운 조직에 합류하는 입장이나 새로운 사람을 받아들이는 입장이나 긴장도가 높아지긴 매한가지입니다. 유독 새로운 조직에 합류하는 개인이라면 낯선 환경의 분위기를 살피며 자신의 적응을 시도합니다. 조직의 분위기를 살피는 일은 왕도가 없기에 누구에게나 크나큰 도전입니다.

분위기란 무엇을 의미할까요? 이를 풀이한 이론은 찾기 힘듭니다만 대략 다음을 생각해 볼 수 있겠습니다.

낯선 환경에서 '분위기 파악'하기

① 사내 권력관계를 파악합니다. 일선에선 누가 누구에게 통제되는지, 누구의 목소리가 큰지를 파악하는 일입니다. 조직의 비선실세를 파악하고 팀의 왕초(kingpin)를 찾는 일입니다.

② 구성원들의 감정선을 파악합니다. 어떤 행동을 했을 때의 반응성향을 파악하는 일입니다. 긍정적이고 협조적인 성향의 사람들이 다수인지 아니면 냉소적이고 경쟁적인 사람들이 다수인지를 파악하는 일이 해당합니다.

③ '해도 되는 행동'과 '하면 안 되는 행동'의 기준을 파악하려고 노력합니다. 가설을 세우고 차차 검증해 가면서 기준선의 영점을 맞춰가는 작업입니다. 안전한 행동의 최종선을 찾는 일과 같습니다.

이렇듯, 어딘가에 적응하고 스며드는 일은 생각보다 섬세한 감각을 동원하는 일이며 동시에 높은 사회적 지능을 필요로 합니다. 이 과정 속에서 자신과 만나는 새로운 집단의 동질성을 확인하며 동화의 과정을 거칩니다. 대체로 문화적 요소란 드러나 있지 않고 감춰져 있는 경우가 많기에 개인적 경험과 시행착오를 생략할 수 없어 짧지 않은 시간이 소요됩니다. 문제는 사회적 지능(SQ)과 지능(IQ)이 비례하지 않는다는 점입니다(Gardner). 최근 조직적응에 실패하여 단기간에 퇴사를 결정하는 경우가 많아지고 있습니다. 합리와 이성으로 세상을 바라보는 세대들이 감춰진 질서를 파악하는 일은 무척 부담스러운 일일 것입니다. 이들에게 가장 큰 위기는 분'위기'입니다. 연민을 넘어 연대의 손길을 뻗어야 합니다.

· 조직문화의 개념 ·

● 비영리 조직문화의 요소

Schein 조직문화 모형		McClelland 역량 모형
제도, 상징물	⇑ 드러남	지식, 기술
가치, 신념, 목표		가치관, 정체성
암묵적 가정	감춰짐 ⇓	기질, 원동력

조직문화에 관계된 설문조사 결과, 직장인들이 이직을 결정하는 이유에 대해 '담당업무가 적성에 맞지 않아서', '근무환경과 조직문화가 맞지 않아서'였고 뒤를 이어 '연봉이 맞지 않아서'라고 답했습니다.(잡코리아, 2022), 또 다른 통계에서 물어본 이직사유에 '복리후생과 근무환경'이 1위를 차지했고 이어서 '연봉'이 뒤를 이었습니다.(인쿠르트, 2021)

이러한 통계는 일관되고 공통된 유의성을 가지고 있습니다. 10년 전 이직(퇴직)의 사유에 있어 부동의 1위였던 '연봉', 부동의 2위였던 '조직의 비전'이 밀려난 것입니다. 젊은 세대는 이직의 의미를 새롭게 정의했습니다. 이직을 '연봉 상승'에서 '성장의 기회'로 인식하기 시작했다는 점입니다(잡코리아, 2022). 지금 세대가 진정으로 원하는 바가 무엇인지 통계는 반복하여 말하고 있습니다.

많은 현장에서 난감해했던 사안은 이른바 급여였습니다. 이 현장에 관한 한 경제적 보상의 문제는 근로기준권에 보장된 최소한의 기준선을 넘어 사회적인 인정이 더해져야 할 사안입니다. 그런데 이 현장에 찾아온 인재들이 경제적 보상을 1순위로 기대하고 들어왔다고 확신할 근거도 없습니다. 앞 통계에서 알 수 있듯이, 직장인 인식의 지형이 급변하고 있는데 비영리만 거꾸로 가고 있다고 여기는 것이 합리적일까요? 혹시 실천현장에서 기대했던 것이 충족되지 않으니 경제적 보상이라도 잘 챙겨주었으면 하고 바라는 것은 아닐지 차분하게 돌아볼 시간이 필요해 보입니다.

입사할 때는 가시적인 조건을 따져보고 입사 여부를 결정하는 경우가 흔합니다. 이와 달리 퇴사를 고민할 때는 비가시적인 요인으로 인해 퇴사 여부를 결정하는 경우가 더 많습니다. 이러한 최근의 경향은 인재를 유치했다고 해서 끝나는 일이 아니라, 인재를 유지하고 육성하기 위해 조직이 무엇을 해야 하는가에 대한 경종을 울리고 있습니다.

조직문화 연구의 대표학자 Schein과 역량 연구의 대표학자 McClelland가 각자 제시한 모형은 묘한 공통점을 나타내고 있습니다. 조직이 실제 돌아가는 방식은 수면 아래에 위치한 추상적 개념에 영향을 받는다는 점입니다. 조직문화와 역량 모두 사람과 연결된 영역입니다. 사람이란 존재는 내밀한 영역을 가진 존재이기도 합니다. 중요한 것은 그 내밀한 요소가 표면의 요소를 움직일 때 표면의 요소가 전부인 양 오해하기 쉽다는 사실입니다.

가치를 추구하는 조직은 추상의 개념과 형이상학의 힘으로 움직이는 조직입니다. 어떠한 가치가 공감되고 공유될 때 가공할 위력이 생깁니다. 사람들의 지지와 참여란 특정한 분석에 의해 객관적인 팩트를 확신함으로써 발동된 것이 아닙니다. 어떠한 조직이 선언한 명제가 주관적인 가치라도 해도 그것에 공감이 되고 감동을 받는다면 사람은 행동을 결정합니다. 이 현장에 찾아온 사람들은 무엇을 기대하며 노크를 했을지 진지하게 고심해 볼 일입니다.

· 조직문화의 개념 ·

VI

조직문화와
건강성

조직문화의 개념

조직형태와 문화

건강한 소통문화

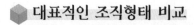

대표적인 조직형태 비교

	관료조직 Bureaucracy	수평조직 Holacracy	임시조직 Adhocracy
시대	1922년 이후	1967년 이후	1968년 이후
개념	규칙과 분업의 합리성을 강조한 위계적 조직	각 단위가 협력하는 자율적이고 유기적인 결합체	다양한 전문가로 구성된 유연하고 혁신적인 임시 조직
사례	행정조직, 제조업, 군조직 등 지휘체계가 중요한 조직	수평적 조직문화와 혁신을 추구하는 조직	복잡한 문제해결, 창의를 추구하는 조직,
의사결정	수직적, 하향식	수평적, 분권적	전문적, 창의적
장점	• 업무의 효율화 • 대규모 조직운영 가능 • 명료한 성과	• 변화에 빠른 대응 • 투명한 조직운영 • 주인정신 향상	• 전문성으로 절차 간소화 • 신속한 의사결정 • 빠른 문제해결
단점	• 조직 경직화 • 부서 이기주의 • 규칙이 목적이 되는 전치 • 관료화	• 조직 비효율화 • 통제의 난해함 • 대규모조직 적용 곤란 • 암묵적 서열 형성	• 임시적 체계 • 체계혼란, 역할갈등 초래 • 정보의 불균형 • 책임소재의 불분명

조직이론에 있어 고전적 조직이론은 1890~1930년대의 과학적 관리론, 관료제로 대표됩니다. 노동에 합당한 보상을 주며 관리감독해야 한다는 이 관점은 인간이 합리적이고 경제적인 존재라는 시각에서 비롯되었습니다. 1930~1950년대에 등장한 신고전적 조직이론은 인간은 사회적 존재이며 소속감, 인간관계, 목표의식으로 동기유발하면 얼마든지 능동성을 증진할 수 있다고 보았습니다. 이러한 인간관계론은 고전적 조직이론에

반기를 든 셈입니다. 1950년대 이후 현대 조직이론이 등장합니다. 한 마디로 말할 수 없을 정도로 복잡한 존재고 다원적인 가치와 이념의 복합체가 인간이라는 시각입니다. 이는 1940대 후부터 활동했던 미국의 행정학자 Waldo의 분류법입니다. 그에게 1950년은 '현대'였습니다.

조직에 관한 연구가 본격화되었던 '현대' 시점을 전후로 하여 새로운 조직이론이 제시되기 시작합니다. 먼저 1920년대 Max Weber 등에 의해 관료제(bureaucracy)가 제시되었습니다. 관료제는 프랑스와 같은 유럽국가의 왕정제 집행기구에서 보이는 대표적인 조직형태가 그 모태입니다. 책상을 덮는 천을 뜻하는 프랑스어 bureau는 나중에 책상을 상징하는 단어가 되었습니다. 서열이란 책상 크기에 따라 질서정연하게 펼쳐지는 모양에 비례하니 관료제의 상징이 될만합니다. bureau(책상)와 cracy(통치)의 합성어인 bureaucracy는 일면 민주주의와 대조되는 개념이기도 합니다. 지금까지도 행정조직, 제조업, 군조직 등 지휘체계가 요구되는 현장에서 흔히 보이는 조직형태라 할 수 있습니다.

수평조직(holacracy)은 1967년 영국의 철학자이자 작가인 Koestler가 그의 책에서 언급한 holachy에서 유래했습니다. 이 단어는 그리스어 holos(자율적 결합체)에서 영감을 받아 만들어진 신조어였습니다. 각 단위의 자율적인 협업과 발빠른 대응을 통해 혁신을 도모합니다. 실리콘 밸리의 기업들의 운영원리라 말할 수 있겠습니다. 관료제의 또 다른 반동이었던 임시조직(adhocracy)은 1968년 미국의 행정학자 Bennis가 제시한 개념으로 2차 세계대전 당시 특공대를 뜻하는 adhoc team에서 유래했습니다. adhoc가 임시·즉시를 뜻하는 것과 같이, 문제해결을 위한 다양한 전문가들의 임시적 체계로 운영되며 전문성과 창의성을 가진 유연한 조직을 선호합니다. 오늘날 위원회 제도, TFT 제도의 시발점입니다.

　　　　　　　　　　　　· 조직형태와 문화 ·

수평적 조직 vs 수직적 조직

수평적 조직의 장점	수평적 조직의 단점
① 업무에 의미부여를 하면 몰입한다	① 의미부여가 안 되면 몰입이 안 된다
② 직무정의가 명확하면 협업이 촉진된다	② 명확하지 않으면 협업이 저하된다
③ 능동적 직원들로 문제해결이 용이하다	③ 수동적 직원이 있다면 문제가 커진다
④ 특별한 지시와 통제가 필요 없다	④ 지시하고 통제해도 잘 안 먹힌다
⑤ 전문성이 높아 변화대응에 능숙하다	⑤ 각자의 주장만 있어 통합이 안 된다
수직적 조직의 장점	수직적 조직의 단점
① 리더가 유능하면 조직이 급성장한다	① 리더의 판단미스가 조직의 위기다
② 책임있게 결정해주니 업무에 몰입된다	② 위에서 결정해 구성원들이 수동적이다
③ 의미부여 없이도 조직은 능률이 좋다	③ 과정참여가 없어 의미부여가 힘들다
④ 업무가 반복되어 숙련자가 탄생한다	④ 업무가 반복되고 매너리즘에 빠진다
⑤ 시스템대로만 실행하면 문제가 없다	⑤ 시스템이 경직돼 변화대응에 취약하다

조직의 형태는 조직이 각자 처한 내외부의 요건과 조직의 사명을 반영하여 절대적인 정답이 존재하지 않습니다. 조직형태론에서 가장 쉽게 떠오르는 대표적인 분류형태는 수평적 조직(horizontal organization), 수직적 조직(vertical organization)일 것입니다. 무엇으로 수평적 조직, 수직적 조직을 정의할 것인가에 따라 그 개념과 범주가 크게 달라질 수 있겠으나, 의사결정의 방향이 어디서 어디로 흐르는지에 대한 내재적 특성과 밀접한 관계임을 알 수 있습니다.

하향식 의사결정의 조직은 분업 형태로 업무를 진행하므로 지시와 보고가 필수적입니다. 이를 통해 능률과 생산성을 추구합니다. 반면 상향식 의사결정의 조직은 협업 형태로 업무를 진행하므로 협업력과 창의력이 중요합니다. 이를 통해 혁신과 문제해결을 수행합니다. 전자인 수직적 조직은 계획한 대로 잘 수행하는 능력이 우선시 되니 빈틈없이 계획을 잘 수립하고 수립된 대로 성실히 완료하는 역량(tactical performance)이 필요합니다. 수평적 조직은 변화에 대처하는 능력이 우선시 되니 환경변화에 민감하게 반응하고 상황대처에 필요한 솔루션을 도출하는 창의력과 임기응변의 유기적 역량(adaptive performance)이 필요합니다.

수평적 조직에 대한 갈증은 인간존중에 관한 열망과 같은 것으로 간주됩니다. 수평적 조직의 효용성은 경영자에게도 해당합니다. 구성원들의 지식은폐를 방지하고 업무 몰입도를 높일 수 있는 까닭입니다. 그러나 조직에는 하고 싶은 일만 존재하지 않습니다. 힘든 일, 위험한 일과 같이 기피업무도 존재합니다. 이때 수평적 조직은 난항을 겪습니다. 이러한 측면은 왜 현실 속에서 완벽한 수평적 조직이 존재하지 않는가에 대한 실마리를 제공합니다. 미국 기업들이 수평적 조직에 자주 비유되곤 하지만, 직상위자와의 상하관계만큼은 매우 엄격하다는 사실을 알아야 합니다.

수직적 조직은 해악이고 수평적 조직은 이상이라는 관념은 아마도 오랜 세월 계급과 위계에 의해 시달려왔던 억압의 반작용으로 이해됩니다. 조직형태란 뚜렷한 장점, 단점이 존재하며 절대적 정답을 가늠하기 어렵습니다. 장점의 뒷면이 단점이듯 단점의 뒷면도 장점입니다. 본질적으로 하나인 요소라 해도 이를 건강한 방향으로 운용하면 장점이 되고, 그렇지 못한 방향으로 운용하면 단점이 됩니다. 또한 수직적 조직이 어울리는 곳이 있고 수평적 조직이 어울리는 곳이 있기 마련입니다. 수직이냐, 수평이냐의 형식 이슈를 떠나 결정하는 자가 책임지는 문화가 정착된다면 형식을 마치 본질로 착각하는 일이 줄어들 것입니다.

·조직형태와 문화·

◆ Rule 조직 vs Role 조직

	규칙 중심 조직 Rule-centered	역할 중심 조직 Role-centered
키워드	객관성, 책무성	동기, 성장
의사결정	하향식	상향식
조직문화	신속한 변화	내재적 변화
사례	군대, 병원, 구조	IT, 문화, 예술
지향	risk 예방	risk 감수

　수직적 조직의 특징 중 하나는 규칙·규범 등 조직의 제도, 체계가 중요하다는 점입니다. 이를 강조하여 '규칙 중심 조직'이라 할 수 있습니다. 수평적 조직의 특징 중 하나는 스스로 결정하고 스스로 책임지는 방식이라 개개인의 역할이 절대적인 비중을 차지합니다. 이를 강조하여 '역할 중심 조직'이라 할 수 있습니다. 조직을 규칙(rule) 중심으로 운영한다는 말은 정교한 시스템에 의존한다는 뜻이고, 조직을 역할(role) 중심으로 운영한다는 말은 구성원의 능동성과 전문성에 의존한다는 뜻입니다.

　'규칙 중심 조직'의 근간은 시스템입니다. 시스템이란 수직적으로 위계, 수평적으로 분업체계를 지향합니다. 상하계층을 세분화하여 각자의 역할과 책임을 규정하는 한편 업무를 잘게 분류하여 단순화시킴으로써 직무의 난이도를 낮추는 방식입니다. 가령 분업체계는 결원이 생겼을 때 대체자를 쉽게 투입하려는 운영상의 계산과 함께 고려됩니다. 또한, 위계에 따른 책임있는 결정이 내려지나 경직성도 발생합니다. 구성원들은 직무를 반복하니 숙련자가 되지만 조직 전체를 바라보는 시야에 한계가 발생하고 업무에 의미부여가 힘들어 직무몰입과 개인 성장에 한계가 노정됩니다. 규칙이 다시 규칙을 재생산하니 갈수록 조직의 유연성은 저하되고 환경변화에 대한 대처가 느려집니다. 대규모의 조직이라면 시스템을 자가복제함으로써 조직을 쉽게 팽창시킬 수 있다는 점은 장점입니다.

'역할 중심 조직'의 근간은 개인의 능동성입니다. 능동성은 직무몰입, 조직몰입을 통해 나타나는 성향입니다. 위계에 따른 주어진 권한이 아니라 개인과 조직의 연결고리를 찾는 일은 역할 중심 조직의 대전제입니다. 연결고리가 공유된 가치일 수도, 경제적인 보상일 수도, 다른 심리적 요인일 수도 있습니다. 역할 중심의 조직은 창의적이고 문제해결에 복무합니다. 조직 내 관계성은 위계로 해석되지 않습니다. 각 단위는 협력하기도 하고 경쟁하기도 합니다. 팀이란 개념은 독립적인 작은 벤처기업의 역할처럼 보일 때도 있고 거래를 위해 모여든 시장의 참여자처럼 보일 때도 있습니다. 구성원들이 동료관계에서 매번 설득과 협상을 해야 하므로 뜻하지 않은 피로감에 시달릴 수 있다는 점은 걸림돌입니다. 이상적인 조직처럼 보이지만 점검 프로세스가 부실하다면 빌런은 언제든 탄생할 수 있습니다.

역할 중심의 선구자라 할 수 있는 실리콘밸리의 대기업(tech giants)들은, 평가제도를 낡은 것이라며 축소했지만 피드백이라는 장치를 통해 전보다 더 수시로 성과를 점검·관리하고 있습니다. 또한, 미국 연방법의 'at-will employment(임의고용)' 원칙에 의해 경영자의 마음대로(at will) 근로자를 언제든지, 이유 없이, 갑자기 해고할 수 있습니다. 빌런이 생기지 않는 진짜 요인은 미국의 조직문화가 우월해서가 아닙니다.

🟦 기성조직 vs 신생조직

	기성조직 Existing organization	신생조직 Start-up
업무 스타일	이미 구성된 체계에 의한 정확한 업무 분장	능동적 업무처리와 멀티플레이 역할 수행
업무 의미	보상과 복지 등 조직만족감 중시	전문성 증진 및 동반성장의 조직몰입감 중시
소통 방식	체계적 의사소통	적극적 의사개진
의사 결정	위계에 따른 결정	역할에 따른 결정
실행 문화	사전 계획 중시	빠른 실행 중시
온보딩	직무정의에 의해 체계적으로 제공	스스로 학습하고 주도적으로 적응
취약점	관료화	개별화

그렇다면 기성조직과 신생조직을 비교해보면 어떨까요? 기성조직은 이미 체계가 완성된 집단입니다. 입사자들은 입사 전부터 이러한 체계를 일종의 조건으로 인식하여 합류를 저울질합니다. 보상 등의 조건이 맞으면 합류를 결정합니다. 조건에 충족한 상태는 만족감입니다. 기성조직일수록 조직몰입과 직무몰입보다 조직만족과 직무만족의 영역이 큰 편이라 할 수 있습니다.

기성조직은 나름의 체계와 구조가 있습니다. 현대언어에서 체계화는 곧 세분화, 분업화라는 말과 동일시되기도 합니다. 즉 체계적인 조직이란 위계의 계층이 다층적이고 업무의 분업화가 더 세밀하다는 말로 종종 통용됩니다. 기성조직이 혁신을 포기한다면 앞서 언급된 '규칙 중심 조직'에 닮아가는 것이 일반적이라 할 수 있습니다. 시스템은 예측가능한 안정성을 표방하면서도 경직성이라는 과제를 꼬리표처럼 달고 다니는 숙명을 가졌습니다.

신생조직은 조직의 체계를 만들어가는 과정에 있는 집단입니다. 체계가 미완성이니 개개인이 알아서 일을 처리해야 합니다. 이런 면에서 신생조직이 만들어가는 체계는 구성원들의 '경험을 통해 수립되는 규칙'인 경험칙(經驗則)에 근거합니다. 그러나 시작하는 단계의 조직이 좋은 경험만 선택할 수 없습니다. 업무와 업무 아닌 영역의 경계가 모호할 수 있습니다. 때로는 자기 업무가 아닌데도 1인분 이상의 업무를 쳐내야 할 때도 있습니다. 이렇게 몰입할 수 있는 이유가 있다면 본인의 성장가능성에 대한 기대감이 작용하기 때문일 것입니다. 비영리스타트업처럼 조직과 개인이 동반성장할 수 있다는 기대감은 꽤나 끌리는 매력적 요소입니다. 문제는 구성원들이 변동과 불확실에 노출되어 있다는 현실과 더불어 몰입감이 저하되면 업무에 대한 의미를 찾을 수 없어 우울과 무기력에 직면할 수 있다는 비관적인 미래입니다. 좋아서 시작한 일이라고 다 좋을 수는 없습니다.

묵직한 물건을 잠깐 들었다 놨다고 해서 병에 걸리지 않습니다. 하지만 가벼운 것도 오래 들고 있으면 관절이 망가지고 질병이 찾아옵니다. 마음의 병도 그러합니다. 커다란 고민이 순식간에 왔다가 사라지는 것보다 작은 근심이 지속되는 상황이 더 치명적입니다. 신생조직이라도 창립정신을 잃어버리고 영혼 없이 일에만 몰두하다 보면 시간이 흘러 기성조직이 되는 일은 부지불식 간입니다. 조직의 질병은 예고하지 않고 도둑처럼 찾아옵니다.

·조직형태와 문화·

💎 단기조직 vs 영구조직

단기조직 Temporary organization	영구조직 Permanent organization
목표	비전
신속한 지휘체계	협력적 소통체계
전문성 중심	공동체성 중심
가시적 보상 중심	내재적 보상 중심
유능함	가치관

조직을 기간으로 대조해보는 것에서 시사점을 배울 수 있을까요? 예컨 대 TF팀과 같이 6개월만에 해체하는 조직을 상상해보고 다른 한편으로 100년 이상 운영할 조직을 상상해보겠습니다. 두 조직의 차이점은 오직 운영하는 기간이라 가정해 봅니다. 만일 이 두 조직을 동시에 창립한다면 어떻게 달리 접근해야 할까요.

6개월짜리 조직에서 필요한 요소를 먼저 떠올려 봅니다. 6개월짜리 조 직은 확실한 목표, 신속한 지휘체계, 유능하고 전문성 있는 구성원들, 가 시적인 보상체계, 뛰어난 기술과 능력이 필요합니다. 하지만 100년 정도 갈 조직이라면 이 문법을 그대로 적용한다는 것은 무리입니다. 목표가 불 필요한 요소는 아니지만 100년의 긴 시간을 고려한다면 눈앞에 그려지는 단기적 목표만으로는 부족합니다. 장기적인 관점에서의 비전이라면 100 년의 향방을 기대할 수 있을 것입니다.

마찬가지로 신속한 지휘체계가 불필요한 요소는 아니나 신속함보다 협력적인 소통체계가 더 필요할 것입니다. 단기간이라면 소소한 갈등에 대해 시급성을 빙자하여 덮고 갈 수 있겠지만, 긴 시간 마주하는 동료들을 상상해보면 지금 당장 무언가를 서둘러 해내는 결과보다 마음을 맞춰가는 일이 더 값어치 있습니다.

100년 가는 조직에 유능하고 전문성 있는 구성원이 필요한 것은 사실입니다. 그런데 정말 유능함과 전문성만 있는 동료라면 긴 시간을 함께하기에 고단한 존재일 것입니다. 뜻이 통하고 말이 통하는 동료가 더 중합니다. 단기간이라면 업무의 효율과 효과가 당면 과제가 됩니다. 장기레이스에서는 단기적인 효율·효과보다 더 규모있는 임팩트 창출을 위한 관점의 통일과 세계관의 연결이 필요합니다. 이를 통해 큰 그림을 하나하나 조각해야 합니다. 이러한 접근은 비단 가시적인 보상만 제공된다고 해서 가능한 일이 아닙니다. 여전히 가시적인 보상은 사람을 움직이는 민감한 요소지만, 구성원 스스로가 동기를 유발하는 내재적 보상이 부재한 상태에서 가시적 보상만으로 100년을 유지할 수는 없을 것입니다.

그저 기간 설정만으로도 두 조직은 다방면에서 불일치를 보였습니다. 조직문화에 영향을 미치는 요인이 기간과도 밀접한 함수관계가 있음을 엿볼 수 있습니다. 사람들은 조직을 만드는 시점에 대해서는 정성을 기울여 특정하면서도 정작 조직을 끝내는 시점에 대해서는 무관심합니다. 창립일은 신경쓰지만 해체일은 누구도 관심을 두지 않습니다. 조직이란 영원한 것이라 막연하게 생각하는 듯합니다. 모든 조직에 적정규모가 있듯이 조직이란 적정수명이 있으며 그 끝도 있습니다. 이렇게 조직의 영원함을 기대하면서도 오늘도 6개월짜리 TF팀처럼 살고있는 것은 않은지 각자 돌아볼 일입니다.

똑똑한 조직 vs 건강한 조직

똑똑한 조직 Smart organization	건강한 조직 Healthy organization
체계	관계
제도	문화
효율	효과
분업	협업
규칙	원리
이성 기반	감정 존중
경제적 인간	호혜적 인간

Patrick Lencioni, 2012, The Advantage: Why Organizational Health Trumps Everything Else in Business, John Wiley & Son. Inc. 재구성

조직 건강성의 대가 Patrick Lencioni는 '똑똑한 조직은 건강한 조직이 되기 어렵지만, 건강한 조직은 스스로 똑똑해지려고 한다. 그런데도 리더들은 조직을 똑똑하게 만드는 데 모든 노력을 경주한다'고 말했습니다. 경영자들은 조직의 건강성에 관해 관심을 기울이는 듯하지만 실제로는 더 똑똑한 조직을 만들기 위해 모든 것을 동원하기도 합니다. 조직의 건강성을 형식적으로 받아들인 결과입니다. 건강한 조직의 개념을 올바르게 이해하려면 건강한 조직 자체를 학습하는 것도 방법이지만 상반된 개념과 대조해봄으로써 더 심층적인 이해에 도달할 수 있을 것입니다.

그러면 잠시 다른 개념을 통해 환기해보겠습니다. 겸손함의 반대말은

무엇일지 생각해 봅니다. 아마 교만함이나 오만함이 거론될 것입니다. 그런데 지나치게 겸손한 사람도 있습니다. 지나친 겸손함은 진정성을 의심하게 만듭니다. 지나친 부정은 겸허한 인정만 못 합니다. 이런 관점으로 본다면 겸손함의 반대말은 교만이나 오만이라기보다 '과장이 넘치는 행동'임을 알 수 있습니다. '겸손도 지나치면 거만이 된다'는 영국 속담은 이를 뒷받침합니다.

다음 질문입니다. 행복의 반대말은 무엇일까요. 행복의 반대말은 흔히 불행으로 표현됩니다. 만약 누가 봐도 불행한데 스스로 행복함을 느끼는 사람이 있다면 이를 어떻게 해석해야 할까요? 행복의 객관적 요건을 확인할 수 있는 지표가 없는 것은 아닙니다. 건강, 대인관계, 가족, 건강, 재산, 수입, 거주지, 직업 등이 가능합니다. 이를 심지어 수치로 환산하여 객관적으로 측정할 수도 있을 것입니다. 만일 이 모든 지표에 만점을 받은 사람이 있는데 스스로를 불행하다고 여긴다면 어떤 해석이 가능할까요. 행복이라는 추상적 개념에 대해 본인 스스로의 진단 없이 외부의 객관적 지표로만 판단하려 한다면 결과의 신뢰도는 도전받을 것이 뻔합니다. 그렇다면 행복의 반대말을 '불행'이 아니라 스스로 느끼는 '불만족'으로 설정함이 합당해 보입니다.

건강한 조직의 반대말이 왜 똑똑한 조직일 수 있는지 생각해보는 시간이었습니다. 말로는 건강한 조직을 지향한다고 하면서 실제로는 조직을 똑똑하게 만들려는 집착이 구성원들에게 혼란을 불러일으키는 주범 중 하나입니다. 건강한 조직의 반대말은 병든 조직이 아닙니다. 건강한 조직의 반대말은 똑똑한 조직입니다. 똑똑한 조직도 병든 경우가 차고 넘칩니다. 가장 강한 조직이 건'강한' 조직이라는 말이 괜히 있는 것이 아닙니다.

·조직형태와 문화·

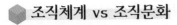 **조직체계 vs 조직문화**

경영지침1	조직 내의 모든 지시와 보고는 서면으로 할 것
경영지침2	조직에 존재하는 모든 규정을 빠짐없이 적용할 것
경영지침3	아무리 바쁘더라도 회의는 자주 소집할 것
경영지침4	모든 일을 추진함에 있어 절차를 늘려갈 것
경영지침5	한 사람이 결재할 수 있는 일을 세 사람이 결재할 것
경영지침6	모든 일을 정해진 공식 경로를 통해 진행할 것

2차 세계대전이 발발했을 당시 미국은 위와 같은 경영지침을 고안해 냅니다. 지침을 개발한 곳은 미국 유수의 대학도 경영연구소도 아닌 미전략사무국(Office of Strategic Service, OSS)으로, 현 중앙정보국(CIA)의 전신입니다. 이 지침을 담은 문서는 당시 공개대상이 아니었고 시간이 한참 흐른 뒤에야 1990년대 미국의 청문회에서 공개되었습니다. 그만큼 은밀하고 비밀스러운 의도와 목적이 담긴 문서였습니다.

이 경영지침은 조직 내의 모든 지시와 보고를 서명으로 해야 하고, 조직 내의 모든 규정을 준수해야 하며, 아무리 바빠도 잦은 회의로 소통하라는 등 구체적인 주문을 담고 있습니다. 훗날 청문회에서 이 문서와 그 용도가 밝혀졌을 때 사람들은 크나큰 충격을 받게 됩니다. 얼핏 경영학 교과서에 실릴 법한 흔한 지침으로 비추어지기도 하는 이 문서의 숨은 노림수는 적국의 기업을 망하게 하는 것이었습니다.

전쟁통에 산업스파이를 침투하여 적국의 기업에 입성시킨 후 물심양면

으로 지원을 하여 스파이를 기업의 중역으로 승진시킵니다. 이후, 경영의
투명화, 합리화 등을 명분으로 제시하며 지침을 전파한다는 작전은 사람
들을 놀라게 하기에 충분했습니다. 피상적으로 볼 때 업무가 합리화되고
공정해지는 것 같지만 이 지침에 계속 집착하다보면 기업은 불필요한 절
차와 과정을 중시하며 변화대응에 느려지고 유연성을 잃게 되어 경쟁력
이 저하됩니다.

　제도, 규칙, 절차, 체계 등 조직체계(hard system)가 꼭 부정적인 요인
으로만 여겨진다면 오해입니다. 경계의 대상은 그 부작용입니다. 조직체
계를 잘 만들면 조직문화(soft system)도 절로 좋아질 것이라 여기는 헛된
기대감이 그것입니다. 영어이름을 사용하고, 존대말을 하며, 직급간소화
로 평등한 관계를 유도한다 해도, 기존의 구태가 바뀌지 않는다면 무의미
한 장치에 지나지 않습니다. 교통체계가 미흡한 동남아 국가에 교통사고
가 의외로 드문 반면, 교통체계가 완벽에 가까워도 교통사고 세계 최고를
기록하는 우리사회와의 대조는 조직체계와 조직문화의 비대칭적 관계를
상징합니다. 민주주의도 제도만 신봉하면 형식만 남은 모래성일 뿐입니
다. 2천년 전의 예수는 율법의 완성은 사랑이라 일갈했습니다.

　'일할 땐 일하고 놀 땐 놀자'라는 말은 '워라블(work and life blending)'
의 원칙이 위배된 상태를 나타냅니다. 일하는 방식 자체가 조직문화여야
하고 조직문화가 곧 전략이자 경쟁력이 되어야 합니다(Peter Thiel). 조직
문화는 조직의 성장을 위해 존재하는 라이프 스타일이며, 조직의 성장은
조직문화의 거점 위에 성립되는 개념입니다. 조직의 모든 요소가 조직문
화와의 유기적 관계로 작동하는 관점과 믿음이 없다면 조직문화는 한낱
추가된 일거리로 여겨질지 모릅니다.

·조직형태와 문화·

VI

조직문화와
건강성

조직문화의 개념

조직형태와 문화

건강한 소통문화

🔲 미팅의 8개 역할

　하루에도 수차례 참여하는 회의(meeting)를 한 번 하려면 몇 개의 역할이 필요할까요. 누군가 진행을 해야 하고 조정도 해야 하며 끝나기 전엔 결과 정리도 잘해야 합니다. 의견과 반론을 내는 역할도 물론 필요합니다. 이것만으로 회의 하나가 성립된다고 말할 수 있을까요?

　눈에 띄지는 않아도 회의 하나가 성립되기 위해서는 의외로 많은 역할이 요구됩니다. 먼저 회의의 안건을 정하는 역할입니다. 아무리 회의 준비를 성실하게 했어도 회의의 주관자가 안건으로 상정할 생각이 없다면 참석자의 발언할 기회 자체가 보장되지 않습니다. 또 하나, 회의의 주관자가 회의를 소집하니 소집의 역할도 필요합니다. 아무리 회의 준비를 잘하고 있다 해도 불러주지 않는다면 무용지물입니다. 게다가 기록의 역할, 업무분장의 역할도 있습니다. 이렇게 놓고 보면 아무리 작은 회의라도 총 여덟 개의 역할이 필요한 셈입니다. 만일 하나라도 생략하면 회의는 성사되지 않습니다.

회의의 역할 여덟 개 역할 중 몇 개는 수고스러운 역할이지만 개중 몇 개는 상당한 권한으로 비춰집니다. 과연 조직 내에서 이 여덟 개의 역할은 고르게 분장되어 있을까요. 만일 축구경기에서 필드플레이를 하는 선수가 감독도 겸하고 심지어 심판까지 겸하고 있다면 그와 함께 뛰는 동료 선수들이 정상적인 플레이를 할 수 있을까요? 회의에서 의견을 내고 반론도 내며 조정도 하는 사람이 최종적으로 결정도 한다면 회의 참석자들은 그 사람의 눈치를 볼 것입니다.

1990년대 영미권에서 촉진자(facilitator)의 개념이 대두되었던 계기는 이러한 배경을 가지고 있습니다. 촉진자는 의견을 촉진하고 경청하며 회의를 운영하나 결정하고 지시하는 권한이 없습니다. 역할을 분리하면 회의는 활력을 띄기 시작합니다. 다만 매번 퍼실리테이터를 섭외할 수는 없을 것입니다. 따라서 리더는 의견개진 역할과 의사결정 역할의 균형을 위해 항상 주의를 기울여야 합니다.

회의의 생산성을 높이려는 방식은 수없이 시도되고 있습니다. 긴 시간 동안 쉬지 않고 아이디어 구상(해커톤), 서서 혹은 푸쉬업 자세로 20분 내로 회의를 마치는 스크럼(애자일), 파워포인트가 아닌 일반문서로 회의자료를 작성하되 회의 전 20분 자료숙지, 40분 토론과 피드백(아마존), 회의 후 48시간 내 실행계획 공유(구글), 이사회의 안건을 다시 평직원위원회(shadow committee)에서 토론(구찌) 등 셀 수 없을 정도입니다. 재미없는 회의를 어떻게든 개선하려는 눈물겨운 노력의 역사입니다.

재미없는 회의는 길게 느껴집니다. 재미를 느낀다면 시간이 빨리 갑니다. 일의 의미를 찾지 못하면 재미도 감소합니다. 실무만 점검하는 회의는 그래서 지루합니다. 의미를 찾으면 몰입할 수 있습니다. 몰입할 때 분비되는 도파민이 최고입니다.

·건강한 소통문화·

요구 vs 욕구

요구 wants		욕구 needs
입장의 형태		결핍의 형태
옳고 그름	↔	좋고 싫음
사회적으로 포장된 욕구		생존을 위한 요소
이성적, 논리적		감정적, 반응적
(what) 무엇을 바라는가		(why) 왜 바라는가

　실천현장의 언어는 무언가를 주장하는 일에 근접합니다. 조직 차원이라면 대외적인 입장을 밝히는 일이고, 개인 차원이라면 사내에서 자신의 의견을 피력하는 일입니다. 이러한 언어는 무언가 옳고그름을 판단하는 속성을 갖습니다. 조직이 '올바름'을 강조할수록 조직의 언어는 옳고그름을 판단하는 이성적, 논리적 언어로 점철됩니다. 공익과 같이 사회적 가치란 옳고 바람직한 방향을 전제로 합니다. 이러한 현상이 과열될 때 서로 옳다고 주장하는 갈등과 분열이 시작됩니다. 옳고그름의 논점은 '무엇이 옳으냐'로 시작했다가 결국 '니가 옳으냐, 내가 옳으냐'로 이동합니다. 좋은 일 하겠다고 모인 곳에 갈등이 자주 발생하는 이유입니다. 서로에 대한 헌신 없이 합리주의만으로 채워진 조직에서 각자의 합리가 대결하는 양상은 어쩌면 당연한 일입니다.

　요구(wants)가 옳고그름의 문제라면 욕구(needs)는 좋고싫음의 문제입니다. 좋고싫음은 다시 말해 끌리는 것과 두려운 것입니다. 배가 고프면 음식을 먹고 싶듯이 욕구는 결핍이 재료입니다. 어렸을 때 칭찬이 결여되면 커서 인정받고 싶은 심리와 같습니다. 그러나 날 것의 욕구를 사무실에서 그대로 말하기엔 왠지 부담스럽습니다. 끌리면 좋다고 말하고 두려우면 꺼려진다고 말하면 되는데도, 사람들은 논리와 이성으로 포장하여 요구를 담은 입장으로 표현합니다. 이때 오해와 소통의 실패가 발생합니다. 누군가 '이 조직은 꽉 막힌 조직이야'라고 우긴다면 무시와 하대를 당했는지 살펴봐야 합니다. 누군가 '이 조직은 업무분장에 엉망이다'라고 투덜댄다면 일이 너무 몰려서 그런지 살펴봐야 합니다. 입장과 주장으로 나타나는 요구(wants) 뒤엔 욕구(needs)가 숨어 있습니다.

욕구가 파악되지 않는 대화는 겉돌고 소통이 힘겹습니다. 사람들은 드러내지 않을 뿐 각자의 욕구를 가지고 있습니다. 욕구는 과거의 경험에 적지 않은 영향을 받습니다. 특히 부정적 경험은 강한 결핍을 만들어 욕구를 형성합니다. 부정적 경험으로 형성된 결핍은 감정을 동반하기에 그 에너지는 굉장히 강합니다. 부정적 경험을 잊었다고 확신해도 잠재된 의식 속엔 감정기억(effect memory)이 남아있습니다(Arnold). 지나버린 기억이 잊힌 것 같아도 어떤 상황에 직면하면 그때의 감정이 자신도 모르게 불쑥 튀어나오는 경우가 감정기억의 작동패턴입니다. 기억의 저장을 주관하는 뇌의 측두엽은 기억을 저장할 때 감정선을 함께 저장하는 습성이 있기 때문입니다.

적절한 욕구는 성장의 원동력입니다. 하지만 과한 욕구는 욕망의 씨앗이 됩니다. 상대방의 결핍을 이해하지 않고서 인간관계의 복잡한 실타래를 성급하게 풀려 한다면 의도치 않게 실수가 튀어나옵니다. 모든 실수는 좋은 의도로부터 시작한다는 말이 있습니다. 보이는 현상에 대해 해결하려 하지 말고 보이지 않는 원인에 대해 해소하려는 노력이 더 현명합니다.

·건강한 소통문화·

🔲 욕구의 종류와 단계

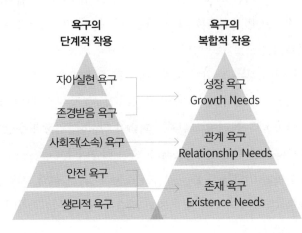

The theory of need hierarchy, Maslow와 ERG theory, Alderfer, 재구성

　현대심리학, 동기이론, 조직행동론에 막대한 업적을 남긴 Maslow는 욕구에 단계가 있다고 역설했습니다. 피라미드의 아래쪽은 1차적이고 본능적인 욕구입니다. 피라미드의 위쪽은 사회적이고 내면적인 욕구입니다. 한편 Alderfer는 Maslow를 비판했습니다. 욕구라는 개념이 꼭 단계를 거치는 성질이라기보다 동시다발적이며 혼재된 개념으로 이해되는 것이 옳다는 시각입니다.

　Alderfer에 의하면 존재욕구(existence needs)란 생존에 관계된 조건에 비유할 수 있습니다. 신체적 안전성을 포함해 생존에 필요한 기본적인 환경과 요소들을 뜻합니다. 직장에 비유하자면 근로에 필요한 환경과 조건 등을 의미합니다. 그는 이를 저차원적 욕구라 했습니다. 그 위는 관계욕구(relationship needs)입니다. 이는 사회적인 욕구로 소속감, 연대감, 인간관계와 관련이 있습니다. 맨 상단의 성장욕구(growth needs)는 자기계발,

개인의 발전과 성장과 관련이 있으며 고차원적인 욕구입니다. 인간의 욕구인 ERG는 저차원에서 고차원으로 향하기도 하며 때로는 동시다발적으로 향한다는 견해가 그의 시각입니다.

　그의 주장 중 유의할 한가지가 더 있습니다. 고차원적 욕구를 갈망하다 좌절되면 저차원적 욕구로 시선을 돌린다는 좌절회귀이론(frustration-regression)입니다. 중요한 회의시간에 큰맘 먹고 제시한 의견이 묵살되어 좌절을 경험한 사람은 다음부터는 욕구를 한 단계 낮추어 급여상승, 사내복지로 관심사를 돌리는 현상입니다. 만일 누군가 저차원의 욕구를 계속 강변하거나 불평불만을 쏟아낸다면 그의 욕구단계가 아직 고차원까지 못 올라왔다고 판단할 수도 있지만, 혹시 그의 고차원적 욕구가 묵살된 적은 없었는지 돌아보는 것이 좋습니다. 모두 사람은 욕구를 실현하기 위해 대화를 하지만 그렇다고 시원하게 욕구를 드러내지도 않습니다. 상대방에 대해 관찰하고 감정과 기분을 인지·표현하며 욕구를 파악·표현하여 요청·부탁의 형식으로 마무리하는 비폭력대화(NVC)의 원리는 이러한 인간의 욕구에 주목한 커뮤니케이션 방식으로 지금도 시사하는 바가 많습니다.

비폭력대화의 4요소

평가	관찰
생각	감정
전략	필요
요구	요청

Marshall Rosenberg, Nonviolent communication.

·건강한 소통문화·

🔷 성격보다 성숙

	Sigmund Freud (1856~1939)	Carl Gustav Jung (1875~1961)	Alfred Adler (1870~1937)
학문	정신분석학	분석심리학	개인심리학
행동결정	무의식	의식과 무의식	주관적인 열등감
인간발달	본능	의식	주관적 판단과 능동적 선택
시점	과거	과거, 현재	미래

프로이트는 개인의 성격 차이는 과거의 경험으로 형성되어 성격을 바꿀 수 없다고 했습니다. 융은 성격은 평생을 통해 형성되니 노력하면 바꿀 수도 있다고 했습니다. 아들러는 같은 경험을 했더라도 의미구성에 따라 성격의 개선이 가능하다고 했습니다. 사회생활에서 빼놓을 수 없는 주제는 성격입니다. 일터에서 함께 일하다 보면 상대방의 성격을 탓하는 경우가 많습니다. 성격이란 무엇일까요. 이것은 바뀌는 것일까요? 저명한 이론가들도 엇갈리는 성격의 개념에 대해 미국의 심리생물학자인 Cloninhger의 인성모형을 살피며 실마리를 찾아봅니다.

한 사람의 인성(personality)은 기질(temperament)과 성격(character)으로 구성됩니다. 기질은 좀처럼 변하지 않는 생물학적 개념으로 자극에 대한 자동반응적 성향을 말합니다. 기질은 유전적 속성이라 변화의 가능성이 적다고 할 수 있습니다. 반면 성격이란 환경적, 경험적 속성에 기반합니다. 환경과 상호작용하며 후천적으로 형성된 결과물이 성격입니다. 성격은 평생을 거쳐 발달과 형성을 반복합니다. 부지불식 간에 반사적으로 튀어나오는 성향이 기질이라면 이를 조절할 수 있는 유일한 기제는 성격입니다. 이 조절의 통제력이 높을수록 '성숙하다'고 말합니다. 성숙함은 삶의 질에 영향을 줍니다. 성숙한 사람은 유전적 특질을 통제하는 힘이 있어 삶을 주도하지만, 미성숙한 사람은 본능에 이끌려 살아갑니다. 본능은 감정을 동원하니 감정의 노예가 되기 쉽습니다.

관건은 성숙한 사람이 되려는 꾸준함입니다. 하지만 학자들은 성격을 바꾸는 일이 보통 힘든 일이 아니라고 입을 모읍니다. 성격을 개선하려면 좋은 환경에서 좋은 문화를 경험하는 반복적 노출이 필요합니다. 좋은 기억이 평생 살아가는 힘이 되듯이 좋은 경험은 긍정적 욕구를 자극합니다. 하지만 좋은 경험만 골라서 하기란 불가능한 일입니다. 그러니 성격을 바꾸려는 노력보다 사회성을 개선하는 일이 더욱 현실적인 편입니다.

조직 구성원 모두에게 필요한 것은 그저 마냥 좋은 성격의 동료들이 아니라 사회성이 성숙한 동료들입니다. 비슷한 성격이 모인 팀과 다른 성격이 모인 팀의 협업과 팀워크가 어떨지 상상해 봅니다. 비슷해서 좋을 때도 있지만 비슷해서 싫을 때도 있습니다. 달라서 싫을 때도 있지만 달라서 좋을 때도 있습니다. 좋을 땐 다 좋고 싫을 땐 다 싫은 게 인간입니다.

건강한 조직문화의 변수를 개인의 성격으로만 수렴해서는 안 될 것입니다. 각자가 성숙한 사회성으로 향하고 있는가의 관점으로 보아야 합니다. 남의 성격이 좋은지 나쁜지 판단하기 전에 자신의 사회성이 성숙한지 성찰하는 사람들이 모여있다면 조직문화는 그린라이트입니다. 좋은 동료를 찾기 전에 자신이 누군가에게 좋은 사람이 되어야 합니다. 손절은 편리하지만 고통스러운 인간관계를 통해 배우는 것이 없다면 인생의 말로는 쓸쓸할 것입니다.

🔷 이성과 감정

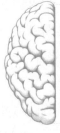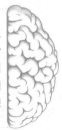

언어적 사고　비언어적 사고
인지와 이해　공감과 교감
논리적　　　　　　직관적
합리적　　　　　　감각적
분석　　　　　　　　감정

　아리스토텔레스는 건강한 소통을 위해 인격(ethos)을 바탕으로 감정 (pathos)과 논리(logos)를 갖추라 했습니다. 수천년이 지난 지금도 이 법칙을 벗어나기란 쉽지 않은 일입니다. 고전적 뇌과학에 의하면 좌뇌와 우뇌는 역할이 나뉩니다. 좌뇌는 주로 언어적 사고, 인지와 이해, 논리와 합리를 통한 분석력과 결부되고, 우뇌는 비언어적 사고로 공감과 교감, 직관적이고 감각적인 감정과 결부됩니다. 쉬운 이해를 위해 이성(reason)과 감정(emotion)으로 환치할 수 있습니다. 영어의 뉘앙스 그대로 이성은 이유(reason)를, 감정은 행동(motion)을 나타냅니다.

　현대인들은 이성으로 소통하고 이성에 의해 움직입니다. 무언가를 분석하고 이해하며 합리적으로 행동합니다. 적어도 그렇다고 믿습니다. 정말 그럴까요? 앞선 풀이에 의하면 사람을 평생 자신의 욕구를 실현하기 위해 살아갑니다. 욕구는 결핍에 의한 감정기억에 지배받습니다. 감정이란 본능적인 반응이며 생존에 관계된 것입니다. 인간의 의사결정은 복잡한 인지과정을 거치지만 옳고그름이 아닌 좋고싫음의 선호도로 판단되는 경우가 현실에선 더 많습니다. 무언가를 결정할 때 직관에 의해 순간적으로 판단한 후 이성을 동원해 논리적으로 설명하려 드는 일은 특별한 경우가 아닙니다. 이러한 뇌의 복잡한 활동은 인간과 인간관계에 대한 섬세한 이해가 왜 필요한지 영감을 줍니다. 회의 중에 누군가 반대의견을 낸다면 비난할 것이 아니라 뭐가 꺼려지고 불안해서 반대하는지 알 필요가 있습니다. 상대방의 행동변화를 원한다면 설득하지 말고 상대방의 기분과 정서를 먼저 관찰하는 것이 좋습니다. 행동을 유발하는 동력은 감정의 영역이지 이성의 영역이 아닙니다. 이성은 문제를 이해하고 인지합니다. 하지만 어떠한 상황을 이해했다고 해서 바로 행동으로 전환되는 경우는 좀처럼 드뭅니다.

행동으로 옮기는 결정적 동력은 감정이라는 에너지입니다. 기분이 좋아지면 의욕이 생깁니다. 의욕이란 욕구의 발동이자 감정의 결과입니다. 무언가 마음에 들거나 감동을 받았다면 행동이 시작됩니다. 마음이란 뇌가 만든 허상이며 감정의 영역을 상징하는 개념일 뿐입니다. 육체노동은 고단하지만 감정노동은 비참합니다. 무기력, 우울증, 조현병 역시 감정조절의 기제가 제대로 작동하지 않는 증상이라 볼 수 있습니다. 감정이 고장나면 신체화로 나타납니다. 괜한 두통이 생기거나 늘 배가 아프거나 만성피로가 생기는 증상입니다.

정리되어 말하는 게 아니라 말하다 보니 정리되는 현상은 뇌가 복잡한 활동을 하고 있다는 증거입니다. 뇌가 좌와 우로 나누어 분업한다는 고전적 뇌과학은 인간을 이해하는 좋은 프레임입니다. 실상은 1000억개 신경세포의 조합으로 수백조의 신경망을 움직이는 네트워크가 뇌라는 점입니다. 이성을 통해 감정을 조절할 수 있지만 감정은 이성을 지배하기도 합니다. 감정이 신체기능을 저하시키지만 신체의 문제는 곧 감정의 문제로 직결됩니다. 복잡한 존재가 사람입니다. 그래서 알 수 없고 또 그래서 생각지 못했던 해결책을 찾을 수 있습니다.

·건강한 소통문화·

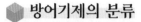 **방어기제의 분류**

1단계 병리적 방어기제	2단계 미성숙한 방어기제	3단계 신경증적 방어기제	4단계 성숙한 방어기제
부정	투사	합리화	승화
분리	해리	반동 형성	유머
전환	환상	억압	이타주의
왜곡	수동 공격	퇴행	인내, 수용
	행동화	치환, 환치	예측
		주지화	

G. E. Vaillant 분류법, 1977

　추울 때 온몸이 덜덜 떨리는 현상은 신체가 자신을 보호하기 위한 방어 활동입니다. 이처럼, 욕구가 침해받았을 때 자신을 보호하기 위한 자동적 반응을 방어기제(defense mechanism)라 합니다. 오스트리아의 아동정신 분석학자 Anna Freud가 위대한 정신분석학자인 그의 아버지(Freud)로부터 물려받은 유산은 아버지의 방어기제 이론을 더욱 체계화하는 일이었습니다. 이후 몇 학자들이 연구를 거듭하여 4단계의 분류법을 만들어냈습니다.

　이 분류를 통해 현장의 오래된 주제인 소진(burn out)을 고찰해 볼 수 있습니다. 소진이란 내외부 스트레스 상황에 지속적으로 노출되어 남은 에너지가 없는 상태입니다. 스트레스는 외부의 위협이나 공격에 대한 신체적, 심리적 이상반응입니다. 현대의 조직사회에서 위협이나 공격은 물리적 영역이 더이상 아니며 많은 경우 심리적, 정신적 영역에 속합니다. 따라서 업무스트레스란 업무 욕구에 대한 침해나 좌절이 발생한 상황으로 추론해 볼 수 있을 것입니다. 업무스트레스에 대한 방어기제를 4단계로 분류하면 다음과 같습니다(Gabbard).

1단계는 병리적인 방어기제입니다. 부정, 분리(흑백논리), 전환(신체화), 왜곡 등입니다. 이러한 방어기제들은 일상적인 범주를 넘어서서 지나침을 의미하며 인간관계에 악영향을 미치는 것이 대부분입니다. 2단계는 미성숙한 방어기제입니다. 투사(남탓), 해리(비현실), 환상, 수동공격, 행동화(분출)입니다. 어린 시절 정서학습이 미흡할 경우 감정조절에 실패하거나 스트레스에 취약해져 이러한 방어기제가 나타날 수 있습니다.

3단계는 신경증적 방어기제로 합리화, 반동형성(나쁜 것을 좋은 것으로), 억압, 퇴행(미숙함 선택), 치환·전치(문제의 초점 변경), 주지화(지적인 해석) 등이 해당합니다. 이는 비의도적이고 무의식적인 방어기제로 내적 충동이나 갈등을 완화하기 위해 동원됩니다. 4단계는 성숙한 방어기제로 승화, 유머, 이타주의, 인내·수용, 예측, 용인 등입니다. 심리발달을 통해 형성된 방어기제 4단계는 어려운 상황에 직면하더라도 내적인 충동과 갈등에 잘 대처하는 기제입니다.

누구나 스트레스를 받습니다. 현장의 업무 스트레스란 대개 구조적인 성격이라 쉽게 풀리지 않아 고통스럽습니다. 하지만 같은 스트레스 상황이라도 이를 처리하는 방법은 사람마다 다릅니다. 미성숙한 방어와 성숙한 방어의 차이입니다. 상황을 바꿀 수 없다면 자신을 바꾸는 일이 대안일 수 있습니다. 이너피스는 타인이 만들어 줄 수 없는 자신의 몫입니다. 타고 나는 것(nature)이 아니라, 길러 가는 것(nurture)입니다.

·건강한 소통문화·

🧊 언어의 탄생과 소통

	Skinner (1904~1990)	Chomsky (1928~)	Piaget (1896~1980)
이론	행동주의	경험주의	상호주의
습득 원리	행동-보상-강화의 매커니즘	언어습득장치를 가지고 태어남	내재적 능력+환경적 요인의 상호작용
중요 요인	학습과 보상	언어 환경	상호작용의 언어환경
교육 방향	구조파악, 반복학습	주도적 표현, 역할놀이	주제토의, 문제해결 활동

　누구나 진정한 소통을 원합니다. 소통의 큰 비중은 언어가 차지합니다. 언어학자들의 공통된 견해는 소통에서 '언어' 자체가 차지하는 비율이 50% 이하라는 점입니다. 나머지는 바디랭귀지와 같은 비언어적 신호입니다. 우선 언어가 어떻게 탄생하는지부터 살펴봅니다.

　언어란 어떻게 형성되는 것일까요. Skinner는 학습된 행동의 결과가 언어라 했습니다. 학습과 보상을 통해 언어가 발달하므로 반복학습을 강조했습니다. Chomsky는 인간의 언어능력이 선천적인 산물이라 했습니다. 환경에 놓이면 스스로 분석하여 습득한다는 것입니다. Piaget는 내재적 능력과 환경적 요인의 상호작용을 강조했습니다. 그는 언어와 사고가 상호작용하며 발달한다고 했습니다. 사고가 발달하면 언어가 발달하고 언어를 습득하면 사고력도 커진다는 것입니다. 이 과정을 통해 새 개념을 언어화하고 세상을 이해하는 힘을 얻는다고 봤습니다.

사회적 가치를 다루는 이 영역은 이해할 수 없는 추상적 개념이 그득한 곳입니다. 원활한 소통을 하려면 관련어를 습득해야 합니다. 새로운 언어를 익히는 일은 마치 외국어를 익히는 것과 같습니다. 입에 잘 붙지 않아 힘이 듭니다. 하루아침에 습득되지 않는 새 언어는 셀 수 없는 반복학습과 체험을 거쳐도 될까말까입니다. 이때 동료들이 도움을 준다면 시간을 다소 단축할 수 있지만 모든 조직이 우호적 분위기 속에 일하고 있는 것은 아닙니다.

새로운 영역에 들어온 사람은 마치 태어나서 처음으로 언어를 습득해가는 어린아이와 같습니다. 정확한 개념과 정의를 모른 채 사업과 실무에 투입된다면 단어를 숙지하지 못한 상태로 회화를 하는 경우와 같을 것입니다. '외국어를 익히는 일은 기본기가 반이다'라는 말처럼 현장의 소통도 이와 다르지 않습니다.

건강한 소통을 위한 3단계

- 경청: 딴짓하지 않고 집중하기, 섣불리 조언하지 않기
- 질문: 해결하지 않기, 욕구파악을 위해 좋은 질문하기
- 공감: 분석하지 않기, 감정 세분화로 공감을 표현하기

🔷 건강한 관계, 건강한 소통

	사명	신뢰
토대	정의감	친밀감
과도할 때	소진과 피로	정치로 변질
부족할 때	배려 없는 당위적 주장	차갑고 형식적인 친절

박구용, 2023, 우리가 사랑하지 못하는 이유, 고지식만담회 제18화, 재구성

공익활동의 현장은 정의감도 필요하고 친밀감도 필요합니다. 정의감은 사명으로 표출되고 친밀감은 신뢰로 나타납니다. 사회적 가치를 표방하는 공익조직은 이 둘의 균형을 추구하기에 멋진 만큼 힘이 듭니다. 사명만 강조하면 소진과 피로에 시달리고, 신뢰만 강조하면 사내정치가 횡행하여 공공성이 저하됩니다. 사명 없는 신뢰는 형식적인 친절로 치우쳐 단합의 걸림돌이 되고, 신뢰 없는 사명은 배려심 없는 당위적 주장이 되어 분열의 기폭제가 됩니다. 건강한 관계란 사명과 신뢰, 정의와 친밀이 균형을 이루는 조직문화입니다.

건강한 관계는 건강한 소통과 조응합니다. 건강한 소통의 본질은 관계의 건강성입니다. 건강한 소통이란 내용에 치중한 언어의 방향만을 강조하지 않습니다. 상황과 분위기에 톤을 맞추는 언어의 높이, 상대방을 배려하는 언어의 길이, 자신의 메시지를 차분히 전달하는 언어의 속도 등 종합적인 '언어의 물리학'이 고려되어야 합니다. 이는 비언어적 신호(nonverbal signal)를 포함합니다. 상대방을 대하는 몸의 자세와 물리적 거리, 표정과 시선, 제스쳐와 손동작처럼 많은 부분이 인간의 커뮤니케이션

에 개입합니다. 상대방의 비언어적 신호를 고려한다면 소통은 매끄럽게 진행됩니다. 유머를 들으면 싱긋이 웃어주는 여유, 공감되는 내용을 들으면 고개를 끄덕이는 관용, 좋은 소식을 들으면 함께 기뻐하는 감정표현은 커뮤니케이션 기술을 능가하는 순수와 진정성의 발로입니다.

언어의 물리학

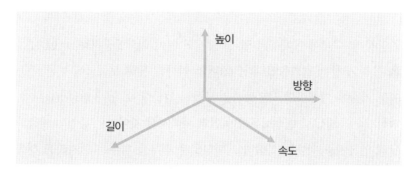

고대그리스 연극에서 가면을 뜻하는 persona라는 말에서 사람이라는 뜻의 person이 파생되었습니다. 순서가 당황스럽긴 하지만 인간이란 결국 가면에 가려진 존재라는 사실을 의미하는 듯합니다. 자신(person)으로 살 것인가, 아니면 가면(persona)으로 살 것인가는 성숙한 인격을 판가름하는 기준입니다. 성숙함은 그동안 썼던 가면을 벗어던지고 자신의 본 모습을 마주하는 용기에서 시작합니다. person과 persona가 일치하지 않을 때 나다움은 사라지며 타인의 인생을 살게 됩니다. 자아강도(ego strength)가 높은 삶은 타인의 시선에서 벗어나 주체적인 자아로서 존재합니다. 건강한 삶이란 자기연민을 벗어나 사회적 성숙함을 적극적으로 연습한 결과일 것입니다. 성격은 '어느 정도 그려진 밑그림'에 비유되곤 하지만 그림을 완성하는 사람은 결국 자신입니다.

·건강한 소통문화·

인공지능 시대의 조직문화

대표적 생성형 AI	주요기능	메이커
ChatGPT	텍스트와 이미지 동시 처리, 실시간 대화	OpenAI
Co-pilot	MS서비스 연동, 코딩 특화, GPT 연동	Microsoft
Gemini	구글 서비스 연동, 추론 등 복잡어 이해	Google
Claude	맥락을 이해하는 대화 능력, 개방성	Anthropic

앞장 몇 군데에서 제공된 열 장 남짓의 이미지는 인공지능(DALL−E2)을 통해 생성한 결과물입니다. 60년의 역사를 통해 오늘날에 이른 인공지능 기술은 개개인의 직무능력을 무한히 확장할 수 있게 만들었습니다. 과학기술의 발달로 단순노무직이 먼저 사라져갈 것이라는 종전의 예측과 달리 인공지능 시대는 복잡하고 까다로운 직무를 다루는 일자리를 신속히 대체하고 있습니다. 특히 최근 발표된 ChatGPT4o(옴니버스 버전)는 실시간 쌍방향 커뮤니케이션과 같은 멀티모달(multimodal)을 내세우며 4차 산업혁명의 정점을 선언하는 듯합니다.

현재 인공지능을 대표하는 ChatGPT는 2015년 비영리조직 OpenAI에서 개발해 2023년 최초 공개했습니다. ChatGPT가 게임체인저가 된 이유는 검색창과 똑같은 인터페이스를 통해 손쉬운 사용환경을 제공했다는 점에 있을 것입니다. 이와 경쟁 구도인 마이크로소프트의 Co−pilot, 구글의 Gemini, 아마존의 Claude는 모두 흩어진 정보를 조직하여 생성하는 생성형(generative) 인공지능인 동시에 맥락에 맞는 대화를 이끌어갈 수 있는 거대언어모델(LLM, large language model)이라는 면에서 공통적입니다. 인공지능의 시대, 공익의 바깥 현장과 비영리조직 내부에서는 어떠한 일이 각각 일어날까요?

슬랙, 노션, 컨플루언스와 같은 디지털 테크를 통해 스마트워크를 구현하려는 시도는 여전히 유효한 대안으로 보입니다. 디지털 테크는 물리적 차원인 피지컬(physical) 세상의 협업을 돕는 스마트워크로 상징됩니다. 스마트워크는 구성원들에게 좋은 경험을 제공하지만, 기술이 목적 자체가 될 때 조직문화는 더욱 파편화됩니다. 마케팅의 아버지가 불리는 Philip Kotler는 그의 저서 「Marketing6.0: the future is immersive」에서 디지털 경험과 피지컬 경험을 동시에 추구하는 '피지털(phygital) 네이티브'의 출현에 주목하라고 했습니다. 디지털 경험과 피지컬 경험이 동떨어진 영역이 아니라 동시적으로 혼재하는 하이브리드한 개념이라는 점에서 현 세태를 잘 표현하고 있는 듯합니다.

그는 마케팅의 앞날을 예고한 메시지를 밝힌 것이지만 시대 전반에 대한 통찰로도 독해됩니다. '마케팅의 목적은 사람들의 삶과 공익에 대한 기여다'라는 그의 말은 사회의 변화와 조직문화의 변화 모두를 포함한 이야기로 확장하여 이해할 수 있습니다. 새로운 세대는 갑자기 출현하지 않고 시대의 변화에 따른 일정한 흐름 속에서 나타납니다. 어떠한 세대가 출현했다고 하여 매번 놀랄 일도 아니지만 특정한 라벨링을 통해 유별난 세대라며 쉽게 낙인찍는 시도도 위험합니다.

검책엔진이 세상에 첫선을 보였을 때 검색창의 이용이 도덕적인지 고민하던 혼란함은 얼마 안 가 종식되었습니다. 인공지능 세상이 이미 도래한 지금 지적 재산권, 인권과 같은 윤리적 이슈가 관건이지만, 사회 곳곳에 인공지능을 접목하고 활용하는 일상은 시간문제가 되었습니다. 홍보물 기획, 사업기획서의 개요 수립, 봉사자 교육 동영상 제작, 맞춤형 서비스 제공을 통한 후원자 관리 등 인공지능으로 간편히 해결할 수 있는 업무가 증가함에 따라 일터에도 큰 변화가 예고됩니다.

·건강한 소통문화·

편집성 성격	타인에 대한 불신·편견, 강한 피해의식, 의심병, 과한 자기 확신
강박성 성격	형식·규칙·절차에 집착, 실수 방지와 과한 책임감, 타인 통제
의존적 성격	타인 시선 의식, 자신감 부족, 자신에 대한 과소평가, 타인 의존
회피성 성격	열등감과 자신감 결여, 자신에 대한 무능감, 대인관계 기피
자기애성 성격	자아도취, 자기중심적, 잘되면 자기 탓, 낮은 자존감, 강약약강
연극성 성격	관심을 끌려는 행동과 외모 집착, 무관심에 대한 불편과 실망

Diagnostic and statistical manual of mental disorders(미국 정신의학회 정신질환진단 및 통계매뉴얼), 발췌, 재구성

1. 좋은 조직문화, 어떻게 만들 수 있을까?

좋은 조직문화란 조직마다 정의가 다를 것입니다. 즐겁기만 하다면 공공성을 상실하게 되고, 사명과 당위만 강조하면 즐겁지 않습니다. 균형은 곧 건강성을 의미합니다. 그 균형의 황금률이 어느 선일지는 조직의 성향과 선택에 달려있습니다. 무엇보다 리더십은 조직문화 형성에 있어 중요 변수가 됩니다. 리더가 사람을 어떻게 대하는지에 따라 구성원들은 어떤 조직문화를 만들어갈지 결정할 것입니다. 한마디로 조직문화란 체계와 형식으로 강제할 수 없는 영역이고, 누군가 혼자서 주도할 수도 없으며, 개개인의 일관된 행위가 정형화된 총체적 결과라 할 수 있습니다.

2. 사내동아리, 취미활동은 어떨까?

사내동아리나 취미활동으로 조직문화를 개선하는 접근은 긍정적인 시도에 속합니다. 다만 원치 않는 동아리 활동, 강제적인 취미의 권유라면 이야기는 달라집니다. 문화는 자연스러운 형성의 과정이 선행되어야 합

니다. 특정한 제도나 규칙으로 접근하는 방식은 때때로 부작용을 동반합니다. '자연스럽게 하게 되는 것'이 문화인데, '해야만 하는 것'으로 당위성을 부과하면 업무로 성격이 바뀝니다. 한때 유행했던 전직원 토요일 등반대회, 매월 셋째주 전체 회식, 매주 월요일 아침 의례적인 티타임, 마니또 쪽지 전달 등이 좋은 의도에도 불구하고 환영받지 못했던 이유는 강제성과 제도화에서 찾아야 할 것입니다.

3. 건강한 조직문화란 가능할까?

'조직문화'라는 어감 자체가 조직적 차원으로만 다뤄야 할 것 같은 뉘앙스를 풍깁니다. 그럼에도 조직 구성원 하나하나를 살펴보는 세심함을 배제한다면 조직적 차원의 접근은 구호에 지나지 않습니다. 누구나 성격이 다르고 각자 느끼는 결핍과 고통이 다릅니다. 개개인의 성격을 획일화할 수 없듯이, 개개인의 개성과 색채를 하나로 통제할 수 있는 조직문화란 존재하지 않습니다. 이런 면에서 조직문화란 목적이 아니라 결과입니다. 개개인이 행복하면 조직문화는 절로 좋아집니다. 불행한 개인이 모인 행복한 조직은 모순입니다. 저마다 내재한 강박형, 의존형, 회피형 등의 다양한 성격장애는 개개인마다 다르게 나타날 수 있습니다. 누구에게나 내밀한 아픔이 있습니다. 모두가 성격장애 요인을 잠재적으로 내재하고 있다는 뜻이기도 합니다. 다만 자신의 아픔을 마주하고 결핍을 인지하며 치열하게 관리, 개선하려는 노력이 성숙한 사회성의 시작일 것입니다. 빌런은 원래 평범한 사람이었고, 썩은 사과는 본디 싱싱한 사과였으며, 무능함은 다른 일터에서는 유능함이었습니다. 장점은 단점이 되고 단점은 장점이 됩니다. 좋은 사람이 흑화되는 것도, 나쁜 사람이 백화되는 것도 저마다 사연에 의해 진화된 결과입니다.

·건강한 소통문화·

부록

쉽게 따라하는
캔버스 모음

비전 캔버스

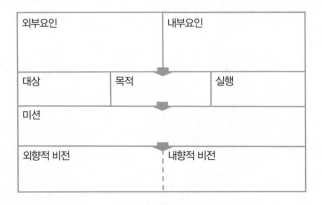

비전 캔버스(vision canvas)는 간단한 환경분석과 미션, 비전 수립의 과정을 구성원들과 함께 만들어 갈 수 있는 도구입니다. 분석 위주의 토론을 할 것인지 아니면 소통과 목표합의에 의의를 둘 것인지 필요에 따라 선택할 수 있습니다.

① 조직의 외부요인을 분석합니다.

② 조직의 내부요인을 분석합니다.

③ 조직의 대상을 설정합니다.

④ 조직의 목적을 설정합니다.

⑤ 조직의 실행을 설정합니다.

⑥ 조직의 대상, 목적, 실행을 조합하여 문장으로 만들어 봅니다.

⑦ 미션을 기반으로 조직의 비전을 도출합니다.

⑧ 비전은 외향적 비전과 내향적 비전 중 하나를 선택합니다.

⑨ 모든 작업이 끝나면 기본적인 비전체계도를 만들 수 있습니다.

🔳 이해관계자 페르소나 캔버스

	연령	성별
(이미지)		
직업·활동	환경적 특성·지역	사회적 위치 & 특성
결핍 & 불편함	욕구 & 관심사	필요로 하는 요소 & 해결방향

이해관계자 페르소나 캔버스(stakeholder persona canvas)는 조직의 주요 대상인이 누군인지를 구성원들과 함께 심층적으로 분석할 수 있는 도구입니다. '조직은 과연 누구를 위해 존재하며, 누구를 위한 문제를 해결해야 하는가'에 대한 토론을 진행할 때 유용합니다.

① 연령, 성별, 직업, 활동 등 기본사항을 파악합니다.

② 환경적, 지역을 통해 거주나 활동지역의 특성을 파악합니다.

③ 사회적 위치나 특성을 파악해도 좋습니다.

④ 대상인의 주요 결핍과 불편함에 대해 파악합니다.

⑤ 결핍과 불편함(pain point)에 기반한 욕구와 관심사를 설정합니다.

⑥ 이를 결할 수 있는 요소, 방향, 방안(happy point)에 대해 도출합니다.

⑦ 작업이 끝나면 조직이 몰입해야 할 대상인의 대표적인 특성을 확인할 수 있습니다.

비즈니스 캔버스

대상자	솔루션	핵심자원	확산채널	사업모델
대상의 문제·욕구		1) 물적 자원 2) 인적 자원 3) 기반 자원	1) 온라인 채널 2) 오프라인 채널 3) 기타 자원	1) 제품·서비스 분야 2) 제품·서비스 형태 3) 주요 이용자
수입	기타수입	비용구조		임팩트

비즈니스 캔버스(business canvas)는 공익사업을 설계할 때 필요로 하는 모든 요소를 구성원들과 인과적으로 정리해보는 도구입니다. 앞서 비전체계 및 페르소나를 정리했다면 더 효과적으로 활용할 수 있습니다. 부서별 내에서 토론한다면 실효성이 향상됩니다.

① 대상자의 결핍과 불편함을 파악하여 솔루션을 도출합니다.

② 솔루션을 수행할 때 필요한 핵심자원을 파악합니다.

③ 솔루션을 확장하고 전파할 수 있는 채널 · 경로 등 마케팅 전략을 구상합니다.

④ 분야, 형태, 주요 이용자 등 포지셔닝을 구상합니다.

⑤ 주요 수입과 기타 수입을 설정합니다.

⑥ 지출 구조 등 전반적인 비용구조를 정리합니다.

⑦ 최종적으로, 임팩트가 무엇인지 정의합니다.

⑧ 비금전적 사업을 대입한 경우라면 ④에서 ⑦으로 건너뛸 수 있습니다.

⑨ 이상의 작업을 종료한 후 사업계획서를 작성할 수 있습니다.

임팩트 캔버스

비전체계		평가체계		
핵심가치		회고(KPT, ERRC 등)		성찰 영역
미션	비전	핵심성과지표 Output(주로 정량)	Outcom(주로 정성)	성과 영역
핵심목표				
단위사업		사업성과지표 Output(주로 정량)	Outcom(주로 정성)	

임팩트 캔버스(impact canvas)는 앞서 도출한 비전체계와 사업계획에 대한 결과를 체계화할 수 있는 도구입니다. 구성원들과 함께 이 작업을 진행한다면, 조직의 방향과 부서의 방향, 개개인의 방향을 하나로 정렬시키는 데 도움이 됩니다.

① 핵심가치는 회고기법을 활용해 성찰하는 시간을 가집니다.

② 미션과 비전을 평가하여 어떤 성취가 있었는지 평가합니다.

③ ②단계는 핵심목표를 평가함으로써 대체할 수도 있습니다.

④ 핵심목표는 핵심성과지표를 활용해 평가합니다.

⑤ 단위사업은 사업성과지표를 활용해 평가합니다.

⑥ 모든 평가결과는 output과 outcome의 성과로 구분해 봅니다.

⑦ 전체 작업을 정리하여 사업의 성과, 조직의 성과로 표현할 수 있습니다.

⑧ 조직의 성과보고서를 작성할 수 있습니다.

조직문화 캔버스

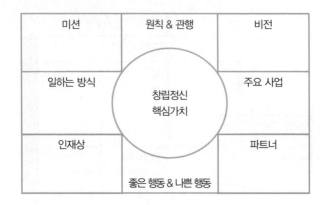

조직문화 캔버스(culture canvas)는 구성원들과 함께 조직문화를 나누어보며 암묵지를 가시화할 수 있는 도구입니다. 만일 창립(자)정신, 경영이념이 존재하는 조직이라면 이 작업은 수월합니다. 이는 핵심가치로 대체할 수 있는 영역입니다. 조직문화는 정답을 찾는 목적이 아닌 개개인의 생각과 의견을 나눠보며 공유하는 과정에 의의가 있습니다. 전사 소통 혹은 부서 소통 중 선택할 수 있습니다.

① 조직의 창립(자)정신 혹은 핵심가치에 대해 이해하고 나눠봅니다.

② 조직의 미션, 비전에 대해 나눠봅니다.

③ 각 부서에서 일하는 방식과 주요 사업을 연관지어 나눠봅니다.

④ 각 부서가 바라는 인재상과 외부 사업 파트너들의 특성에 대해 나눠봅니다.

⑤ 조직 전반의 가시적인 원칙, 무언의 관행이 무엇인지 나눠봅니다.

⑥ 조직에서 '좋은' 행동은 무엇이고, '나쁜' 행동은 무엇인지 나눠봅니다.

⑦ 전반적인 소감과 소회를 나눠봅니다.